Brand Success

50 réussites exceptionnelles du marketing et de la communication

... à consommer sans modération

Ouvrage rédigé sous la direction de Marc Drillech.
Coordination éditoriale de Mathias Bocabeille, accompagné d'Antoine Laurent, avec
la collaboration des équipes pédagogiques de l'ISEG Marketing & Communication School.

La sélection de ces 50 réussites a été faite à partir de IONIS Brand Culture,
le premier site sur les grandes réussites dans les univers du marketing et de la communication,
créé en 2013. C'est actuellement la première ressource documentaire francophone
de cette envergure dans ce domaine, gratuite et accessible à tous.
ionisbrandculture.com

L'ISEG Marketing & Communication School est la grande école de Marketing et Communication
implantée dans sept villes de France. En phase avec les professionnels et les entreprises, au
cœur de secteurs en mouvement, elle forme en cinq ans après bac des experts du marketing
et des nouveaux modes de communication des entreprises et des marques.
mcs.iseg.fr

L'ISEG Marketing & Communication School est membre de IONIS Education Group,
le premier groupe de l'enseignement supérieur privé en France. Il compte 23 écoles
et entités qui rassemblent, dans douze villes de France, près de 25 000 étudiants
en commerce, marketing et communication, gestion, finance, informatique, numérique,
aéronautique, énergie, transport, biotechnologie, création... Le Groupe IONIS s'est donné
pour vocation de former la Nouvelle Intelligence des entreprises d'aujourd'hui et de demain.
ionis-group.com

Direction éditoriale : Philippe Bultez Adams
Édition : Florence Devesa, Lucia Di Bisceglie
Imprimé en France sur les presses de l'imprimerie Laballery :
l'intérieur sur Amber Graphic 110 g/m^2 d'Arctic Paper ;
la couverture sur Amber Graphic 300 g/m^2 d'Arctic Paper.
Création graphique : Tristan Bézard
fypeditions.com

ISBN : 978-2-36405-144-7

Sommaire

4 Préface de Maurice Lévy
6 Introduction de Marc Drillech

12 MAIF
16 Altoids
20 Old Spice
24 Nespresso
28 Beats
32 Coca-Cola, « The pause that refreshes »
36 Red Bull
40 « Don't mess with Texas »
44 Queensland Tourism, « The best job in the world »
48 Hathaway, « The man in the Hathaway shirt »
54 Absolut Vodka
58 Leroy Merlin, « Du côté de chez vous »
62 Marlboro Country
66 McDonald's, « Venez comme vous êtes »
70 Avis, « We try harder »
74 Nike
78 Oasis, « Be fruit »
82 Apple, « Think different »
86 « Got milk ? »
90 Darty, le « contrat de confiance »
96 Renault, « Et si le vrai luxe c'était l'Espace ? »
100 Rolling Stone
104 The Blair Witch Project
108 Nescafé, « It all starts with a Nescafé »
112 Le défilé Victoria's Secret
116 Volkswagen, « Think small »
120 118-218
124 Abercrombie & Fitch
128 Amnesty International
132 BMW, « The Hire »
138 L'ours réalisateur de Canal+
142 Carambar
146 « Daisy »
150 Doritos, « Crash the Super Bowl »
154 Dove
158 Évian, « Le ballet »
162 Intermarché, « Les fruits et les légumes moches »
166 Total, « Vous ne viendrez plus chez nous par hasard »
170 Le calendrier Pirelli
174 American Express, « Membership rewards »
180 Axe
184 De Beers, « A diamond is forever »
188 Éram
192 « Pepsi Challenge »
196 « My Starbucks Idea »
200 « Intel Inside »
204 Louis Vuitton
208 Monoprix, « Non au quotidien quotidien »
212 Mr. Propre
216 Silk Cut

Préface

Maurice Lévy

Comme le souligne Marc Drillech dans l'introduction de ce livre — de cet ouvrage de référence, devrais-je dire — ce qui fait le succès d'une marque, d'une campagne, d'un slogan, c'est depuis toujours la force d'une idée.
La vague de disruptions technologiques que nous connaissons depuis une quinzaine d'années a naturellement bouleversé en profondeur notre industrie, comme toutes les autres.
On ne communique plus aujourd'hui comme on le faisait en l'an 2000 : les techniques traditionnelles de la communication de masse — le même message pour tous, répété à satiété sur les grands médias — ont évolué en faveur de stratégies d'engagement plus réfléchies, mieux ciblées, plus adaptées — sur le fond comme dans la forme — à des communautés constituées sur la base d'affinités électives bien plus qu'en fonction de critères sociodémographiques.
Ces tout derniers temps, la réalité virtuelle, la réalité augmentée, l'usage massif d'applications mobiles de plus en plus sophistiquées ont, parmi d'autres, donné à la notion d'expérience de marque une dimension inédite, créant un attachement relationnel plus profond et plus pérenne. Bref, c'est beaucoup plus compliqué qu'avant, et cela ne cesse de changer très rapidement. Ce qui n'a pas changé en revanche, c'est l'importance déterminante de **la force de l'idée**.

Qu'est-ce donc qu'une idée gagnante, une idée qui change la donne et confère à une marque un avantage compétitif le plus souvent décisif ?

C'est d'abord, me semble-t-il, **une idée juste**.
Ne nous méprenons pas : les idées fortes, puissantes, celles qui percent et se répandent, celles qui séduisent instantanément et laissent une trace durable ne sont pas nées hors sol. Elles ont pris souche dans un terreau fertile de recherche en amont, d'extraction de données, d'écoute attentive des consommateurs. Elles résultent d'un va-et-vient permanent entre l'analyse fine du présent et l'intelligence projective des attentes — latentes ou manifestes — du public. Et plus que tout, elles doivent exprimer quelque chose de très profond en regard de la marque, de son histoire, de ses gènes culturels et émotionnels.

C'est ensuite **une idée neuve**.
Pas d'idée qui marque les esprits si elle n'est pas le fruit d'une certaine capacité de se projeter, d'innover, c'est-à-dire, dans nos métiers comme ailleurs, de savoir se renouveler, imaginer, inventer et se réinventer en permanence. Privilégier une culture de l'écart, oser, bousculer les idées toutes faites, renouveler nos manières de voir et d'agir : c'est ainsi que l'on peut accoucher d'une grande idée. C'est, comme l'a si bien dit François Dalle, savoir « saisir ce qui vient ». Bref, une grande idée est par nature anticipatrice et disruptive.

Mais ce n'est pas tout : une idée gagnante doit aussi avoir la capacité d'être **une idée organisatrice** en regard de l'ensemble des sujets, des contextes et des canaux d'expression de la marque. C'est ici une question de « résonance pertinente » de l'idée en fonction des moments, des lieux et des points de contact entre le message et l'audience visée. Il y faut un grand talent d'orchestration des moyens déployés, une intelligence fine de l'adaptation du message à l'espace-temps de sa « consommation » par le public : dans un média traditionnel, sur un réseau social, sous la forme d'un événement qui crée une expérience de marque inédite, qui prend aux tripes, et sous bien d'autres formes encore.

Enfin, aujourd'hui, et plus encore demain, pour être gagnante, **une idée doit être virale**, se répandre en quelques minutes, quelques heures. Non pas dans une logique de simple duplication, voire de déclinaison, mais bien de dissémination sociétale.
Une grande idée aujourd'hui, c'est le pivot d'un récit parfois court, mais souvent de plus en plus ample, susceptible d'attirer l'attention de l'audience visée, de stimuler un véritable dialogue, une conversation riche de contenu, et de circuler largement, en temps réel, par le biais de l'amplification massive qu'autorisent les médias sociaux. Cette « horizontalité » propre à notre âge du *sharing* est naturellement beaucoup plus efficace, et bien moins coûteuse, que les techniques de « bombardement médiatique » qui prévalaient autrefois.

Mais, reste que, une fois encore, seule une idée forte, c'est-à-dire à la fois juste, neuve et organisatrice, pourra par sa viralité déplacer les montagnes. Méditons donc, au fil des grandes campagnes analysées dans les pages qui suivent, sur la puissance d'une idée forte en mouvement. Je n'ai pas participé à cette sélection. Sans doute aurais-je été tenté d'ajouter quelques campagnes de Publicis, ce qui m'amène à souligner qu'une idée est toujours suggestive et qu'il faut veiller, même si elle a des valeurs universalistes, à la conserver intacte, pure, pour lui permettre d'atteindre son impact optimal. Aucun ordinateur et tous les outils d'intelligence artificielle ne seront en mesure de remplacer cette touche humaine qui apportera un sourire, une émotion..., comme le feront ces cinquante campagnes sélectionnées.

Maurice Lévy,
président du directoire
de Publicis Groupe.

Introduction

Marc Drillech

Tout — et sans doute bien plus au cours des dernières décennies — pousse à se focaliser sur le présent et le futur en oubliant le passé, les réussites et les conquêtes, les défis relevés et les technologies nouvelles qui ont révolutionné les savoirs et les pratiques. Certes, l'ère numérique a transformé de la manière la plus radicale qui soit les métiers du marketing et de la communication. Mais nous sommes entrés dans l'ère de la totale immédiateté : un buzz chassant l'autre en quelques heures, une news à la Une sitôt oubliée, une nouveauté technologique déjà has-been à mesure que le processus de changement s'accélère et que celui de l'obsolescence contrôlée et quasi hystérisée s'infiltre dans nos esprits et dans nos pratiques. Ainsi, la grand-messe annuelle d'Apple annonçant les nouveautés deviendra semestrielle puis trimestrielle, signifiant ainsi que ce vous possédez est ringard et qu'il est plus que temps d'en changer.

Les marques, naguère dominatrices et en position monopolistique dans le dialogue avec les consommateurs, affrontent désormais les blogs, les réseaux sociaux, les sites critiques, les notations, les vrais et les faux journalistes, les experts de toujours et ceux d'un jour... Les promesses sont examinées au microscope sur toute la planète et, en l'espace de quelques minutes, une nouvelle campagne de communication ou une innovation peuvent recevoir un tsunami mortel de critiques. Pour mémoire, en 2010, les nouveaux logos de Gap ou de Tropicana ont ainsi été vite retirés pour cause de critiques acerbes sur les réseaux sociaux. Le numérique a donné le pouvoir aux consommateurs et aux utilisateurs. Les lancements de nouveaux produits planifiés sur de longues périodes ne correspondent plus aux contraintes actuelles ni à l'obsolescence accélérée, encore moins à la pression quotidienne de la distribution. On gagne plus vite la bataille, mais on peut la perdre aussi plus vite.

De nouvelles applications naissent chaque jour pour suivre, vérifier, contrôler, encadrer, tester et conseiller les consommateurs et les clients potentiels ou les simples curieux, limitant ainsi la marge de manœuvre des marques et palliant le manque de sujets chauds de certains journalistes.

Pourtant, au-delà d'une réalité incontestable — la révolution numérique et ses conséquences multiples, quotidiennes, universelles et permanentes —, on peut s'interroger sur le rapport parfois étrange, voire conflictuel, que les professionnels de ces domaines entretiennent avec le passé. Comment ne pas percevoir que derrière les rejets des héritages ou la dévaluation de ce qui a été réalisé se dissimule en réalité une inquiétude face à l'âpreté des marchés, aux tensions accrues entre clients et prestataires, à la démultiplication des concurrences, des intervenants, des médias et des influenceurs, des imitateurs en tout genre ? Comment répondre le plus honnêtement à ces interrogations ?

La célèbre campagne Myriam réalisée par CLM BBDO, en 1981, pour l'afficheur Avenir, aurait-elle encore le même effet aujourd'hui ? Sans doute. Mais le besoin de nouveauté s'impose davantage dans un monde plus ouvert et plus concurrentiel, ne serait-ce que pour vendre plus et mieux des conseils aux entreprises et aux annonceurs, au nom de la capacité à innover.

Oublions les copieurs et les petits imitateurs qui, eux, s'inspirent sans méfiance ni moralité des grandes idées passées. Demandons-nous si la fameuse annonce créée par David Ogilvy, en 1951, pour les chemises Hathaway[1] — le célèbre « homme au bandeau » — aurait le même succès aujourd'hui.

Abordons le grand sujet qui fait l'actualité des marques depuis quelques années : l'idée de donner du contenu qui permet de renforcer l'expérience des clients et les liens qu'ils établissent entre eux et avec la marque. On transforme le message puissant et immédiat de la publicité en information, en *infotainment* : des recettes, des tests, des histoires, des récits parfois très longs et réellement passionnants. Faisons fi des technologies et imaginons le lancement du guide Michelin aujourd'hui — avec ses conseils, bonnes adresses, étoiles et le descriptif des plus beaux itinéraires de France ou de Navarre. Pourquoi n'aurait-il pas toutes les chances de réussite aujourd'hui ?

Le marketing ne cesse de répéter que la relation à la marque doit aller bien au-delà de l'acte d'achat et de l'utilisation pratique du produit ou du service, mais qu'elle doit se développer autour d'un véritable vécu client, à la fois sous forme de services et d'expériences, de relations et de dialogues. Dès lors, on peut accepter, sans renier la modernité, que la campagne « We try harder » d'Avis[2], par exemple, est toujours dans le sens de l'histoire, conduisant à un véritable engagement qui ne peut se heurter aux promesses.

Si le jeunisme frappe fort, c'est bien dans les univers passionnants, créatifs et innovants que sont ceux du marketing et de la communication. Même si les directions générales — obsédées par la rentabilité — donnent des signes d'inquiétude, on préférera toujours des solutions novatrices que des « vieux coups bien rodés ». Nous pourrions multiplier les exemples, mais nous nous contenterons de trois évidences dont l'énoncé oblige aujourd'hui les professionnels et les nouvelles recrues dans les métiers du marketing et de la communication, à quelques questionnements.

1- Les nouvelles idées — certaines sont exceptionnelles de créativité et de réussite — ne chassent pas les anciennes, parce que l'on ne peut pas construire de hits ni de tops sans prendre en considération les contextes économiques, socioculturels, médiatiques et surtout technologiques.

1. Voir page 48.
2. Voir page 70.

2- Les grandes réussites sont riches d'enseignements parce qu'elles ne résultent pas subitement d'un « eurêka ! », mais concluent avec brio des analyses, des prises de position particulières et font preuve de courage stratégique, autrement dit, une capacité rare à créer une démarche disruptive là où d'autres se cantonneraient dans leurs zones de confort.

3- Si, une fois encore, on raisonne en extrayant de notre mode de pensée les outils et les innovations nés de l'époque, on constate de manière fréquente que des approches, des comportements, des attitudes ou des partis pris sont similaires quand on analyse les grandes réussites du marketing et de la communication.

Dans les conférences professionnelles, les magazines spécialisés, les blogs ou les sites professionnels, une amnésie s'installe lentement mais sûrement, faisant de la modernité la seule source de culture et de stimuli pour l'imagination commerciale et créative. Or — et il s'agit sans doute ici du quatrième et du plus important conseil —, on ne peut véritablement pas progresser dans l'univers du marketing et de la communication sans en avoir les fondements culturels, sans connaître les grands récits fondateurs. Sans culture, sans fondement ou inspiration, on peut être praticien, mais certainement pas un professionnel. Ces métiers du marketing et de la communication se font formés par une succession de ruptures et de continuités, de révolutions créatives et de nouvelles technologies auxquelles les professionnels ont dû se confronter. Il y a eu un avant, qui nourrit le présent, bien plus qu'on ne le pense. Il n'est pas nécessaire ici d'avoir recours à Bourdieu (l'« habitus » et le « capital culturel ») pour comprendre que tout domaine scientifique, artistique ou culturel repose sur un socle qu'il faut connaître et de préférence comprendre.

C'est un ensemble souvent désordonné, fait de récits, de figures et de symboles, de personnalités et d'expressions incontournables, de réussites ou d'échecs riches d'enseignements. Sans cela, on n'est qu'un passager du présent, sans vraie substance et donc sans grand intérêt.

Dès lors, les objectifs de cet ouvrage sont explicites : aider les professionnels actuels et futurs dans leurs démarches en nourrissant leurs connaissances de 50 grandes réussites du marketing et de la communication. Il ne s'agit donc pas d'une bibliothèque qui regroupe l'intégralité des cas reconnus comme les plus créatifs (le Top du Festival de Cannes) ou les plus efficaces (le best of des Effies), encore qu'ils le soient généralement. La volonté tient plus de la détection de succès unanimement reconnus par les spécialistes et qui demeurent, soixante ou vingt ans plus tard, riches d'enseignements. Il ne s'agit pas de décalquer le passé sur le présent, mais de se nourrir de ces succès pour penser et pour agir au présent. Les leçons sont multiples, diverses, répondant aux différents métiers et secteurs du marketing et de la communication.

La sélection de ces 50 cas a été faite à partir de la plateforme IONIS Brand Culture[3], un outil pédagogique unique crée en 2013, d'abord pour les enseignants et les étudiants du Groupe IONIS, puis proposé gratuitement à tous. Son succès a été immédiat et perdure encore, avec plusieurs milliers de visites d'enseignants et d'étudiants français ou francophones.

3. Voir le site ionisbrandculture.com.

Ce « manuel d'enseignement et de familiarisation » aux grandes réussites du marketing et de la communication accessible uniquement sur le Web a été élaboré en prenant en considération six contraintes :

1– Chercher à être représentatif de l'histoire des disciplines et ne pas ignorer les réussites reconnues par souci d'originalité. Les campagnes pour Volkswagen, Avis, ou Eram en France, le repositionnement exceptionnel de Coca-Cola autour de « The pause that refreshes », ou de Marlboro avec son cowboy, ne pouvaient pas être absentes parce qu'elles représentent ce qui peut se faire de mieux pour le développement d'une entreprise et d'une marque. On notera qu'au-delà des questions de stylisme et de techniques créatives, ces démarches demeurent toutes d'une très grande modernité.

2– Trouver un juste équilibre entre les démarches réalisées principalement en France et les réussites incontestables qui trouvent pour la plupart leur origine aux États-Unis ou au Royaume-Uni.

3– Se distancier, sans renier la seule démarche publicitaire, pour démontrer que, depuis plusieurs décennies, les marques peuvent conquérir durablement des parts de marché et cultiver une excellente réputation en employant des moyens originaux. Victoria's Secret et son défilé, Pirelli et son calendrier, autant de campagnes qui auraient pu se traduire par des démarches classiques, mais qui ont opté pour des ruptures avec les stratégies habituelles.

4– Nous avons veillé à ne pas nous enfermer dans les secteurs les plus représentés et qui, souvent, sont ceux qui investissent le plus.

5– Naturellement, il aurait été impensable de passer sous silence les campagnes les plus remarquables issues de la révolution digitale et qui dépendent en large partie des nouvelles possibilités (buzz marketing, démarches événementielles, exploitation intelligente des réseaux sociaux et de la relation avec les clients ou les individus, etc.).

6– Certains cas, moins connus que d'autres, qui ont bâti une « légende » moins universelle, ont été retenus notamment en raison de la modernité de leurs enseignements. Le lancements du film *The Blair Witch Project* ou de la campagne pour le Queensland Tourism (« The best job in the world ») sont des exemples stimulants pour des entreprises et des marques qui disposent de petits budgets. Ils démontrent, encore et toujours, que l'audace créative peut pallier le manque de moyens quand l'idée est d'une originalité puissante, quand elle croise les attentes ou les cultures des gens, quand elle touche aussi les sens et les sensibilités.

Ne cherchez aucune logique à l'agencement de ces réussites. Nous avons pourtant essayé, mais nous n'y sommes pas arrivés. Par ordre chronologique ? Par ordre alphabétique ? Par budget ? Non, rien ne nous satisfaisait. Nous voulions juste vous offrir un catalogue de 50 cas essentiels du marketing et de la communication, 50 réussites incontournables dont on ne saurait faire abstraction, que l'on soit professionnel, étudiant ou simplement curieux du monde qui nous entoure.

Bonne lecture !

Marc Drillech,
directeur général de
IONIS Education Group.

Brand
Success

« Nous faisons la chasse aux idées reçues (convention), lesquelles sont ensuite battues en brèche par des idées en rupture (disruption), et ceci avec une idée préétablie de là où l'on veut aller (vision). »

Jean-Marie Dru,
président de TBWA.

MAIF

Quand la simplicité devient militante

Dans le secteur de l'assurance, la MAIF se distingue par une communication à part. Alors que cet assureur n'a jamais fait de publicité, il débute en 2000 avec une campagne particulièrement réussie, simple et efficace, lui permettant de se démarquer et de gagner grandement en notoriété. Cette réussite continue aujourd'hui à alimenter ses nouvelles communications, avec comme élément central la revendication d'être un « assureur militant ».

Plusieurs facteurs concomitants ont poussé la Mutuelle d'assurance des instituteurs de France (MAIF), qui a vu le jour en 1934, à communiquer. Le marché des assureurs devient de plus en plus concurrentiel. Pour la MAIF, il commence à être vital de communiquer sous peine de disparaître, à terme. L'assureur vient d'opérer un virage en ne limitant plus ses sociétaires aux seuls instituteurs et doit désormais toucher un public plus grand, conquérir de nouvelles cibles, se faire connaître et augmenter sa notoriété. Enfin, la mauvaise image dont jouissent les assureurs joue un rôle fondamental dans la conception de cette campagne. Sur ce point, la MAIF a pris une belle avance sur ses concurrents, comprenant avant les autres qu'il fallait absolument changer l'image déplorable des opérateurs du secteur.

Même si cette image est encore négative aujourd'hui, la MAIF, quant à elle, est considérée comme une structure de confiance par le grand public.
Dès sa création, la mutuelle porte en elle un certain nombre de valeurs susceptibles de rassurer des consommateurs qui se méfient grandement du secteur. Elle a vu le jour en 1934, sous le nom de Mutuelle d'assurance automobile des instituteurs de France. Constituée grâce à 156 instituteurs, qui en représentaient 301 dont 13 institutrices, solidaires malgré l'hostilité à son égard des milieux de l'assurance, elle fonctionne comme une véritable caisse d'entraide avec des correspondants bénévoles. Ses contrats sont commercialisés sans intermédiaires commissionnés et reposent sur l'indépendance vis-à-vis des grands groupes financiers sur la responsabilité et la solidarité de ses adhérents. Elle commence par le champ de l'assurance auto puis investit l'habitation, la vie quotidienne, les accidents corporels et l'assurance vie. Elle assure également les collectivités.
Ces valeurs ont donc inspiré la première campagne de communication : la MAIF est « l'assureur militant ». Cette volonté de s'éloigner des discours traditionnels, par l'utilisation des racines d'une entreprise bien dans son époque, avec l'esprit mutualiste, la culture de l'orientation client (*client-minded*), une certaine distance avec le profit pour le profit, perdure encore. Ces éléments vont pousser la MAIF à entreprendre une démarche pionnière, d'une part, car elle n'avait jamais communiqué en plus de soixante années d'existence et, d'autre part, parce que personne auparavant n'avait communiqué sur le fait d'être assureur et étudié ce que cela implique.

La carte de la simplicité

La démarche de la MAIF a pour objectif de rendre plus compétitif l'assureur, sans pour autant l'amener à le transformer en « hyper vendeur », en évitant les offres complexes, les « pousse au crédit ». Il s'agit de respecter les valeurs propres au milieu des enseignants, les racines et les particularismes mutualistes. Il s'agit aussi de prouver que cet organisme est un excellent acteur de l'assurance qui garantit ce qui constitue la « dette du marché » (qualité de l'offre, de la relation, de la compétitivité du prix, de la réactivité du service) et ce quelque chose qui donne envie de traiter avec lui en particulier et de le garder comme partenaire parce qu'on partage la même vision. La MAIF possède une éthique et le fait savoir.
Pour communiquer avec performance et se distinguer des nombreux concurrents aux budgets bien plus élevés, la MAIF effectue un retour aux sources de son identité, en exploitant ses valeurs propres, celles de l'esprit mutualiste. L'humanisme, la solidarité, la démocratie et le bénéfice collectif se retrouvent ainsi au cœur de la stratégie : la mutuelle affirme son esprit militant en s'engageant auprès des clients. La relation se veut directe et transparente, il faut faire passer le message qu'il ne s'agit pas d'un coup médiatique, mais bien de la volonté de s'affirmer comme un acteur de l'assurance qui pratique autrement son métier, sur des bases et

Retrouvez toutes les ressources iconographiques, bibliographiques, etc., de cette campagne sur **ionisbrandculture.com**
Cas n° 2

à partir de relations qui diffèrent des grands groupes financiers et bancaires. Ce qui rend cette campagne remarquable, c'est aussi la simplicité de son exécution, dont l'effet recherché, au final, est une publicité structurée sur le principe de l'antipub : des mots simples, un système graphique identifié, le recours au dessin minimaliste pour affirmer qu'il n'est pas nécessaire d'en faire beaucoup en communication pour transmettre l'idée que l'on fait le maximum pour les clients. Cette apparente simplicité relève d'une réflexion poussée de chaque élément (principe d'écriture, typographie, naïveté relative du dessin) pour participer à la construction d'une perception de marque proche, directe, sincère, amicale, franche, ouverte et engagée. L'utilisation de la simplicité relève du choix idéologique et souligne à merveille le message. C'est aussi un pied de nez à de nombreuses propositions généralement faites dans la publicité des assurances, qui ont souvent recours à la technique, au grand spectacle ou aux people.

> « Un coup de maître, très particulier, efficace, différent et pérenne, car la campagne a duré pendant des années, encore aujourd'hui sous une forme modifiée. »
>
> Xavier Charpentier,
> directeur général et fondateur de FreeThinking.

L'anti effet de marteau

Cette campagne est une réussite, car elle traduit parfaitement l'identité de la MAIF. Elle met en scène, de façon très claire et explicite, ses valeurs, ses idéaux et ses combats. Elle permet à la mutuelle de se différencier et d'assurer sa singularité dans un environnement de plus en plus concurrentiel. Elle permet aussi aux assurés — et aux futurs assurés — de sentir qu'ils font partie d'une grande communauté construite sur l'éthique et sur des valeurs plus fortes que la marchandisation. Sur la forme, en accord parfait avec le fond, la campagne est incisive en utilisant la simplicité comme vecteur du message. Cette campagne a d'abord permis à la mutuelle d'augmenter de plus de 1 million le nombre de ses sociétaires ! Depuis 2003, la MAIF détient le premier prix du podium de la relation client dans le secteur de l'assurance. Le grand public lui a aussi donné la palme de la confiance, de l'innovation et de la pertinence de l'offre. Régulièrement la MAIF est en tête des entreprises les plus appréciées des consommateurs. C'est l'une des meilleures croissances de notoriété : +7 points de notoriété entre 2007 et 2008. Le taux de notoriété spontanée est de 27 %.
Les reconnaissances professionnelles de ses campagnes ne sont pas des moindres : en 2005 un grand prix TopCom, en 2008 un prix Effie et d'autres. La MAIF réussit, avec un budget limité, à se distinguer de ses nombreux concurrents qui, peu solides sur leurs valeurs, préfèrent les « effets de marteau » (MMA, Matmut), soutenant l'activité commerciale, mais dessinant des marques d'une moindre valeur en termes de réputation et de perception.

À retenir

1 L'importance du territoire de marque. Qu'est-ce qui définit une marque et sa personnalité ? Ce qui en fait une entité différente se compose d'un ensemble de valeurs, ce qui lui donne ou non une vocation réelle (« What the brand stands for »). L'importance de rester fidèle à l'ADN de la marque, quitte à s'y accrocher et ne pas succomber à l'air du temps. Mais plus que cela, cet exemple est l'incarnation parfaite d'une marque qui a quelque chose à dire et apporte des réponses à des questions de société.

2 La MAIF ne se positionne pas comme assureur militant par opportunisme, ce n'est pas un choix marketing, mais l'expression d'une conviction historique. La puissance de la campagne, sa vérité, son impact, son pouvoir de conviction sont les résultants de l'expression d'une entreprise aux vraies valeurs. L'osmose est quasi parfaite entre la vision de la marque et sa réputation.

3 L'importance d'accorder le fond et la forme — ce qui est souvent négligé dans la communication : les représentations (visuelles, textuelles, graphiques) sont en symbiose avec les discours qui expriment parfaitement ce que veut être l'assureur, ce en quoi il croit, ce qu'il apporte d'unique à ses clients.

Altoids

Lorsque le produit fait la différence

Cette campagne est la démonstration qu'il est possible de se démarquer en mettant en avant son produit. Une communication performante dans la durée peut représenter davantage que la seule définition de son offre. La marque transcende les politiques commerciales et les innovations. La campagne évolue selon les pays et les nouvelles variétés de bonbons mentholés. Elle demeure une sorte d'ovni qui communique autrement sur un « étrange goût de menthe ».

L'esprit de la curiosité

L'histoire de ces pastilles, relatée sur chaque boîte, débute en Angleterre au début du XIXe siècle. « Les pastilles à la menthe originales Altoids, reconnues pour leur goût particulièrement fort, ont d'abord été fabriquées en Angleterre au début du XIXe siècle. [...] Ce sont des pastilles spécialement élaborées pour être extrêmement plus fortes que les pastilles ordinaires. Leur puissance insolite vient de l'emploi généreux d'huile à la menthe, tel que prescrit dans la recette originale. » Depuis, les bonbons ont été déclinés avec différentes saveurs, et également sous forme de chewing-gums et de bandelettes rafraîchissantes.

En 1995, lorsque l'agence Leo Burnett prend en charge la communication d'Altoids, son objectif est de faire de cette marque un acteur majeur du secteur. Mais la société anglaise ne fait pas partie des marques connues et reconnues. Bien qu'elle soit la propriété du géant de l'alimentaire Kraft Foods depuis deux ans — il n'est d'ailleurs pas fait mention de cela sur les boîtes d'Altoids —, elle occupe à l'époque la sixième place de sa catégorie aux États-Unis. En 250 ans d'histoire, elle n'avait jamais fait de véritable publicité. Le tournant médiatique va être opéré par l'intermédiaire de

Mark Sugden, directeur marketing de Kraft et ancien d'Altoids, persuadé que les pastilles à la menthe n'occupent pas la place qu'elles méritent. Mais il ne dispose que d'un budget limité à 1 million de dollars, ce qui exclut des publicités télévisées et nécessite d'imaginer une stratégie originale pour se démarquer face à des ogres, tels que Tic Tac. D'autant que les Altoïds sont parfois jusqu'à trois fois plus chères que ses concurrents.
Toute l'intelligence de la campagne consiste à se focaliser sur le produit lui-même et sur ses attributs. Son caractère unique — une menthe ultra-forte dans une boîte originale — joue en sa faveur et correspond assez bien à une catégorie de jeunes adultes en quête de produits qui leur ressemblent et qu'ils peuvent s'approprier comme symboles. L'agence Leo Burnett choisit de se concentrer sur les éléments reconnaissables et distinctifs du produit donnant de la visibilité à la boîte, en s'emparant de la phrase historique des pastilles « the curiously strong mints ». À la différence de démarches souvent plus axées sur des sociostyles évidents, l'agence pousse à fond la notion de « curious » jusqu'à faire de la communication une sorte d'objet étrange qui attire l'attention et n'est pas toujours d'une compréhension immédiate. Autour de ce concept — cette étrangeté qui naît du goût puis qui se diffuse, qui passe de la sensorialité à l'esprit, avec un humour omniprésent —, Leo Burnett va développer des communications pour une variété de produits et de contextes nationaux, mais toujours avec la même cohérence, celle de « l'esprit Altoids » si difficile à définir, bien plus facile à retenir. Les premiers résultats de la campagne sont incontestables : les ventes ont augmenté d'un tiers en une année. La marque fait son trou tant sur le plan de la visibilité et de l'impact qu'en matière d'image. La campagne va être déclinée partout, du packaging à la promotion des ventes. En 2001, aux États-Unis, Altoids devient numéro 1 des ventes de pastilles à la menthe. En six ans, la marque atteint un niveau de reconnaissance et de notoriété équivalent à ses plus gros concurrents, ce qui constitue une véritable *success-story*.

Créer la complicité

Plusieurs éléments expliquent le succès de cette campagne, maintes fois primée. D'abord, son extrême simplicité, qui la rend particulièrement efficace. Elle fait appel à l'intelligence du consommateur et ne repose pas sur un réflexe pavlovien, simpliste. Elle repose sur l'omniprésence de la marque à travers le produit et son emballage — une règle finalement très basique, mais qu'oublient parfois certaines communications… L'humour, la distanciation créent une complicité avec le spectateur qui n'a pas le sentiment d'être pris pour un simple consommateur, même s'il doit parfois prendre le temps d'analyser et comprendre la publicité. Cet humour s'appuie souvent sur un décalage entre l'expression et la présence de personnages, et il est certain que la création de rencontres inhabituelles et étonnantes ne peut que renforcer l'étrangeté de la marque. Cet esprit de la marque, une forme de « folie permanente » grâce au renouvellement constant des visuels, crée le sentiment qu'il se passe toujours quelque chose de nouveau et de décalé chez l'étrange Altoids.

La marque ne cherche pas à s'enfermer dans des registres créatifs précis. Les éléments de reconnaissance, et donc de différenciation sont toujours mis en œuvre, comme l'utilisation du code couleur vert qui rappelle la menthe.
La variété des tons, des références, des inspirations, des personnages et parfois des mots crée cette abondance et cette actualité.
L'ingrédient matériel devient une forme d'état d'esprit, une philosophie de vie, construisant ainsi une légitimité très forte pour cette marque, mais surtout une personnalité attractive en raison de sa nature différente. Cette différence est renforcée par l'emballage.

« Une des grandes campagnes du XXe siècle. Une campagne dont on se souvient, car elle fait la part belle à l'originalité de l'image et aux mots. »

Isabelle Musnik, fondatrice et directrice de rédaction de la revue *INfluencia*.

La boîte en fer « historique » est omniprésente. Elle va même au-delà : sa forme, son originalité et son matériau sont autant d'éléments qui fortifient le récit et l'intérêt, permettant de capter l'attention et de construire la légende.
L'autre réussite de cette campagne réside dans les lieux choisis pour l'affichage en extérieur, que ce soient les abris-bus, les cabines téléphoniques ou les taxis, qui mettent en valeur ces affiches décalées qui attirent l'attention.

Hacker sa boîte

À partir des années 2000, la marque va être confrontée à la gestion de la diversification de son offre, qui n'est plus un monoproduit à « l'étrange goût de menthe ». En même temps, ce succès aussi puissant que rapide ne pouvait laisser indifférente la concurrence.
De nouveaux produits, dont Listerine, vont porter atteinte à sa dynamique, à la fois en matière de ventes et en présence dans la distribution, obligeant la marque à réagir sur plusieurs fronts.
Pour cela, Altoids va explorer trois pistes : la modernisation des packagings, la diversification de son l'offre (nouveaux parfums, pastilles plus petites) et la poursuite dynamique de l'innovation qui crée le buzz, qui enrichit le *storytelling* de la marque. Celle-ci va décliner ses boîtes, qui vont devenir de véritables objets de collection et qui sont souvent détournées de leur usage initial.

À retenir

La campagne, au départ des médias presse et affichage, a vite trouvé d'autres terrains d'expression : vidéos, buzz sur le Net, actions promotionnelles remarquables. Ce qu'enseigne le cas Altoids, c'est que toute expression d'une marque en communication doit répondre à un cahier des charges et qu'une idée forte, si elle fonctionne, peut se décliner sans perdre en intensité. Il enseigne aussi que les mots sont importants et la base de toute campagne. L'exemple Altoids rappelle les règles suivantes, essentielles pour toute volonté de positionner une institution, une marque, un produit, et conditions sine qua non *à toute réussite :*

Grab attention : *communiquer, mettre en œuvre un ensemble (forme, fond, ton, ingrédients sonores, visuels) destiné à attirer le regard, à capter l'attention dans un monde où elle est déjà très sollicitée. Sans cela, tout le reste est inutile.*

Stick in memory : *créer une rencontre entre un émetteur et un récepteur qui laisse quelque chose — la compréhension d'un message, un son ou une image associés à une émotion, une formule. Sans cela vous êtes remarqués, mais pour rien.*

Cement belief : *installer une conviction, créer les conditions de la perception d'un point de vue (en l'occurrence « un étrange goût »). Ne donc pas se cantonner à associer la marque à une expression créative, mais à une croyance relative à la marque, au produit.*

Tell interesting stories : *pour créer une relation, un dialogue, éveiller la curiosité auprès de cibles initiées aux ficelles de la communication, il faut installer les conditions propices à une écoute, l'intérêt pour un récit, le fameux* storytelling.

Communicate quickly : *il ne s'agit pas de se précipiter, mais de créer les conditions pour un intérêt, une compréhension et une mémorisation. En quelques secondes, on doit faire en sorte que la personne interpellée ressente, comprenne, se souvienne.*

Anchor associations : *se souvenir ne signifie pas adopter le discours, mais instaurer les conditions favorables à des associations positives, souvent dans les sphères de la sensation, de l'émotion, du feeling parce que ce sont les plus fortes, les mieux ancrées dans l'imaginaire, les plus propices au souvenir et au passage à l'acte.*

Retrouvez toutes les ressources iconographiques, bibliographiques, etc., de cette campagne sur **ionisbrandculture.com**
Cas n° 71

Old Spice

Aux antipodes de la communication des leaders du secteur

La marque de produits d'hygiène pour homme Old Spice a su transformer son image, un peu ringarde, en révolutionnant le marketing viral. Utilisant l'humour et un ton totalement décalé, la campagne « The man your man could smell like » lui a permis de changer la manière dont elle était perçue, de rajeunir son image, d'augmenter sa notoriété, d'exploser ses ventes et de toucher de nouveaux publics avec lesquels elle entretient depuis des échanges privilégiés.

En 1934, William Lightfoot Schultz fonde la société Shulton. Le premier produit créé par Schlutz en 1937 était le Early American Old Spice, destiné aux femmes, et inspiré par le pot-pourri de sa mère. Le succès étant au rendez-vous, la société décide de lancer les produits Old Spice pour les hommes, en 1938, principalement des savons à barbe et des après-rasages. En 1990, la marque est rachetée par Procter & Gamble, la multinationale basée à Cincinnati et l'une des plus grandes sociétés de biens de consommation dans le monde.

Le 4 février 2010, une vidéo est postée sur YouTube. Un homme musclé, crâne rasé, torse nu, serviette autour de la taille, s'adresse aux femmes : « Bonjour, mesdames. Regardez votre homme, puis regardez-moi. Regardez à nouveau votre homme, puis regardez-moi encore. Malheureusement, il n'est pas moi. » De là, l'homme de la vidéo, gel douche en main, quitte la salle de bains dans laquelle il se trouve, pull sur les épaules, pour pavaner sur un voilier, offrir des places de spectacle et des diamants en pagaille à ses interlocutrices et termine juché sur un cheval le long d'une plage. Le tout dans un seul et même plan séquence. Malheureusement pour les dames, leurs conjoints ne sont pas ce fantasmagorique Apollon, mais avec Old Spice, ils pourront au moins sentir comme lui.

Quand risque rime avec réussite

L'effet de cette campagne loufoque est immédiat : 5,2 millions de vues en seulement trois jours sur YouTube. Quatre mois plus tard, un nouveau spot intitulé « Questions », diffusé cette fois à la télévision, dans le même esprit, mais encore plus extravagant, vient compléter la campagne. Ces spots ont bien évidemment généré de nombreuses réactions et commentaires de la part des internautes. Old Spice décide alors de faire vivre son personnage et de le faire répondre, par vidéos interposées, aux commentaires sur Twitter grâce à un dispositif interactif. Ainsi, 84 vidéos sont tournées pour répondre à 84 internautes, des inconnus ou des stars, tels qu'Ashton Kutcher ou Ellen DeGeneres, permettant au grand public de se sentir engagé dans des discussions avec la marque.
Old Spice offre ainsi un marketing personnalisé et entretient une relation privilégiée avec ses clients, tout en conservant humour et second degré.
Le buzz est là et les résultats sont sans précédent : 60 % d'augmentation des ventes des produits dans les trois mois, pour un budget publicitaire estimé à 11,4 millions de dollars. Sur les réseaux sociaux, la marque devient un incontournable avec une augmentation de 2 700 % de followers sur Twitter, de 800 % de fans sur Facebook et de 130 % d'abonnements à ses vidéos sur YouTube. Une réussite étonnante, car d'habitude ce sont plutôt les petites structures qui se lancent dans ce type de campagne. Qu'une grande marque comme Old Spice, établie depuis plus de soixante-dix ans, prenne ce virage à 360 degrés est rare et audacieux.

Retrouvez toutes les ressources iconographiques, bibliographiques, etc., de cette campagne sur
ionisbrandculture.com
Cas n° 68

« Sens comme un mec, mec ! »

Old Spice ne date pas d'hier. Solidement installée dans les rayons de produits d'hygiène masculine depuis la fin des années 1930, elle a toujours été rattachée dans son histoire à des registres très traditionnels et a longtemps été perçue ainsi ; son logo qui représente une frégate ancre fortement la marque dans un univers nautique. Et avec le temps, Old Spice se fait distancer par ses concurrents dont l'image est plus actuelle. Entre Gilette ou Mennen, qui s'appuient sur des super vedettes du sport ou du cinéma, et le décalage choisi par Axe, il est difficile pour Old Spice de continuer à se faire une place.
Comment alors affirmer fortement sa différence sans trop se marginaliser ? La première manière de moderniser une marque est de faire en sorte qu'elle parle aux jeunes, à une population connectée. En lançant sa campagne « The man your man could smell like » sur YouTube, Old Spice fait mouche. La campagne de marketing viral qui a littéralement réveillé la marque et révélé son existence auprès des jeunes générations est symbolique du « dilemme de l'outsider ». Comment toucher les clients en se différenciant de ceux qui ont généralement des présences plus visibles dans les points de vente et des budgets publicitaires importants ?
L'agence Wieden+Kennedy a répondu à ce challenge en élaborant un concept fort qui s'adresse principalement aux couples. Alors que les marques de produits d'hygiène masculine ont

tendance à s'adresser directement aux hommes, « The man your man could smell like » est une campagne orientée vers les femmes, car ce sont elles qui, dans 70 % des cas, achètent les gels douche, les déodorants et les mousses à raser de leurs conjoints. Mais la campagne n'omet pas de réveiller les égos « primitifs » des hommes : chaque spot se termine par une mélodie finale accompagnée du slogan « Smell like a man, man » (sens comme un mec, mec). Old Spice suggère ainsi aux hommes que le produit offre l'assurance d'une virilité retrouvée.

S'adapter en temps réel à un public averti

La mise en scène et les effets spéciaux jouent un rôle très important dans cette campagne, mais c'est surtout l'alternance entre premier et second degré, afin de réactiver les stéréotypes masculins, qui permet de faire le buzz. Contrairement aux règles en usage dans ce secteur (démonstration produit, témoignages, recours à l'expertise scientifique), l'amplification exagérée de la supériorité attribuée au produit, le décalage et l'outrance, trouvent plus facilement un écho auprès des publics jeunes et plus avertis des logiques habituelles de la communication.
D'un format original et court, avec une approche à chaque fois épisodique, les vidéos attirent l'attention des internautes et les font réagir.

> « Ils ont fait tout le contraire de ce que la plupart des leaders de leur secteur faisaient. »
>
> Isabelle Musnik, fondatrice et directrice de rédaction de la revue *INfluencia*.

Les équipes de tournage des spots ont passé deux jours dans les studios pour tourner les 84 vidéos et aussi pour répondre aux internautes sur Twitter. C'est une première dans le monde de la communication. Cette organisation était indispensable pour une opération de cette nature et de cette envergure. Derrière toute réussite, il a la capacité à déployer le buzz et non pas simplement à l'inventer. Le succès de la viralité des spots de Old Spice vient d'une veille stratégique permanente sur les réseaux sociaux, qui permet de communiquer instantanément, que les critiques des internautes soient positives ou négatives, en donnant des réponses toujours dans le ton de l'humour.
Grâce à une stratégie marketing innovante et décalée, Old Spice a rajeuni son image. Par le choix d'une égérie charismatique, d'un scénario humoristique et de très bonnes répliques, la marque a su se faire apprécier de ses cibles, qui se sont rapidement attachées à ce personnage et qui l'ont associé à la marque.

Le buzz : un succès limité dans la durée

« The man your man could smell like » a remporté le grand prix des Lions Cannes 2010, le Festival international de la publicité qui, depuis 1953, est un événement incontournable dans le monde de la communication et des médias. Mais la réussite incontestable du buzz « The man your man could smell like » n'a pas déstabilisé pour autant l'ordre établi des parts de marché et des référencements des marques. Le rebond en termes de business semble ne durer que le temps du buzz, pas beaucoup plus. L'effet à court terme n'est pas

toujours suivi par l'adoption de la nouvelle marque, pourtant si visible et si disruptive. La campagne, qui a été initiée afin de contrer l'arrivée de la marque Dove, appartenant à Unilever, dans les gels douche pour homme avec le produit Dove Men + Care, a permis à Old Spice de progresser de 100 % en termes de ventes dans les douze semaines suivant son lancement. Sur un an, cette progression est estimée à 9 %. Même si l'impact sur les ventes des produits Old Spice n'est pas, sur la durée, à la hauteur du buzz engendré par la campagne, elle a réinstallé durablement la marque dans l'esprit des gens en lui redonnant l'image de la modernité.
Elle a permis à une marque vieille de presque quatre-vingts ans, de s'installer dans la tête des jeunes générations en allant les chercher directement sur leur terrain, le Web. Une cure de jouvence sur laquelle la marque bâtit désormais le long terme de son renouveau.
On peut effectivement considérer que le buzz dure « le temps d'un été » au mieux. Mais il faut souligner qu'il a des effets très bénéfiques pour la marque et qu'il ne suffit pas, surtout dans ce secteur très lourd, d'une brillante opération pour transformer la structure du marché.

À retenir

1 *Grâce à une stratégie marketing innovante et décalée — essentiellement fondée sur la dynamique du digital —, Old Spice a rajeuni son image. Par l'utilisation d'une égérie charismatique, d'un scénario humoristique et de très bonnes répliques, la marque a su se faire apprécier de ses cibles qui se sont attachées à ce personnage et l'ont associé à la marque.*

2 *D'un format original et court, avec une approche à chaque fois épisodique, les vidéos attirent l'attention des internautes et les font réagir.*

3 *Le succès de la campagne vient d'une constante veille stratégique des réseaux sociaux qui permet de communiquer à travers ces vidéos, instantanément, que les critiques des internautes soient positives ou négatives.*

4 *Sans écraser la concurrence, « Smell like a man, man » a donné une nouvelle vie à une marque considérée vieillotte, de manière très significative pendant les mois qui suivirent la campagne. Dans la durée, le succès de cette dernière est plus limité.*

5 *Néanmoins, elle a donné le ton de toutes les futures campagnes d'Old Spice. Encore aujourd'hui, la marque impose sa différence avec des publicités extrêmement décalées et ultra-virales que les internautes regardent par plaisir et curiosité.*

Nespresso

Passer de la consommation au service

Nespresso est avant tout un système, parce que tous les éléments de son plan de mix marketing fonctionnent en synergie. Une offre produit qui aborde le marché comme celui des grands vins ; la machine qui fidélise le client ; un positionnement très haut de gamme et une libération du carcan de la grande distribution grâce à un système marchand contrôlé totalement par la marque : le principe du club.

Le café, un produit de luxe qui s'ignore

D'un côté, la culture café, qui comprend un savoir-faire, avec une classification des terroirs et avec ses amateurs qui consomment le café comme un grand cru. Pour l'apprécier à sa juste valeur, il faut posséder une certaine expérience. De l'autre, une offre banalisée, tirée vers le bas par les usages et les modes de distribution, émaillée par une guerre des prix. Au cours des années 1980, la bataille commerciale se joue essentiellement sur le segment du café lyophilisé, tandis que les marques dominantes du marché trustent les places en grande distribution, laissant une place réduite pour toute tentative de réel haut de gamme. C'est le journaliste, écrivain et humoriste français Alphonse Allais qui est l'inventeur du café lyophilisé en 1881. Le café instantané est ensuite réinventé en 1890 par le Néo-Zélandais David Strang, puis en 1901 par Satori Kato, un scientifique japonais vivant aux États-Unis. Et c'est George Washington, un Belge émigré à New York vers 1897, qui est le premier à industrialiser le processus de fabrication de café instantané et à le mettre sur le marché dans les années 1910. Dans les années 1930, à la recherche d'un moyen d'écouler ses

stocks de grains de café brut, l'Office brésilien du café demande à Nestlé de développer une solution pouvant produire du café instantanément par un simple ajout d'eau chaude. C'est après sept ans de recherche, en 1938, que naît le Nescafé sous forme de poudre. En 1952, Nestlé trouve la méthode pour produire le Nescafé intégralement à partir de grains de café torréfiés et sans aucun additif. Cette innovation permet de diffuser ce café instantané dans le monde entier.
Propriétaire de Nescafé, puis de Nespresso, Nestlé devient ainsi l'un des principaux acheteurs de café sur le marché mondial. Le leader mondial de l'agroalimentaire est à la recherche d'une contribution forte à son chiffre d'affaires par une valorisation innovatrice de l'offre au-delà de la seule qualité du produit. La dosette, idée centrale de Nespresso, naît au début des années 1970, mais elle n'est mise en place dans les circuits spécialisés qu'au milieu des années 1980. C'est en 1988 qu'est lancée sur le marché grand public la mécanique connue aujourd'hui : le Club Nespresso. Le coup de génie de la marque est d'avoir inventé un système marchand révolutionnaire. Nestlé se libère des contraintes pesantes de la grande distribution en adoptant un double principe de club. D'une part, des lieux d'achat qui sont avant tout des lieux de représentation de la marque et qui permettent ainsi de remplir une multiplicité de missions : réputation, contact, recrutement, fidélisation, dégustation, pédagogie des produits, vente des machines ; et d'autre part, un abonnement individuel avec livraison, qui garantit un marketing relationnel de haut niveau et une capacité d'individualisation de la relation.
La marque peut miser sur une diversité de variables, comme les lieux de vente et leur dynamique propre, la diversité des cafés, les machines très désignées et la sophistication technologique protégée par un ensemble de brevets. L'offre et le positionnement de marque sont volontairement haut de gamme *(high premium)* par le principe d'une consommation individuelle (la dose) en opposition au paquet de café, avec un produit parfaitement marketé (doses, emballages, crus) et une forte identité graphique, quasiment révolutionnaire en comparaison des codes de communication grand public des concurrents. L'objectif de la marque est que la consommation de café devienne un acte de dégustation. En 2005, après le lancement de la campagne Nespresso « What else ? » avec Georges Clooney, les concurrents de Nestlé vont aussi adopter ces codes du haut de gamme.

Une expérience réservée aux membres du Club

En plus d'avoir mis en place une chaîne de création de valeur complète autour du café, la réussite de Nespresso s'appuie sur la fidélisation du client. C'est le moteur de tout son marketing : politique régulière de contacts, mailings personnalisés, magazine digital haut de gamme, offres exclusives, séries limitées, réductions sur de nouvelles machines. C'est ainsi que les clients de Nespresso deviennent des ambassadeurs de la marque, les meilleurs propagandistes. La politique de communication est en totale cohérence avec la marque. Dès les premières campagnes, la valorisation de l'offre a mis en avant la différence que veut apporter Nespresso : ne pas s'adresser aux simples buveurs de café, mais aux connaisseurs, à ceux qui

prennent le temps de déguster de bonnes choses, en s'appuyant sur le slogan « What else ? » véhiculant le message qu'il n'y a rien de meilleur. Nespresso va faire appel à Georges Clooney, qui avec son style, son caractère, son image, et avec le décalage et l'humour correspond à un positionnement haut de gamme moderne et valorisant. Il est à la fois une icône pour le public masculin qui l'admire et aimerait être son ami, et le féminin, sensible à son charme.
Les campagnes mettent en scène l'acteur avec autodérision puisque la véritable star c'est le café. Elles vont activement participer à la mondialisation de la marque, en légitimant un peu plus encore son statut de marque exceptionnelle. Mais elles ne font qu'asseoir une stratégie gagnante mise en place depuis plusieurs années.
Du point de vue de la communication, la réussite de Nespresso repose sur un parfait équilibre de son plan de *mix marketing*, à la logique cohérente, solide et durable. D'abord la machine, dont le design élégant rappelle celles des cafés, impose un vrai rituel de préparation. Puis les dosettes aux multiples variétés, un produit qui doit justifier son prix élevé, avec des conditionnements qui se présentent comme l'ultime ramification de la culture de l'exclusivité. Celles-ci sont vendues dans des boutiques peu nombreuses dans des quartiers chics. Ces points de distribution s'érigent en « anti-supermarchés » et permettent de valoriser le produit, mais aussi le client, en lui faisant vivre une expérience réservée aux membres du club.

> « C'est l'avènement d'une marque qui n'est plus seulement de grande consommation, mais de services. Avec la digitalisation, les lignes entre consommation et services vont disparaître. »
>
> Jean-Paul Brunier, président de Leo Burnett France/Belgique.

Des résultats hors du commun

En 2006, l'année où la campagne « What else ? » battait son plein, Nespresso a augmenté son chiffre d'affaires mondial de 42 %.
Trois ans plus tard, il dépasse le 1,94 milliard d'euros ! En 2010, *Le Figaro* parlait d'une rentabilité « proche des niveaux enregistrés dans l'industrie du luxe ». En 2014, Nespresso France remporte pour la sixième année consécutive le prix du Service client de l'année. Le Club Nespresso dépasserait les 10 millions d'adhérents, mais la marque n'aime pas communiquer sur ce chiffre dont l'ampleur ne rimerait pas avec l'imaginaire d'exclusivité associé au luxe. En moins de trente ans, malgré les agacements de la grande distribution de se voir ainsi court-circuitée, et en limitant la concurrence grâce à la protection juridique que lui apportent les brevets sur ses capsules et ses machines, Nespresso a remporté son pari. Au-delà du *business model* génial, il ne faut pas négliger, dans la démarche globale de communication, l'importance stratégique du design, des codes visuels, des signes qui structurent la perception de haut de gamme. Nespresso possède aujourd'hui l'une des meilleures notoriétés au monde.

À retenir

1 Toute démarche créative forte ne dure que parce qu'il y a derrière une marque forte, une offre produit clairement différente des concurrents, perçue comme meilleure, symbole d'un positionnement exceptionnel.

2 La puissance d'un système global : Nespresso n'est pas l'addition de techniques, le succès cumulé d'actions marketing. C'est une offre holistique, pensée selon un modèle alternatif, qui prend en compte tous les paramètres pour se différencier. Il faut revenir à l'essence de la dégustation du café, l'expresso, puis à partir de ce point construire un système général.

3 L'impact de Nespresso tient aussi à une très forte rigueur sur le plan des signes et de ce qu'ils expriment : la dégustation, la culture café, le raffinement, le haut de gamme, les points de vente et les aménagements des espaces, le design des dosettes et des boîtes, les machines sélectionnées, les accessoires créés par la marque, la qualité des mailings et le graphisme, le nom des crus et des cafés. Tout se rejoint pour donner à la marque une puissance liée à son unité. Sa cohérence fait sa performance. Nespresso est l'une des marques les plus emblématiques de la très forte montée en puissance du design.

4 L'importance accordée à la publicité a permis de créer des accélérateurs (notoriété, image internationale, conquête de nouveaux pays), mais le modèle initial était déjà installé et ne dépendait pas du discours publicitaire. Celui-ci n'a pas remplacé le manque, mais a pu apporter une valeur ajoutée, sur des composantes déjà solides, dotées d'un pouvoir de différenciation.

5 L'originalité et le secret de la réussite de Nespresso tient à une valeur clé qui couvre toutes les autres, celle de l'expérience de marque qu'elle offre en permanence et que les autres concurrents n'apportent pas : que ce soit par l'expérience produit (depuis la manière d'acheter à celle de choisir son type de café et de le préparer avec la machine), par l'expérience client (connaissance des offres, de la commande, de la réception des produits ou de leur achat) ou à travers l'expérience consommateur (diversité des crus, accessoires qui renforcent le cérémonial de la préparation et de la dégustation, renouvellement des offres et des séries limitées). L'expérience consommateur est valorisée par la notion induite d'ambassadeur et d'initiateur : celui qui sait apporte sa connaissance du produit à celui qui ne sait pas.

Retrouvez toutes les ressources iconographiques, bibliographiques, etc., de cette campagne sur
ionisbrandculture.com
Cas n° 7

Beats

Le son studio du rap

La réussite de Beats est l'image d'une politique produit exemplaire qui s'appuie sur une idée marketing exceptionnelle, une communication qui sort vraiment des sentiers battus. Cette* success-story *démontre l'important avantage concurrentiel apporté par une caution, une personnalité, qui justifie la démarche et les partis pris en donnant de la légitimité, de la performance et du poids au positionnement.

Officiellement établie en 2008, Beats Electronics (Beats) est le fruit d'une collaboration entre l'artiste et producteur légendaire Dr. Dre et Jimmy Iovine, président d'Interscope Geffen A&M Records. La société englobe dans la famille « Beats by Dr. Dre » des casques audio, des écouteurs et des haut-parleurs haut de gamme, la technologie logicielle brevetée Beats Audio et Beats Music, le service de diffusion de musique en continu par abonnement. Elle s'est construite en réaction à Apple.

Se faire une place en tant que challenger

En 2006, le monde de la musique est déstabilisé, car attaqué par le piratage. Jimmy Iovine en discute avec Dr. Dre qui ne se soucie pas tant du téléchargement illégal, mais plutôt que ses créations puissent être écoutées dans des versions médiocres, avec un système sonore déficient. Première cible : Apple, qui vient de créer l'iPod, un baladeur à 400 dollars

accompagné d'écouteurs à 1 dollar. Les deux hommes décident de se lancer sur cet énorme marché potentiel, en créant des casques qui mettent en valeur la qualité de l'écoute. Avec ses produits, la marque Beats souhaite restituer l'énergie, l'émotion et l'excitation de la sonorité des studios d'enregistrement, et proposer, à la jeune génération qui n'a pas connu la hi-fi, une diffusion sonore aussi parfaitement conforme que possible à l'original. Mais Beats doit aussi se démarquer de la forte concurrence des fabricants traditionnels, des marques spécialisées ainsi que des nouveaux venus qui ont vite compris l'avantage de se positionner dans le haut de gamme. Une multitude de rivaux dont certains disposent de moyens beaucoup plus importants ou d'un réseau de distributeurs très bien implantés. Dans un marché en plein essor où s'accentue le nombre de marques qui cherchent à s'imposer sur le segment du premium, le plus rentable, l'idée de Beats est de proposer un son avec des basses très marquées qui collent parfaitement à certains genres musicaux comme le rap et le RnB.
Ce parti pris segmente et, lorsque les casques Beats sont mis sur le marché, les audiophiles et les professionnels n'apprécient pas que les basses y soient si présentes et qu'ils ne disposent pas d'un égaliseur, un correcteur de timbre.

Retrouvez toutes les ressources iconographiques, bibliographiques, etc., de cette campagne sur
ionisbrandculture.com
Cas n° 60

Créer un effet de mode

C'est à ce moment que l'atout Dr. Dre, de son vrai nom Andre Romelle Young, entre en jeu. C'est un producteur, rappeur, compositeur, arrangeur musical et ancien DJ. Il a été l'un des leaders du groupe Niggaz With Attitude (N.W.A) et le premier producteur de hip-hop récompensé par un Grammy Awards en 2001. Il a largement contribué à populariser le gangsta rap, la culture hip-hop californienne et a produit le pianiste Burt Bacharach, Snoop Dogg, Eminem, The Game, 2Pac, Mary J. Blige ou les Pussycat Dolls. Des lettres de noblesse exceptionnelles dont il tire un carnet d'adresses unique. Face aux marques concurrentes, souvent peu en phase avec les adeptes du rap et du hip-hop, Dr. Dre incarne un univers. Expert en matière de son, d'enregistrement, il peut fonder sa légitimité sur son expérience : ce n'est pas une marque comme les autres, parce qu'elle est cautionnée par une icône de la musique. Rapidement, les produits « Beats by Dr. Dre » se retrouvent entre les oreilles de dizaines de stars, de Pharrell Williams à Gwen Stefani en passant par Lady Gaga. Les casques Beats se retrouvent en peu de temps sur les photos de paparazzi ou dans les clips vidéo grâce à des placements habiles de produits. LeBron James, superstar du basket américain, en offrira à chaque membre de l'équipe olympique de basket des États-Unis lors des JO 2008 à Pékin. Le marketing sauvage à son paroxysme. Puisque la marque n'est pas reconnue pour sa qualité spécifique de son, elle va s'appuyer sur la notoriété des stars du réseau de Dr. Dre, et une mode s'installe.

La stratégie du coucou

Le succès de Beats découle d'éléments du marketing pour la clientèle jeune. La promesse de la marque n'est pas un levier marketing pour conquérir des parts de marché, mais repose sur plusieurs innovations technologiques. Le design souligne une démarcation par la couleur, forte affirmation visuelle de la marque, et une dimension « collection », à l'opposé du marketing traditionnel des marques audio expertes. La stratégie de Beats a été de ne pas aller sur les sentiers battus des techniques publicitaires ou promotionnelles, mais de favoriser le recours à l'*endorsement*, l'approbation d'une génération totalement ancrée dans les réseaux sociaux, avec les *Like*, les pages dédiées aux célébrités, les échanges de photos et vidéos. Beats est allé jusqu'à créer une édition spéciale Justin Bieber de son casque. Moins sensible aux qualités et aux aspects purement techniques du casque, sa clientèle l'adopte par mimétisme, pour écouter la musique de la même manière que les stars. Une stratégie opportuniste, au moment où le casque devient un objet de mode. Les casques haut de gamme ne se distinguent plus seulement par la technologie, indispensable, mais insuffisante, mais aussi par des éléments constitutifs de la catégorie haut de gamme : des prix élevés, un emballage de qualité, un design et des codes couleur différenciateurs. Cette stratégie a été rendue possible par le réseau de Dr. Dre et sa réputation : toute marque qui souhaiterait développer un lancement par l'intermédiaire de telles stars devrait payer des dizaines de millions de dollars. En outre, Beats va proposer ses produits à de grands constructeurs, tels que HTC pour les téléphones portables, Chrysler pour les voitures ou encore HP pour les ordinateurs. Pour ces derniers, l'intérêt est de bénéficier des artistes du réseau Beats, de plus en plus nombreux à s'afficher avec les produits de la marque de Dr. Dre. Ce sont ainsi les autres sociétés qui assurent la communication de Beats et 500 000 produits sont vendus avant que le moindre centime n'ait été dépensé par Beats en publicité. C'est ce que l'on appelle la stratégie du coucou : se positionner dans les produits des autres en apportant quelque chose en plus. Ensuite, Beats a utilisé d'importants budgets marketing

> « L'intelligence de Beats est d'avoir su s'interfacer avec les produits des autres, d'en être le complément et donc de profiter de leur marché, ainsi que de s'associer à de grands noms qui en font sa publicité. »
>
> Yannick Lejeune, directeur Internet de IONIS Education Group.

pour décupler sa force de frappe.
En six ans, Beats rencontre un succès international et dépasse le milliard de dollars de chiffre d'affaires. Marketing agressif, design branché aux lignes épurées, la lettre B stylisée sur chaque écouteur, photo de Dr. Dre sur l'emballage, et un positionnement de prix élevé, très profitable à la fois aux distributeurs et à Beats ; autant d'ingrédients qui construisent la réussite de la marque. Beats a proposé son produit au bon moment, celui de l'avènement des réseaux sociaux, et en a rapidement fait son levier de conquête. La marque a pris une avance considérable sur les concurrents traditionnels dans son segment de marché.

À retenir

1 *C'est grâce au réseau de célébrités apporté par Dr. Dre que la marque a pu se développer.*

2 *En misant sur d'habiles placements de produits, notamment dans les clips d'artistes très médiatisés, la marque s'est offert de véritables spots de pubs avec des centaines de millions de vues sur Internet. Une stratégie plus rentable pour elle que d'onéreux spots télévisés.*

3 *La stratégie du coucou, à savoir se positionner dans les produits des autres en apportant une complémentarité, a permis à Beats de se faire connaître sans investissements marketing importants et de se constituer un budget pour de futures campagnes.*

Coca-Cola, « The pause that refreshes »

Quand une marque s'approprie un instant du quotidien

En 1929, l'agence D'Arcy Advertising Co. lance « The pause that refreshes », une campagne d'importance capitale pour Coca-Cola. En pleine période de la prohibition aux États-Unis, Archie Lee, chef créatif de l'agence, décide d'associer la notion de pause à la consommation d'un Coca-Cola, pour que les deux termes deviennent presque synonymes. Le marketing brillant ne se contente pas de promouvoir un produit, mais il créé de nouveaux codes, de nouvelles habitudes et pratiques.

Le phénoménal succès de l'utilisation du père Noël dans le marketing de Coca-Cola — qui en 1931 associe sa marque à la représentation du Santa Claus dessinée par l'illustrateur Haddon Sundblom, longtemps collaborateur de l'agence D'Arcy Advertising — masque l'énorme réussite de la campagne de 1929 « The pause that refreshes ». Avec elle, c'est une révolution culturelle et sociologique que Coca-Cola installe. À coup de millions de dollars et grâce à un brillant marketing, la pause est devenue, en seulement quelques années, un élément structurant de l'organisation du travail et le rafraîchissement créé par John Pemberton en 1885 est sorti de son carcan estival.

Le lundi au soleil

Pour Coca-Cola, la stratégie mise en place avec « The pause that refreshes » va dominer les deux décennies qui suivent et jouer comme un extraordinaire accélérateur de business. Cette campagne répond à une question difficile à résoudre, celle du désenclavement géographique, temporel, culturel d'une marque. Comment élargir sa sphère d'action pour amplifier ses ventes et ses parts de marché ? En 1929, la marque originaire d'Atlanta occupe une enviable position de leader sur le marché, déjà bien implantée partout aux États-Unis et ayant développé ses positions à l'international. Mais elle demeure une consommation estivale, une boisson rafraîchissante quand il fait chaud. La marque éprouve les plus grandes difficultés à vendre le soda pendant d'autres mois de l'année, en particulier en hiver. Une première campagne, « Thirst knows no season » (la soif ne connaît pas de saison), posa les fondations pour amener le public à consommer le produit tout au long de l'année. Pour renforcer l'argumentation, il fut décidé d'utiliser l'image du père Noël, rattachée au mois de décembre, à l'hiver. La marque réussit son pari et arriva à vendre davantage de soda en hiver qu'en été.
Mais avec le temps, et comme le font toutes les sociétés, Coca-Cola décide de passer un nouveau cap de croissance. La marque veut placer ses bouteilles dans les mains de tout le monde, tout le temps. Pour ce faire, D'Arcy Advertising Co. cesse de s'intéresser au produit en lui-même pour se focaliser sur le comportement des gens et part du principe que chaque individu a besoin de pauses dans le rythme de la vie moderne. En incarnant ces moments de détente, Coca-Cola augmentera considérablement ses ventes tout en gagnant sa place dans l'histoire du commerce.

Coca Cola recrute un employé modèle : le père Noël

Avec « The pause that refreshes », la campagne va transformer la relation du public à ce soda. Coca-Cola sera de moins en moins perçu comme un rafraîchissement occasionnel, mais comme une boisson qui apporte une fraîcheur aussi mentale que physique, aussi personnelle que collective, le carburant essentiel à toute une nation. Avec ce principe de pause, moment de tranquillité, de convivialité, d'échanges, Coca-Cola va ainsi accompagner la vie des Américains dans tous les lieux du pays, pour toutes les occasions, lors des événements heureux comme lors des tragédies (Seconde Guerre mondiale, guerre de Corée, etc.). Cette stratégie a trois implications majeures pour pouvoir faire rapidement son chemin dans l'esprit des Américains, et surtout dans la transformation des modes de consommation du produit. La première, c'est d'être rapidement comprise et appréciée par le plus grand nombre.
La marque va consolider ses efforts en communication par un accroissement notable de ses dépenses publicitaires, en misant sur les grands médias nationaux, sur une diversification des supports (utilisation accrue de la radio puis de la télévision après les années 1940), sur une démultiplication des annonces et des expressions : pause au bureau, pause sur le chantier, pause durant les soldes, pause en famille...

Cette stratégie s'inscrit également dans les évolutions de la société américaine des années 1930 à 1950 caractérisée par un plus grand nombre de femmes au travail, les guerres et la mobilisation des femmes, le baby-boom, l'accroissement de la consommation après la crise des années 1930.
Ensuite, il fallait mettre facilement Coca-Cola à la disposition de chaque consommateur, à tout moment, n'importe où, n'importe quand, par le développement d'une distribution « totale », en considérant tout endroit comme un lieu potentiel de rencontre avec l'offre de la marque (distributeurs de toutes sortes pour les grandes usines, les bureaux plus restreints, etc.). Quand on pense fraîcheur, on pense pause, alors on doit penser Coca-Cola. On peut d'ailleurs faire un parallèle avec Apple qui a quitté le monde restreint de l'ordinateur pour devenir, de plus en plus l'allié technologique de chacun en répondant à une pluralité de besoins.
Enfin, il était nécessaire de frapper fort l'imagination des gens pour imposer la notion de rafraîchissement toute l'année.
Fin 1931, élément clé de la stratégie de la marque, les Américains découvrent dans leurs principaux médias (la presse quotidienne nationale, régionale ainsi que la presse magazine) le père Noël, satisfait de son travail, qui s'accorde une pause avec un Coca-Cola dans la main. Dimension forte en symbole, universelle et intemporelle, elle va largement être exploitée au cours des décennies suivantes (moment familial, instant convivial, esprit de la fête et dessaisonalisation) et reste encore l'une des meilleures réussites de la communication de Coca-Cola.
Tout comme Pepsi, son principal concurrent, Coca-Cola n'oublie jamais ses campagnes antérieures et les réutilise en fonction des pays, des opportunités et des époques, même à plusieurs dizaines d'années d'intervalle.

Le pack en avant

Les années 1930 furent remarquables pour Coca-Cola puisqu'il s'agit à la fois d'un tournant commercial, stratégique, mais également culturel, réussi par la marque. L'objectif de dessaisonalisation fut accompli en quelques années ; celui de la vente partout et tout le temps, en une décennie, fut réalisé grâce à l'innovation technologique appliquée aux machines de vente. Une autre innovation particulièrement efficace pour asseoir la stratégie fut l'instauration et la priorité donnée aux *six packs*, le pack de bouteilles de Coca-Cola. Cela facilitait la stratégie d'une boisson omniprésente et universelle.
Avec cette réorientation forte de la communication de la marque, principalement avec cette mini-révolution culturelle que va apporter la notion de pause, Coca-Cola va s'inscrire

Retrouvez toutes les ressources iconographiques, bibliographiques, etc., de cette campagne sur
ionisbrandculture.com
Cas n° 67

profondément dans les évolutions de la société américaine. La marque utilise l'urbanisation, l'accroissement de la présence des femmes dans la sphère professionnelle et reflète la tertiarisation progressive de l'économie américaine. Elle exploite également la transformation de la sphère de vente (livraison, développement des supermarchés) et, à l'instar des cigarettes Lucky Strike, devient le symbole d'une Amérique présente aux côtés de ses boys en pleine Seconde Guerre mondiale. D'ailleurs, c'est à la suite de la victoire des Alliés puis de l'installation de bases américaines en Europe que l'expansion de Coca-Cola va aller de pair avec l'identification de la marque à l'« American Dream ».

À retenir

1 *Pour favoriser efficacement le développement commercial d'une marque et de ses produits, le marketing ne peut plus se cantonner à l'annonce de petites innovations, à des réponses aux attaques des concurrents.*

2 *Il faut déplacer totalement le curseur, accomplir une véritable disruption et pas uniquement un acte publicitaire : trouver des usages révolutionnaires, instaurer de nouveaux comportements, modifier les attentes, réorganiser même les modes de vie (cf. Sony et son walkman, Apple et son iPhone). La marque n'est alors plus seulement un acteur commercial, mais elle crée une dynamique comportementale et culturelle qui change la manière de vivre, de croire, d'organiser ses priorités.*

3 *La stratégie marketing de Coca-Cola, dont l'objectif était initialement de se départir de son étiquette de boisson d'été, vient modifier les comportements et institutionnalise le concept de pause. On dépasse l'acte de consommation d'un produit.*

Red Bull

Les justes choix qui sortent de l'ordinaire

Le saut de Felix Baumgartner dans le vide et la retransmission mondiale historique de l'événement en 2012 pourraient suffire à faire de la marque Red Bull un cas remarquable. Pourtant, cet événement n'est que l'aboutissement, du moins l'exemple le plus médiatique, d'une démarche originale, extrêmement courageuse, qui a su traduire dans les faits tous les avantages d'une « stratégie d'infiltration ».

Retrouvez toutes les ressources iconographiques, bibliographiques, etc., de cette campagne sur **ionisbrandculture.com** **Cas n° 12**

En 1982, lors d'un voyage en Thaïlande, Dietrich Mateschitz rencontre Chaleo Yoovidhya qui fabrique la boisson énergisante Krating Daeng, contenant de la taurine et avec un taux élevé de caféine, et qui aide à supporter le manque de sommeil. Mateschitz s'associe avec Yoovidhya pour importer la boisson en Europe et ils fondent la Red Bull GmbH en 1984. L'entreprise adapte la boisson aux goûts européens en la rendant gazeuse et moins sucrée et, en 1987, la nouvelle Red Bull, dont la traduction du nom signifie littéralement « taureau rouge », est lancée en en Autriche. Le succès est immédiat et la marque se développe à travers toute l'Europe avant de s'attaquer au marché américain.

La boisson gagne 75 % de part de marché aux États-Unis durant la seule année 1997. En une vingtaine d'années, Red Bull s'impose comme le leader incontesté du marché des boissons énergétiques. Si elle doit son succès avant tout au produit, néanmoins, la réussite ne relève pas du hasard, mais d'une stratégie marketing devenue une référence. La marque consacre jusqu'à 30 % de son chiffre d'affaires au marketing, notamment à travers le sponsoring dans les sports extrêmes et dans certains événements de sport électronique (eSport). Pour assurer à ses actions un maximum de visibilité, l'entreprise a mis en place depuis 2007 une *media house* qui emploie 300 personnes — des rédacteurs, des photographes, des cameramans, des monteurs —, chargées de fournir du contenu aux médias en mettant chaque jour à la disposition des diffuseurs au moins douze heures d'images nouvelles.

Un ADN particulier

La stratégie initiale de la marque est née de la rencontre entre un homme, une recette et une idée nouvelle : proposer une boisson qui apporte une énergie physique et mentale forte, sans être alcoolisée ni un produit qui en est dérivé. La marque investit, au départ, dans l'univers de la nuit et de la fête (notamment avec l'apparition des premières raves techno) et axe sa communication sur les composants « secrets » de la boisson, alimentant les fantasmes et les légendes urbaines, qui en se propageant suscitent de plus en plus la curiosité et l'attrait pour l'aspect transgressif et provocateur du produit. En France, suite à l'avis négatif de l'Agence française de sécurité sanitaire des aliments (AFSSA), le produit avait reçu l'interdition d'être commercialisé en 1996. Certains commerçants le vendaient « sous le manteau » en s'approvisionnant dans des pays frontaliers. Cette interdiction a beaucoup fait parler de la marque et a participé au succès de son lancement, qui n'en finissait pas d'être reporté. Elle a ainsi provoqué l'envie et l'attente chez les consommateurs. Fin 2007, la marque dépose une plainte au tribunal administratif de Paris et demande 300 millions d'euros d'indemnités à l'État français. La ministre de l'Économie décide alors en 2008 d'accorder son ticket d'entrée dans l'Hexagone à la boisson non alcoolisée la plus consommée au monde derrière Coca et Pepsi, en demandant d'apposer deux mentions sur ses bouteilles : l'une déconseillant le breuvage aux enfants et femmes enceintes, l'autre conseillant de le consommer avec modération.
La stratégie marketing de Red Bull repose sur une logique qui est dans l'ADN de la marque. Elle reflète les passions de son créateur autrichien, Dietrich Mateschitz, qui concernent tout ce qui sort de l'ordinaire, de l'habituel, dans le domaine sportif ou culturel. La marque va devenir synonyme de sports extrêmes, d'événements, d'audace, de créativité, autant d'ingrédients qui sont les valeurs de créateur de l'entreprise.
La marque va se construire en évitant de donner la priorité aux démarches banalisantes : quête classique de notoriété, utilisation habituelle des médias de masse, politique de promotions, bataille des prix dans les hypermarchés, course au lancement massif. Elle adopte une stratégie qui donne une originalité à la marque et qui lui permet de se démarquer à tous les niveaux : lancement par des

événements, distribution de produits dans des lieux stratégiques, utilisation d'une flotte de voitures, Mini ou Smart, pour se faire remarquer, sponsoring d'événements étonnants et extrêmes. Ces choix judicieux et qu'aucune marque n'avait fait auparavant sont surprenants, décalés et inventifs. Leur pouvoir médiatique et de captation de l'imaginaire, loin des classiques enceintes sportives ou des terrains de golf, sont sans commune mesure : des univers riches en images, en phase avec l'offre d'un produit qui est là pour stimuler l'éveil, en jouant sur l'accueil généralement très favorable des médias pour ce type de visuels, et sur les vidéos partagées un grand nombre des fois sur les réseaux sociaux.

Aujourd'hui, Red Bull est associée à près de 500 athlètes et de 600 manifestations sportives. Elle possède notamment deux écuries de Formule 1, six clubs de football, une équipe de hockey sur glace, un centre d'entraînement multisports. Trois sportifs sont décédés en activité alors qu'ils étaient sous contrat avec la marque : l'Américain Eli Thompson, le Suisse Ueli Gegenschatz et le Canadien Shane McConkey. Cette prise de risques, qui peut avoir parfois des conséquences dramatiques, correspond à la stratégie de l'entreprise qui l'assume pleinement, à l'image de son slogan « Red Bull vous donne des ailes ». Ce ton est très en phase avec une clientèle jeune, appréciant l'humour et le décalage, les marques qui ne se prennent pas au sérieux. Dietrich Mateschitz affirmait au magazine GQ en 2010 : « Le but de l'entreprise n'est plus de vendre de la boisson, mais de découvrir des gens doués et de les aider à s'accomplir. »

> « La pierre angulaire du succès de la marque est son côté provocateur. »
>
> Gérard Coudert, président du Centre de droit et d'économie du sport (CDES).

Un grand saut pour Red Bull

Leader incontestable du segment, Red Bull affronte une concurrence multiple avec le *me too products*[1].
Mais la croissance du marché nourrit l'entreprise qui dispose, avantage considérable, d'une marque mondialement connue. La performance de Felix Baumgartner, qui totalise à l'été 2013 près de 35 millions de vues sur YouTube, valide la stratégie de Red Bull : les choix de privilégier un sponsoring bien relayé par les médias et très attirant pour les jeunes. Le coût de cette performance, plus de 5 millions de dollars investis, est remboursé cinquante fois par les retombées médiatiques.

1. Terme marketing qui qualifie un produit ou service introduit sur le marché par une entreprise qui imite sciemment les principales caractéristiques d'un produit ou un service lancé avec succès par un concurrent.

Le saut a été l'événement le plus suivi depuis la marche de l'homme sur la Lune. Red Bull a aussi compris très tôt que la présence médiatique dépendrait de plus en plus des très nombreuses chaînes à petit budget. En leur fournissant gratuitement le contenu rédactionnel, photo et vidéo, élaboré par sa *media house*, Red Bull capitalise sur chaque événement. Ce sont autant d'occasions d'assurer une visibilité maximale à la marque et de l'associer aux sports extrêmes, à la modernité, au fun.

À retenir

1 *En quelques années, Red Bull a réussi à devenir l'une des grandes marques mondiales dans le domaine des boissons. Cette réussite provient en premier lieu de la spécificité du produit, qui a su bien jouer des ambiguïtés, exploiter les polémiques, qui a trouvé dans les jeunes (nightclubbers, étudiants,* trendsetters*) des soutiens constants et disposant d'une puissante force d'influence.*

2 *Red Bull a largement compris la mécanique moderne des stratégies de médiatisation en matière de buzz, des lancements événementialisés : tout doit faire parler de la marque et donc servir de haut-parleur, non de finalité. Bien avant d'autres, Red Bull a fait sienne la stratégie de* brand content*, désormais l'apanage de toutes les marques.*

3 *Red Bull a compris qu'en communication rien ne sert de suivre bêtement des voies existantes, déjà tracées, mais qu'il faut savoir s'immiscer sur des voies moins habituelles, parfois partielles, et se les approprier.*

« Don't mess with Texas »

La piqûre d'orgueil

Avant la campagne « Don't mess with Texas », l'État du Texas dépensait chaque année environ 20 millions de dollars pour nettoyer les autoroutes, encombrées d'ordures. Ce cas démontre que l'impact est d'autant plus important si l'on s'adresse aux cibles par un message exprimé dans leur propre langage, en touchant directement leurs valeurs et aspirations. Exit le marketing vert et les messages traditionnels de sauvegarde de la planète, bonjour la piqûre d'orgueil.

La campagne anti-déchets « Don't mess with Texas » (ne plaisantez pas avec le Texas), mise en place par le ministère des Transports du Texas et l'agence GSD&M en 1985, avait pour objectif de décourager le déversement d'ordures sur la voie publique, en faisant prendre conscience aux Texans de l'importance de l'écologie, mais également en sensibilisant les plus jeunes aux gestes écologiques.

Faut pas charrier

De nombreuses études, menées par le gouvernement texan ont démontré que les habitants, plus particulièrement les jeunes hommes et femmes âgées de 18 à 34 ans, n'étaient pas réceptifs aux notions d'écologie et que ce schéma se poursuivait à travers le temps. En reproduisant des gestes et attitudes adoptées par les anciennes générations, la population texane avait accumulé, au cours des années, des quantités impressionnantes de déchets. De plus, une autre étude mettait en évidence un fossé entre le comportement et les opinions des Américains vis-à-vis du développement durable et de leur attitude en tant que consommateurs. Ce phénomène se nomme le « fossé vert » : 85 % des 1 800 personnes questionnées lors de ce sondage affirmaient que les femmes étaient plus sensibles et impliquées à l'écologie ; 82 % des sondés estimaient que devenir écologiste était une démarche plus féminine que masculine, et pouvaient trouver gênant le fait de boire de l'eau dans une bouteille réutilisable ou d'utiliser un sac à provisions plutôt qu'un sac plastique. Les hommes du Texas sont plus réfractaires à l'écologie, car c'est un domaine qu'ils jugent trop féminin.

Forts de ce constat, le ministère des Transports du Texas et l'agence de publicité décidèrent de prendre le contre-pied, en rendant l'écologie plus virile avec une campagne taillée pour les autochtones, principalement les jeunes hommes de 18 à 24 ans. L'action débuta en 1985 à travers un simple autocollant portant la mention « Don't mess with Texas ». Elle prit toute son importance en 1986, lors de la transmission télévisée du Cotton Bowl, le match annuel d'après-saison régulière de football américain de niveau universitaire, pendant laquelle Stevie Ray Vaughan, véritable légende du blues venu interpréter *The Eyes of Texas*, ajouta à la fin de sa chanson « Don't mess with Texas ». Profitant de son statut d'icône et accompagné de nombreuses stars texanes, il prêta son image pour des spots humoristiques expliquant aux Texans qu'abandonner leurs déchets sur le bord des routes n'était pas digne d'un « vrai Texan ». On touchait alors à la fierté, la corde sensible des habitants du deuxième plus grand État des États-Unis. Par la suite, ce simple autocollant se déclina en chapeaux, mugs, vêtements et autres accessoires, donnant à la campagne une envergure plus large et une réalité ancrée dans le quotidien.

Des résultats probants, mais localisés

La campagne permit, en cinq ans, de réduire de 72 % la quantité de déchets sur le bord des routes texanes. Les plus jeunes furent sensibilisés, dès la maternelle, à la nécessité de protéger

la planète. Ce sont eux qui, en grandissant, prendront la parole et se placeront en leaders de cette cause.
Outre les campagnes de prévention, l'État texan mit en place de nombreux partenariats, comme les liens tissés avec l'association Keep Texas Beautiful, qui organise chaque année une journée de nettoyage des déchets dans tout l'État (un véritable événement au Texas), ou avec McDonald's, Coca-Cola, Blue Belle Ice Cream, Vans, Southwest Airlines, etc. Depuis le lancement de cette campagne, les poubelles « Don't mess with Texas », qui arborent les couleurs de l'État, sont ancrées dans l'inconscient collectif, même chez les jeunes enfants. Le Texas a également instauré des bourses spéciales à destination des élèves de terminale qui se sont impliqués dans la lutte contre la pollution du territoire au sein de leur lycée ou de leur communauté.
Personne ne peut nier l'efficacité de la campagne fondée sur une analyse des cibles, sur la culture dominante de ces cibles — des mâles, des *rednecks*[1] — qui n'étaient pas du tout convaincus par des discours sur l'écologie et sur la nécessité de préserver l'environnement. Pour leur parler, « Don't mess with Texas » se sert d'une communication beaucoup plus directe, en utilisant l'injonction, à l'inverse de la communication centrée autour du dialogue, de la conviction et de l'art de la persuasion. Cette démarche a fonctionné parce que cela correspondait à un système d'attentes propre au Texas. La campagne vient d'une compréhension des modes d'action et de réaction d'une cible très machiste. Mais que se passe-t-il quand les Texans franchissent la frontière d'un État voisin, se permettent-ils de jeter leurs ordures par la fenêtre de leur voiture ? La communication repose sur une certaine universalité : il faut que ça puisse porter loin et embrasser très large, or « Don't mess with Texas » se concentre sur un seul État et transmet un message ne s'appliquant qu'à celui-ci. C'est ce qui fait de cette initiative une campagne historique, mais ultra-ciblée. Elle n'a pas appris aux Texans à protéger l'environnement, mais elle leur a appris à ne plus salir leur État adoré.

Chuck Norris, Texas Ranger.

La phrase est une marque déposée par le gouvernement fédéral. La campagne a été honorée par la pose d'une plaque commémorative sur Madison Avenue Walk of Fame ainsi que par une place au Advertising Hall of Fame, une distinction qui ne récompense que deux slogans par an.
Après la première publicité télévisée de la campagne en 1986, de nombreux autres spots télévisés ont été tournés (plus de 26 sur une période de 12 ans), ainsi que des annonces pour la radio, mettant en vedette des personnalités telles que Chuck Norris, Matthew McConaughey, Owen Wilson, George Foreman, Willie Nelson, pour rallier la population au respect de l'écologie de leur État. La campagne s'est adaptée aux nouveaux moyens de communication

1. *Redneck*, littéralement « nuque rouge » (en français « rustre »), est un terme populaire anglais désignant un stéréotype d'Américain (tout particulièrement originaire du sud du pays ou des Appalaches) ou de Canadien ou d'Australien, vivant en milieu campagnard.

en étant présente sur tous les réseaux sociaux pour relayer l'information, mais également à travers une application pour sensibiliser le jeune public avec des super-héros. Désormais, il est également possible pour les particuliers et les associations « d'adopter une route » — c'est-à-dire de veiller sur deux miles de chaussée et de les nettoyer quatre fois par an, en échange d'un panneau mentionnant le nom des adoptants —, et même de créer sa propre poubelle « Don't mess with Texas ».

> « Cette campagne vient d'une compréhension fine des systèmes d'attentes et des modes d'action et de réaction de la cible visée, qui est très virile. »
>
> Pascal Beucler, vice-président sénior, directeur de la stratégie mondiale de MSLGROUP, filiale de Publicis Groupe.

À retenir

1 « Dont mess with Texas » repose sur une approche psychosociale : c'est l'environnement socioculturel qui forme la personnalité et influence les comportements. L'individu est en partie le produit d'une culture, de normes, de rôles et de statuts.

2 En conférant à l'écologie une image plus virile et machiste, ce sont les comportements des Texans que l'on souhaite toucher. En communication aussi, la fin peut justifier les moyens, en l'occurrence, le choix stratégique.

3 La prouesse reste ensuite de lier le concept « protection du Texas par les Texans » à celui de l'écologie. En ce qui concerne le Texas, c'est un succès magistral depuis plus de 20 ans. Mais si les cibles continuent de jeter leurs ordures sur la route une fois hors de leur État, la réussite de la campagne n'aura été que partielle.

4 Le principal enseignement est que le chemin du marketing ou de la communication n'est pas tant une simple ligne droite. Il faut parfois donner la priorité à des segments de la population qui ne sont pas favorables à l'offre, ou dont les comportements semblent contraires à ce que l'on recherche. « Don't mess with Texas » a poussé les habitants à un comportement en manipulant leurs propres codes.

Retrouvez toutes les ressources iconographiques, bibliographiques, etc., de cette campagne sur
ionisbrandculture.com
Cas n° 56

Queensland Tourism, « The best job in the world »

Faire preuve de créativité avec un budget limité

Le cas Queensland Tourism, primé dans tous les festivals et compétitions de communication, est devenu une véritable référence. Avec un investissement de 1,2 million de dollars, la campagne a généré plus de 300 millions de dollars de retombées médiatiques. C'est la démonstration éclatante qu'il est possible de faire preuve d'une créativité de portée mondiale avec un budget limité.

Tout commence par une petite annonce : une offre d'emploi, publiée en 2009 dans la presse de différents pays, proposant simplement le « meilleur job du monde ». La proposition étonne, car les conditions de travail sont exceptionnelles, le salaire est très conséquent et les seules missions consistent à explorer les îles de la Grande Barrière de corail, d'en faire un compte rendu sur un blog, de nettoyer la piscine de la maison de luxe dans laquelle on est logé et de collecter le courrier. Très vite, l'annonce devient virale, reprise par les journalistes, partagée sur les réseaux sociaux. En quelques semaines, la campagne de l'office du tourisme du Queensland — un État d'Australie situé au nord-est du pays —, simple et pertinente, transforme une marque « mineure » en un intervenant mondialement connu. Elle réunit à la fois une démarche très innovante, une créativité efficace, la volonté de toucher tous les continents et un budget modeste pour ce type de campagne.

Faire parler de soi

Alors que la crise économique était en train de s'installer durablement, l'année 2009 fut considérée sur le plan touristique comme la pire depuis soixante ans, selon Taleb Rifai, secrétaire général de l'Organisation mondiale du tourisme (OMT).

La concurrence se faisait de plus en plus forte, à cause de l'internationalisation des destinations, la baisse du coût des transports, les achats de dernière minute, la diversité des émetteurs et des sources de communication. Le contexte ne semblait pas du tout favorable à la campagne.
Le postulat de départ était de donner de la notoriété à la destination et de la rendre attractive, de faire connaître les lieux à une cible internationale, mais pas par une campagne d'image traditionnelle ou de réassurance, encore moins par une action destinée à souligner la diversité des offres, des services ou le type de vacances.
Il s'agissait de se faire remarquer, pour une destination qui ne dispose pas d'un élément mondialement connu comme une ville, un lieu, une œuvre, une histoire, un monument, hormis la Grande Barrière, le plus grand récif corallien du monde qui compte plus de 2 900 récifs et 900 îles s'étirant sur 2 600 kilomètres en mer de Corail, au large du Queensland. Il fallait davantage faire parler du Queensland, que de parler de la destination, d'autant que les moyens financiers restreints ne laissaient pas espérer la possibilité d'une présence internationale.
C'est l'une facettes remarquables de ce cas : montrer celui qui travaille dans le cadre et non le cadre lui-même, en misant sur le fait que les gens sont suffisamment malins pour découvrir le caractère enchanteur du site.
Une communication détournée, moins intrusive et directe, mais qui fonctionne à plein. En proposant de recruter quelqu'un pour accomplir le « best job in the world », en tant que gardien pendant six mois dans un cadre exceptionnel, la campagne crée un effet de halo. Cette démarche a si bien fonctionné que personne ne sait qui a décroché le poste, mais tout le monde se souvient de la campagne. C'est un pari risqué, car la plupart des opérateurs auraient utilisé un mélange classique de presse spécialisée pour voyagistes, de petites campagnes de publicité dans des pays prioritaires et un peu de relations presse. En ce sens, ce cas constitue une véritable rupture. Ce qui conduit à se demander quelle est la stratégie la plus risquée lorsqu'on a un petit budget : celle qui consiste à avoir de l'audace et faire preuve de créativité ou celle qui consiste à faire comme d'habitude et comme tout le monde avec des résultats attendus ?

La viralité, levier de la communication du digital

La campagne repose sur un *insight*[1] universel : tout le monde a envie de partir à l'autre bout du monde dans un lieu paradisiaque, d'être payé pour se prélasser au soleil et poster des photos du séjour. D'autant que ce « meilleur job du monde » est ouvert à n'importe qui, venant de n'importe où ! Tous les ingrédients sont réunis pour permettre la viralité. La campagne fut l'une des premières à utiliser en profondeur les

1. En marketing, on utilise le terme *insight*, ou plus précisément *consumer insight*, pour qualifier une attente de consommateur porteuse d'un potentiel d'activité pour l'entreprise qui choisira de l'exploiter et d'y répondre par un produit. Contrairement à une approche d'offre, où c'est l'entreprise qui prend l'initiative d'une innovation produit, l'*insight* est l'expression d'une attente du consommateur, d'une demande consciente ou inconsciente dont l'entreprise ou la marque choisira ou non de se saisir.

réseaux sociaux, débouchant sur un bouche-à-oreille à grande échelle : les postulants et leurs relations (« tu as vu la pub pour... »), les professionnels du tourisme, les journalistes. C'est le principe épidémiologique qui conduit de la presse à la radio puis à la télévision, en créant un effet boule de neige. Il a joué un rôle déterminant sur les réseaux sociaux par la démultiplication de l'information, puis par les appels au soutien des candidats dans leurs pays. Ainsi, le système a permis la croissance, puissante et sur une courte période, des contacts puis l'exposition des messages du Queensland. Au total, ce sont plus de 35 000 candidats, de plus de 200 pays, qui ont envoyé une vidéo pour participer au concours. Le site web de la campagne a enregistré plus de 8 millions de visites en 56 jours, avec plus de 47 millions de pages vues.

Rarement une campagne de publicité n'a été autant partagée et discutée. En ce sens, elle a posé les bases de la viralité, devenue depuis un levier classique de la communication.

« Cette campagne va faire d'un intervenant mineur par son budget et sa notoriété une marque mondiale. »

Elie Ohayon, directeur monde, grands comptes, de Publicis, ancien président de Saatchi & Saatchi + Duke.

Un retour sur investissement et des résultats incroyables

Le Queensland a accueilli 20 % de touristes en plus après la publication de la candidature. C'est la meilleure campagne pour le tourisme depuis vingt ans, aucune autre promotion touristique n'a eu une telle portée mondiale, de tels relais dans les médias, et généré un engouement aussi important de la part des consommateurs. C'est un succès planétaire. Cette idée, au fond très simple, a retenu l'attention des médias du monde et multiplié les prix : deux grands prix au Festival international de la publicité à Cannes et un Lion d'or en catégorie médias en 2009.

La couverture médiatique obtenue est estimée à plus de 300 millions de dollars, alors que le budget de la campagne était de 1,2 million de dollars. Des retombées presse en tout genre (documentaires, reportages, interviews, articles) ont été mises en place partout dans le monde.

À retenir

1 *L'idée elle-même est passionnante pour des milliers de jeunes adultes dans le monde, qui rêvent de voyages, d'aventures, d'insolite, de découvertes.*

2 *L'intelligence de cette campagne est d'avoir compris la puissance des systèmes viraux, du buzz, des relais d'opinion que constituent les blogueurs et les réseaux sociaux, comme Facebook. Chaque candidat essayant de créer autour de lui des groupes d'encouragement, des relais avec des blogs, des films et vidéos sur YouTube, Dailymotion, etc. Il ne s'agit pas d'une idée créative seulement originale, mais surtout motivante.*

3 *La valorisation de la notion de travail, avec l'idée de « best job in the world » et surtout, l'ambiguïté entre le sérieux de la démarche de recrutement et le formidable « fun » de la proposition, illustrent une parfaite compréhension, tellement indispensable, des mentalités et une excellente connaissance des valeurs.*

4 *Dans un contexte de travail souvent difficile, notamment pour les jeunes, la superbe de l'offre a participé au bruit médiatique. Face à une réalité du travail, la sociologie rejoint utilement le marketing et la communication.*

5 *La destination est par elle-même motivante sauf que des dizaines d'autres ont le même potentiel et qu'il ne suffit plus de montrer de belles plages. Il aura fallu une idée simple, mais forte, tout focaliser sur les relais d'opinion, sur la parole des autres, pour gagner en puissance médiatique. Quand d'autres dépensent pour promettre le luxe et le rêve, le Queensland aborde « tout sauf les vacances ».*

Retrouvez toutes les ressources iconographiques, bibliographiques, etc., de cette campagne sur
ionisbrandculture.com
Cas n° 8

Hathaway, « The man in the Hathaway shirt »

Le détail qui change tout

La campagne « The man in the Hathaway shirt » résume un élément fondamental de la communication : l'importance du détail, qui fait l'essentiel parce qu'il est essentiel. Dans les années 1950, le domaine du prêt-à-porter explose, créant lentement les conditions d'une transformation, d'une mode uniforme et normée. Hathaway, un petit fabricant de chemises du Maine, encore inconnu au niveau national, veut alors saisir l'occasion d'accroître sa visibilité.

Révolutionner les codes sans y laisser sa chemise

À l'époque, les codes de communication sont très ancrés à une stratégie quasi unique : la valorisation de l'homme. Les publicités pour chemises mettent en scène un homme classique, conformiste ou décontracté, dans un décor élégant, souvent entouré de femmes qu'il saura évidemment séduire. La marque Hathaway a des moyens limités, aussi elle démarche la toute jeune agence créée par l'Anglais David Ogilvy qui s'est lancé dans la publicité il y a à peine trois ans, à l'âge de 38 ans ! Le commerce de chemises est alors dépendant des grands magasins qui, avec les ventes par correspondance, dominent encore le marché américain. Jusqu'ici, les campagnes publicitaires du secteur fonctionnent sur des archétypes connus de l'élégance masculine. Ogilvy décide de reprendre ces codes, mais d'y ajouter un détail : un bandeau. À celui-ci, s'ajoute la dimension produit contenue dans un texte le « The man in the Hathaway shirt » qui fonctionne comme un titre de roman ou de film. Dès les premiers passages, la campagne devient un événement dont on parle. Il n'y a pas eu de *teasing* et de buzz, simplement un événement qui consistait à montrer un homme élégant et distingué, sûr de lui, laissant une place importante aux arrière-plans, et qui portait un bandeau sur l'œil. Le lecteur est immédiatement accroché par le visuel et rentre dans la mécanique de l'annonce pour découvrir ce que ces chemises, portées par des hommes pleins d'assurance, ont de si spécial.

Cette campagne va faire la fortune de la marque pendant plus de vingt ans parce qu'elle va la doter d'une notoriété sans aucune commune mesure avec les 30 000 dollars de budget investis. Elle va également lui construire une personnalité et une véritable identité, chose rare dans ce domaine au cours des années 1950 et 1960. En moins de cinq ans, les ventes de chemises vont doubler, la marque va devenir nationale par l'expansion de son référencement et la campagne va servir à l'image qualitative de Hathaway. Déclinée pendant vingt-cinq ans, cette campagne a été choisie par le magazine *Advertising Age* comme vingt-deuxième de sa liste des cent plus grandes campagnes de publicité du XXe siècle.

La perception mise en éveil

L'histoire tient en premier lieu à l'audace de l'agence. La campagne fut shootée deux fois, avec et sans bandeau. David Ogilvy réussit à convaincre le client de l'impact, de la puissance évocatrice de cet homme mystérieux, viril, distingué, qui répondait à un modèle moins traditionnel que l'archétype masculin du début des années 1950. Cette approche étonnante et mystérieuse assure en partie la mission de différenciation. Elle repose sur cette prise de risque acceptée par le client.

Le véritable coup de génie de cette campagne repose sur le non-dit et la capacité à faire travailler l'imagination : qui est ce type au bandeau ? Qu'a-t-il fait ? Pourquoi porte-t-il ce bandeau ? On ne sait pas et on ne le saura jamais. Mais l'imaginaire est bien plus puissant que la réalité. Ce détail, si banal, qui change tout, laisse une place énorme au mystère. À défaut de savoir pourquoi cet homme porte un bandeau, on imagine qu'il a un vécu extraordinaire. Donc, s'il a choisi des chemises Hathaway, c'est qu'il sait pourquoi. C'est aussi un merveilleux élément de différenciation, le futur acheteur se dit, plus ou moins consciemment, que ceux qui portent de telles chemises sont différents, des hommes avec plus d'assurance.

Retrouvez toutes les ressources iconographiques, bibliographiques, etc., de cette campagne sur
ionisbrandculture.com
Cas n° 50

Le mystère agit à plein. L'implicite — qui ici comprend le non-dit — est l'argument le plus fort qui existe, bien plus puissant que la connaissance de la véritable histoire de ce bandeau et qui risquerait sans doute de décevoir. Cette campagne est un véritable cas d'école. Elle est devenue une référence, à tel point que de nombreux articles ont été écrits à ce propos et sur le pourquoi de ce bandeau, avec des spéculations en tout genre. Finalement, ce que l'on retient c'est que l'on ne choisit pas des chemises Hathaway par hasard. En ce sens, la publicité remplit parfaitement son rôle central, *de facto*, de différenciation. Et la place laissée au mystère et à l'imagination la rend encore plus efficace et marquante.

« On dit souvent que le détail fait l'essentiel, mais ici, il fait l'histoire. »

Natalie Rastoin, directrice générale d'Ogilvy & Mather France.

Son potentiel d'attention reste le même des années plus tard et l'enjeu de l'attention est fondamental dans la publicité. Celle-ci s'invite et doit donc séduire celui qui la regarde. Les études montrent que l'attention doit être retenue dans les six premières secondes au maximum ! Cette publicité rappelle à tous les professionnels du secteur que sans impact, une publicité, aussi brillante soit-elle, ne sert à rien. Si la problématique de la captation de l'attention existait déjà pour les marques des années 1950, elle a été multipliée par cent avec des émetteurs, des médias, des sites et des réseaux encore plus nombreux.

Fournir de l'information factuelle sur le produit

Pour David Ogilvy, qui a formalisé ses idées dans des ouvrages devenus des références, une publicité fonctionne, entre autres, si elle donne de l'information factuelle. C'est le cas de la *body copy* (texte de l'annonce) de « The man in the Hathaway shirt ». Outre le détail génial qui change tout, la publicité est accompagnée de cinq paragraphes descriptifs expliquant pourquoi les chemises Hathaway sont différentes de ses concurrents bon marché. Cet élément a pour but de transformer l'intérêt du consommateur en acte d'achat en montrant à cet acheteur potentiel que le fait de porter des chemises Hathaway le rendra différent, plus jeune et plus distingué.

À retenir

1 *Cette campagne est l'archétype de la perfection dans l'art de la différenciation. L'accessoire joue un rôle essentiel, qui va au-delà de l'impact, alors que l'annonce elle-même n'a rien de révolutionnaire. L'intelligence des créateurs a été de dépasser l'élément matériel (remarqué) pour donner un sens fort et implicite à l'annonce, une marque pour les hommes audacieux, courageux, affirmés, tout l'imaginaire possible que ce bandeau permet d'installer. Ce détail a le mérite d'apporter beaucoup plus, une dimension émotionnelle essentielle et une histoire que chacun construira à sa manière.*

2 *C'est un formidable système à deux temps. La force de cette campagne tient à la nature même de l'élément destiné à attirer l'attention et à créer de la différence. Le premier temps, immédiat et donc très court, consiste à attirer l'œil du lecteur. Le second, plus long, crée de la perplexité, favorise le questionnement, occupe l'esprit du lecteur.*

Hathaway, « The man in the Hathaway shirt »

Brand
Success

« Traitez les personnes que vous rencontrez comme si elles étaient les plus importantes au monde — elles le sont. Si ce n'est pas le cas pour vous, elles le sont pour d'autres et si elles ne le sont pas aujourd'hui, elles le seront demain. »

Linda Kaplan Thaler
fondatrice du Groupe Publicis Kaplan Thaler.

Absolut Vodka

Quand la contrainte devient un atout

En puisant son inspiration dans toutes les formes d'art et de culture — et en s'y associant —, cette campagne a su transformer, sur plus de trois décennies, une bonne vodka en un symbole exceptionnel de luxe, de modernité, et a su en faire l'une des grandes marques mondiales.

Au début, une marque de vodka, un outsider qui cherche son chemin sur un marché qui ne l'attend pas. À l'arrivée, l'un des plus grands succès marketing au monde, accompagné d'une diversification réussie et de nombreux mélanges qui renforcent la puissance de la marque, sa présence dans les magasins, les bars et les lieux de référence. C'est un enseignement exemplaire qui démontre qu'en communication la réussite ne vient pas seulement de la source d'inspiration et de la célébrité des références ou des créateurs : elle tient également de l'actualité, d'une marque qui semble vivre avec son époque et faire corps avec les gens, l'histoire, les tendances, la culture, la musique, l'art... Plus qu'une campagne, elle propose une vraie expérience artistique — une démarche trop rare. En 1879, l'entrepreneur suédois Lars Olsson Smith, connu comme « le roi de la Vodka », introduit la distillation continue en Suède et lance une vodka supérieure : l'Absolut Rent Bränvin (« eau de vie parfaitement pure »). Ce n'est qu'un siècle plus tard, en 1979, que la marque Absolut Vodka est créée et part à la conquête du monde, notamment du marché américain. Depuis 2008, la marque appartient au groupe Pernod Ricard. Mais comment a-t-elle réussi à se démarquer dans un secteur dominé par Smirnoff depuis la première moitié du xxe siècle ? De quelle façon s'est-elle illustrée dans un environnement aux codes très classiques ?

Une vodka sans véritable histoire, mais différente

Lorsque Absolut s'attaque à l'exportation dans les années 1980, elle souffre d'un handicap majeur : ne pas être une vodka russe. Son packaging — qui fera plus tard sa force — ne correspond pas aux codes classiques du marché et son nom est très différent des traditionnelles références au terroir slave... En parallèle, on assiste au début de la montée en gamme des alcools blancs. Ceux-ci commencent à sortir de l'image de produits courants, artisanaux — voire domestiques — pour se positionner comme des objets qui accompagnent un certain standing. Plus que tout autre produit, la communication autour des spiritueux répond à une logique culturelle. « Drogue autorisée » et socialement acceptée, on ne boit pas de l'alcool de façon anodine. Chaque fois que le consommateur va se servir un verre, il doit vivre une expérience particulière avec un produit qui est une exception et ne se consomme pas de manière classique.
À l'instar de ses concurrents, Absolut aurait pu miser sur l'angle de la tradition, en revenant sur son histoire, ses origines, et se lancer dans un *storytelling* des plus classiques que l'on rencontre conventionnellement dans les spiritueux. En ayant parfaitement intégré ces contraintes, le coup de génie de cette campagne est d'avoir choisi une autre voie, pour s'imposer par sa forte distinction, sa personnalisation conceptuelle et visuelle, consacrant une grande importance aux attributs du produit, dans une communication qui ira à l'encontre des habitudes publicitaires (origine, élitisme, « lifestyle »). La marque se lance à l'aide de simples annonces presse, avec des images mettant en scène la bouteille tout en jouant sur le terme « Absolut ».

Le génie de la bouteille

Pour conforter un positionnement haut de gamme, la marque multiplie les références et les signes culturels dans chaque annonce, jouant sur les codes de la transparence et de l'origine suédoise, au contraire des autres marques qui misent sur la tradition et l'origine slave (Russie ou Pologne).
Plutôt que de jouer sur la tradition, Absolut mise sur la « pureté absolue ». Cela se concrétise dans le design de la bouteille, simple, élégante et efficace, comme celle d'un remède, car elle a été créée sur le modèle d'un flacon d'apothicaire suédois. Comme si le produit n'avait rien à cacher, sans étiquette ni artifice. Toute la communication de la vodka s'articulera autour de cette valeur. Elle est toujours en vigueur aujourd'hui, à tel point que certaines déclinaisons de la campagne jouent sur des mises en scène qui rappellent la bouteille alors qu'elle est absente du visuel. C'est une démarche novatrice qui montre que la notoriété ne s'accomplit pas par des systèmes répétitifs et usités, mais par la permanence de la référence (la bouteille et le nom), par de rares mots qui commentent, définissent, éclairent, sobrement et efficacement, la mise en scène artistique de la bouteille.
C'est un éternel jeu entre marque et consommateur : il faut compléter l'image pour retrouver la bouteille,

jouer avec les représentations, comprendre les références culturelles. Icône de « pop culture », chaque annonce presse fait appel à la culture propre des lecteurs, pour faire de chaque campagne un événement.
Selon Natalie Rastoin, directrice générale d'Ogilvy & Mather France, « cette campagne démontre, qu'en étant fidèle à ses codes marketing et stratégiques, on peut provoquer une énorme rupture, la rendant unique et totalement désirable, puisqu'elle ringardise les autres ».

Marquer son époque

Absolut va ainsi multiplier les références à l'art, à la mode, à la culture, à tout un ensemble d'éléments qui vont faire de la marque un acteur de son temps, en prise avec son époque. Les références glissées dans ses affiches sont légion : des artistes, des stars, des lieux, des modes. L'art moderne et ses codes vont occuper une place prépondérante dans sa communication. Absolut va collaborer avec une longue liste d'artistes créateurs et de musiciens, comme en 1985 Andy Warhol, le maître du pop art.
Ce procédé renforce l'image d'un produit d'exception, parfois unique, avec des bouteilles éditées en séries limitées, créant pour le consommateur le sentiment de faire partie d'une communauté. Cela fonctionne parfaitement, avec toujours la même exécution graphique, et va d'autant plus séduire en jouant à la fois la carte de la différenciation et celle de l'appartenance. Chacun, pour peu qu'il s'intéresse aux codes culturels de l'époque, va pouvoir, à un moment, se sentir concerné par ces références.
Absolut se positionne comme une valeur du luxe et surtout de la modernité qui va rendre la marque encore plus populaire.
L'autre élément de réussite de cette campagne, c'est qu'elle s'est limitée au support imprimé. Aucune campagne télé ni radio, uniquement de la presse papier et de l'affichage. Les lois sur la communication des alcools ont sans doute conforté la marque dans ce choix.
Là encore, Absolut a su transformer une contrainte en atout.

Retrouvez toutes les ressources iconographiques, bibliographiques, etc., de cette campagne sur
ionisbrandculture.com
Cas n° 1

Des résultats rapides et durables

Trois ans après le lancement de la campagne, l'outsider tutoyait déjà les premières places du marché américain.
La marque est rapidement devenue un must pour les lieux haut de gamme (bars select, clubs), symbole de modernité, de culture, d'un élitisme fait d'art plus que d'argent. Elle est aujourd'hui la quatrième marque de spiritueux la plus vendue dans le monde, leader sur le marché de la vodka premium. Smirnoff reste solidement installée en tête du marché global de la vodka.
Maintes fois récompensée, dans de nombreux pays, la campagne a permis à la marque d'imposer un véritable rendez-vous avec ses consommateurs, multipliant les

présences, créant même une collection des visuels de la campagne et donnant à la boisson un statut de marque quasi iconique.
Ce qui rend cette campagne remarquable, c'est aussi la qualité de son exécution, quelles qu'en soient les déclinaisons, avec toujours la même fonte : Futura Extra Bold Condensed.
L'un des secrets de ce succès repose sur le parti pris audacieux qui consiste à concentrer la communication sur une multitude de titres d'un seul média, la presse, avec une déclinaison maximale des créations, à l'inverse d'une logique économique obsédée par les coûts.

À retenir

1 *Absolut prouve que l'on peut avoir la capacité de se démarquer, de maintenir une prise de hauteur et de rester en phase avec les valeurs qui caractérisent le secteur.*

2 *La marque a eu l'intelligence du choix média, en se focalisant exclusivement sur la presse et l'affichage. Ce parti pris souligne le caractère éminemment crucial que le choix des moyens peut avoir ; les professionnels du marketing se focalisent souvent sur la stratégie et la création, oubliant les effets de différenciation que peuvent avoir de vrais territoires médias.*

3 *Le recours au monde de l'art, le rapprochement avec les « élites culturelles », voire la connivence, tant les demandes furent nombreuses de pouvoir « interpréter la campagne », représentent un moyen de s'intégrer à une communauté et de devenir plus aisément un sujet médiatique et pas uniquement un message publicitaire. En précurseur, Absolut a compris et exploité la fameuse culture des réseaux, en devenant un acteur en soi de la sphère culturelle et artistique.*

4 *L'éternel jeu de l'ambiguïté permet une meilleure implication du lecteur, qui s'interroge sur le sens du message qui lui est transmis. Le chemin le plus court et, surtout, le plus évident n'est pas toujours celui qui est le plus impliquant et le plus attractif.*

Leroy Merlin, « Du côté de chez vous »

Enseigne pionnière du contenu de marque

Grâce au programme « Du côté de chez vous » et à d'autres actions, Leroy Merlin développe une stratégie éditoriale, du* brand content[1]*, ne délivrant pas seulement les messages habituels des distributeurs, mais un véritable contenu indépendant de l'achat et ne se résumant plus à la dimension produit. Leroy Merlin capte l'attention des clients en offrant une expérience forte et se distinguant dans un univers publicitaire encombré.

Retrouvez toutes les ressources iconographiques, bibliographiques, etc., de cette campagne sur **ionisbrandculture.com**
Cas n° 52

Leroy Merlin est une enseigne de grande distribution française spécialisée dans la construction, le bricolage et le jardinage. En 1923, après la Première Guerre mondiale, Adolphe Leroy et Rose Merlin créent une société de revente du surplus de l'armée américaine présent sur le territoire français. Rapidement, ils se mettent aussi à vendre des meubles et des produits de construction provenant des baraquements américains désassemblés, donnant naissance au marché du bricolage. En 1960, l'enseigne devient Leroy Merlin, puis elle ouvre le premier magasin en libre-service en 1968. En 1979, la famille Mulliez entre dans le capital et en 2007, le groupe

1. La stratégie éditoriale, ou marketing de contenu, associe une logique de communication de marque à la présentation d'une offre média traditionnelle. Elle consiste en la création par une entreprise de contenus informatifs, ludiques, sous forme de vidéos, livres blancs, guides pratiques, systèmes de questions-réponses, blogs d'entreprises, etc., et de leur diffusion. Contrairement à la publicité, le contenu de marque est généralement caractérisé par l'absence d'argumentaire ou de slogan commercial.

Leroy Merlin est rebaptisé Groupe Adeo. Avec 400 magasins, dont 132 en France, l'enseigne est présente en Europe (France, Chypre, Espagne, Grèce, Italie, Pologne, Portugal, Russie, Roumanie et Ukraine), en Asie (Turquie, Chine) et au Brésil. Elle emploie près de 68 000 collaborateurs, dont 21 000 en France. Elle est en concurrence avec les grandes enseignes généralistes, mais surtout les spécialistes tels que Point P, Castorama, Monsieur Bricolage, ainsi que, sur certains segments, avec Ikea et d'autres spécialistes de la maison.

Un programme court au long cours

Depuis plusieurs années, on observe un intérêt grandissant des Français pour la décoration d'intérieur et le bricolage. On constate ainsi une offensive claire et forte de Castorama pour amener les femmes ou les débutants à s'adonner à ces activités. Largement relayée par des émissions de téléréalité et la presse magazine, cette démarche devient un véritable phénomène de société qui touche l'ensemble des consommateurs et non plus seulement un réseau de professionnels. L'évolution des modes de vie, les 35 heures, les RTT et la conjoncture économique ont incité les Français à profiter davantage de leur intérieur. Cependant, Leroy Merlin doit répondre aux problèmes, aux difficultés techniques de clients aux niveaux d'expertise très variables, à des cultures diverses selon les régions, à des attentes très fortes et donc à des déceptions souvent très grandes. Le combat de la confiance est un terrain sensible, mais central, pour ce distributeur, tout comme pour le bricoleur.

La fin des années 1990 marque, dans la distribution, un tournant dans la manière de communiquer : la bataille concurrentielle sur le « hard » (prix, choix, promotions) est assumée, mais elle va progressivement passer au second plan. Il s'agit désormais d'insister sur la dimension « soft », qui fidélise plus : l'écoute, le service, la proximité, l'aide et l'apport de solutions, l'enrichissement du rôle de la carte de fidélité. L'intelligence de la communication de Leroy Merlin est d'avoir anticipé ce changement avant les autres : « On n'est pas seulement là pour vendre, mais pour vous aider et vous apporter des solutions. » En 1997, débute une campagne multimédia (*cross-media*) qui couvre une diversité d'actions, certaines très institutionnelles et totalement éloignées de l'offre et du magasin, d'autres plus en phase avec les notions d'aide, de services. Elle naît au travers d'un programme court sponsorisé par Leroy Merlin, « Du côté de chez vous », diffusé depuis sa création sur TF1. Ce programme est un vrai succès, même s'il ne s'installe et ne se fait remarquer que progressivement. Aujourd'hui, c'est un programme qui peut rassembler plus de 7,5 millions de téléspectateurs.

Une campagne multicanale pour distancer les concurrents

Avec la signature « Et vos envies prennent vie », la marque va décliner des outils, cherchant à innover, mais également à se rapprocher sans cesse des aspirations de ses clients, qui peuvent être très terre à terre (prix, service) ou fantasmatiques. La chaîne « Du côté de chez vous » est lancée en octobre 2006 et diffusée sur le bouquet CanalSat. Elle devient Télé Maison en 2009, puis Maison+ en 2012. Le groupe Canal+ ferme la chaîne en 2015.

« Du côté de chez vous » est devenu un portail web qui rassemble les meilleures émissions, avec des conseils déco. C'est aussi un magazine trimestriel, tiré à plus d'1 million d'exemplaires, diffusé en kiosques et disponible gratuitement dans les magasins aux clients qui possèdent la carte de fidélité de l'enseigne. Le magazine a été repensé en 2014 pour mettre en avant les conseils et les recommandations des professionnels et des amateurs que les lecteurs peuvent mettre en pratique chez eux. Outil de communication essentiel dans la stratégie *cross-media*, il permet de véhiculer les valeurs de la marque, de fidéliser les clients actuels, mais aussi de recruter des cibles potentielles. Contrairement à de nombreux titres de presse de décoration haut de gamme présentant seulement de belles demeures, le magazine *Du côté de chez vous* se différencie par son positionnement à mi-chemin entre les magazines de luxe et de bricolage. Avec des actions de communication en avance sur leur temps, un véritable succès d'audience et des contenus de qualité, Leroy Merlin a su se différencier. Des campagnes publicitaires ont été également diffusées sur les principales chaînes, sur YouTube et sur le site leroymerlin.fr. Une application iPad a été lancée seulement six mois après la sortie de l'iPad, ce qui témoigne de l'avance stratégique dont dispose la marque vis-à-vis de ses concurrents.

« Leroy Merlin a installé avant tout le monde le *brand content*. C'est une rupture qui sort des formats habituels de la publicité. »

Monique Wahlen et Benoît Héry,
fondateurs associés Le Cabinet.

Une bibliothèque de contenus

En 1997, « Du côté de chez vous » était une manière de contourner l'interdiction pour les marques de distributeurs de faire de la publicité à la télévision. Grâce à la multitude de supports auxquels la marque a eu recours, elle a créé un écosystème et développé des synergies et des interactions entre les divers canaux qu'elle utilisait. En 1999, en lançant le premier magazine de marque présent en magasin et aussi en kiosque, Leroy Merlin a ainsi créé une véritable bibliothèque de contenus, mobilisable dans tous les points de contact tels que les magasins, les médias, les réseaux sociaux…
Dans cette optique de création de valeur dans sa relation avec ses clients, Leroy Merlin a été également précurseur dans la relation client en déclinant sur le Web son magazine papier, à travers un forum de discussions dont les thèmes portaient sur les usages des produits et non sur le produit lui-même. Des professionnels du bricolage prirent ainsi part à la vie de la communauté virtuelle, offrant leurs conseils aux particuliers.

À retenir

1 *L'utilisation croissante du* brand content *permet de sortir des sentiers battus de la bataille habituelle entre distributeurs, pour proposer de nouvelles expériences et une relation enrichie. La tendance actuelle conforte Leroy Merlin dans sa démarche de précurseur : en communication, les marques ne peuvent plus se limiter à la simple délivrance d'un message, mais doivent offrir désormais une véritable expérience à leurs clients, basée sur une relation solide.*

2 *Le principal enseignement de ce cas est un enjeu central pour tous les secteurs : comment gagner la confiance.*

3 *L'autre enseignement est en opposition avec la « culture buzz » actuelle qui crée l'événement ascensionnel, mais qui est vite dépassé par un autre. Les actions de Leroy Merlin sont réalisées pour du « temps long ». L'investissement du* brand content *demande du temps, car c'est une véritable infiltration qui agit, se développe et mûrit lentement.*

Marlboro Country

Changer radicalement son territoire de communication

En 1955, Marlboro décide d'abandonner les clichés marketing traditionnels du tabac pour opérer un changement radical en ayant recours au symbole de la virilité et des États-Unis : le cow-boy. Et en 1963, pour soutenir cette image, l'agence Leo Burnett décide de lui donner un environnement, le Marlboro Country. La marque trouvait une nouvelle icône pour une longue période, et aussi un univers pour contrecarrer la médiatisation croissante des études démontrant la nocivité de la cigarette.

En 1847, Philip Morris, un petit importateur de tabac, ouvre sa première boutique à Londres. Après sa mort, en 1873, sa famille commence à exporter les cigarettes Philip Morris vers les États-Unis. La marque Marlboro est déposée aux États-Unis en 1908, mais aucune cigarette ne sera commercialisée sous ce nom avant 1923. La marque serait une contraction de l'adresse de la première manufacture Philip Morris de Londres, Great Marlborough Street. La famille Morris s'installe aux États-Unis en 1909 et les Marlboro sont d'abord commercialisées comme des cigarettes de luxe et principalement vendues dans les hôtels et les stations balnéaires ou de ski. Philip Morris oriente son marketing vers le public féminin et met en place en 1930, à une extrémité de ses cigarettes, un embout rouge, le Beauty Tip, censé masquer les traces de rouge à lèvres, puis un embout de couleur ivoire, afin d'éviter que le papier ne colle aux lèvres.

Le slogan de la marque est alors « Mild as May » (doux comme mai). Mais les ventes de Marlboro plafonnent et représentent moins de 1 % des ventes de tabac en Amérique, alors que, jusqu'aux années 1960, les États-Unis ont été le plus grand pays producteur et exportateur de tabac du monde. À partir des années 1950, l'industrie du tabac commence à devoir faire face aux attaques des autorités médicales et à la révélation des dangers du tabagisme. En 1954, Philip Morris décide et de repositionner la marque et de modifier le produit par un mélange de tabac plus fort, l'ajout d'un filtre simili liège, un nouveau logo et un nouveau paquet d'emballage en carton avec un couvercle rabattant, le « Flip Top Box ». La publicité est confiée à l'agence de Chicago Leo Burnett qui, en 1955, va proposer à la marque un changement radical dans sa communication. Un pari risqué, mais dont les résultats lui donneront raison, pour de longues années puisque, dès 1957, les ventes tripleront et Marlboro deviendra la marque de cigarettes la plus vendue à travers le monde. Notez, cependant, que c'est en Chine que 43 % du tabac mondial est produit.

Une des trois icônes publicitaires les plus connues dans le monde

L'agence propose une revitalisation de la marque par la masculinisation, en la transportant vers un univers connu et apprécié des Américains : le Grand Ouest. Cette terre mythique et fantasmée, faite de nature, de virilité, de sueur, d'espace et d'authenticité. Ce sont aussi les années où les principaux succès du cinéma sont les westerns. La marque sera désormais incarnée par une figure marquante, celle du cowboy. Ce choix se base aussi sur le potentiel des icônes à durer et à s'adapter aux années, aux transformations du contexte économique, et sur le fait que les icônes permettent l'internationalisation des marques. Ainsi, en 1939 Coca-Cola associera avec succès son image à celle du père Noël[1], et quelques années auparavant, Leo Burnett avait suggéré à la Minnesota Valley Canning, de mettre en scène un géant vert dont le succès perdure encore aujourd'hui. On peut aussi citer McDonald's avec son célèbre Ronald. Le Marlboro Man s'ajoute à la liste des icônes publicitaires les plus connues dans le monde.

Le cowboy deviendra un symbole si fort — plus puissant que la marque Marlboro elle-même — qu'il va marquer la culture américaine et qui bénéficiera à l'ensemble de l'industrie du tabac, qui y trouvera un moyen habile de contrer durablement les révélations sur les dangers sanitaires de la cigarette. Le cowboy sera tellement connu que certaines publicités le représenteront seulement par un détail, comme sa boucle de ceinture. Ce personnage s'inscrit dans la capacité remarquable des grandes marques américaines à construire des icônes. James Twitchell, écrivain et expert de la communication publicitaire, écrira au sujet de l'icône Malboro[2] : « Il était fort, puissant. Il ne parle jamais. Il est très robuste. Le génie de l'annonce est que, dans le même

1. Voir le cas Coca-Cola, page 32.
2. James Twitchell, *Twenty Ads that Shook the World*, Three River Press, 2000.

temps, il y avait une prise de conscience croissante que cette chose va vous tuer, tout en étant identifiée à un personnage dont le visage symbolisait l'indomptable. » Pour la petite histoire, cinq des acteurs qui ont incarné le cowboy Marlboro sont décédés d'une maladie liée au tabagisme.

> « Un changement spectaculaire de territoire de communication, un déplacement qui démontre un courage incroyable. »
>
> Jean-Paul Brunier, président de Leo Burnett France/Belgique.

Des résultats incroyables et durables

Les résultats de la campagne furent immédiats et d'une efficacité rarement atteinte depuis. À partir de cette campagne, la marque, initialement positionnée par Phillip Morris pour toucher le marché féminin, devint l'un des modèles idéaux de l'homme américain. Cette campagne va d'ailleurs largement conforter l'industrie du tabac dans sa capacité d'utiliser le marketing et la publicité pour influencer les consommateurs. Au début des années 1960, les fabricants de cigarettes vont massivement investir dans ce sens.

Retrouvez toutes les ressources iconographiques, bibliographiques, etc., de cette campagne sur **ionisbrandculture.com**
Cas n° 16

En 1997, Philip Morris retire le Marlboro Man de ses campagnes publicitaires aux États-Unis, mais l'ancrage de la marque dans un univers de référence riche en évocations, pour toutes les situations, tous les âges, tous les modes de consommation, a permis de décliner « The Marlboro Country » presque jusqu'à la fin du XXe siècle, en faisant évoluer subtilement la campagne.
Quelques années après son lancement, la marque osa une petite révolution qui porta ses fruits en termes d'authenticité : de 1968 à 1989, Darrell Winfield, véritable cowboy de l'Oklahoma, incarne le Marlboro Man. Dans les années 1960, la musique d'Elmer Bernstein créée pour le western *Les Sept Mercenaires*, de John Sturges, est utilisée pour les films de la campagne, afin de renforcer un sentiment de liberté et de grands espaces. Le cowboy aventurier gagne progressivement en maturité, ne laissant pas de côté sa virilité, mais la faisant passer au second plan.
Le succès, immédiat, durable, international par les références et la puissance d'évocation de l'univers « country » a eu une autre conséquence, moins formidable. Dans les années 1980, Marlboro doit répondre à de fortes offensives des associations antitabac, notamment avec la multiplication des recours collectifs en justice de la part des consommateurs (*class actions*).

Et Marlboro, en partie à cause de sa campagne si efficace et efficiente, est devenue le symbole même de la cigarette, de sa nocivité physique et psychologique, de la manipulation mentale largement appuyée sur la publicité, de la capacité d'influencer les consommateurs et en particulier les plus faibles d'entre eux. De nombreux détournements de la campagne fleuriront à ce propos. On reproche donc à la marque son appel au mythe, la fausse origine naturelle du tabac pour rééquilibrer les attaques sur ses risques pour la santé, le symbole d'un impérialisme américain à la conquête du monde, les intrigues des puissants lobbies œuvrant auprès des organisations publiques, médicales et politiques pour éviter ou ralentir les tentatives de régulations et de législation plus répressives.

Après la mise en place de législations interdisant la promotion à la télévision et les campagnes d'affichage visant à promouvoir l'usage du tabac — pour lesquelles la France sera en pointe avec la loi Évin —, les expressions publicitaires furent plus limitées et presque partout apparaîtront des mentions sanitaires sur les paquets. Marlboro a donc dû investir lourdement sur des campagnes plus individualisées, sur des événements à l'occasion de foires, de festivals, sur des actions de sponsoring sportif, en particulier dans le domaine automobile (jusqu'à l'interdiction faite en 2006 aux marques de cigarettes et d'alcool d'apparaître sur les carrosseries de F1), et surtout, de faire porter ses efforts sur des continents n'ayant pas ou peu de régulation sur l'usage et la promotion du tabac, comme l'Afrique, l'Asie et l'Amérique latine.

À retenir

1 *Le cas « Welcome to Marlboro Country » est avant tout un plaidoyer pour l'utilisation du planning stratégique et des savoirs issus de la psychologie : la marque arrive à faire coïncider un univers de référence et les possibilités de s'y projeter.*

2 *On ne vante pas le tabac, mais l'univers qui l'entoure. On n'impose pas, mais on laisse le consommateur s'inventer sa vie, se projeter dans cet univers proche culturellement des Américains, surtout au cours des années 1950 et 1960.*

3 *Cet exemple souligne à quel point un positionnement solide, unique, durable, est vital pour une marque, combien son changement doit être rare et pensé pour durer longtemps. Il démontre que les changements de positionnement — dus à la pression des marchés, des concurrents, aux nouvelles technologies et à la transformation des comportements — débouchent sur des échecs ou des semi-victoires.*

McDonald's, « Venez comme vous êtes »

Retour au commerce convivial

La campagne « Venez comme vous êtes » va au-delà du discours sur le produit ou le prix : les clients, à travers leur variété, leurs traits de caractère, leur état d'esprit, sont tous les bienvenus chez McDonald's. Une idée simple, presque évidente et agréable à lire sur les murs. En somme : « Venez comme vous êtes parce que, finalement, chez nous vous êtes chez vous. »

Le marketing de McDonald's en France est marqué par une triple démarche, qui explique en large partie ses performances exceptionnelles quand on compare ses résultats avec d'autres pays. Premièrement, un sens de l'innovation du produit permettant à l'enseigne et à ses restaurants une animation de l'offre qui participe à son dynamisme : nouveaux sandwichs et formules, relance des produits sous forme de séries limitées, etc. Ensuite, en France, l'enseigne a réussi à quelque peu gommer son image *junk food*, même s'il reste du chemin à faire, en proposant une série de produits tels que yaourts à boire, salades, wraps. Cette diversité de l'offre procure la sensation de sortir du cadre du burger. Enfin, pour créer des liens et apporter davantage de vie et de modernité, l'enseigne anime de manière très visible ses magasins par des jeux à forte capacité de mobilisation comme les verres Coca-Cola ou le Monopoly.

Mais en se focalisant ainsi sur la marque, dans le cas de communications institutionnelles ou *corporate*, en investissant massivement sur l'offre par des annonces de nouveaux produits, par des campagnes sur le prix, sur les nouveautés, sur la remise en vente de sandwichs consacrés et sur les offres pour les plus jeunes, en soutenant solidement les grandes périodes promotionnelles et les animations qui rythment la vie des restaurants, la chaîne américaine de restauration rapide pourrait risquer d'oublier le client lui-même. C'est pourquoi, le fondement de la campagne « Venez comme vous êtes » élaborée par l'agence BETC, fin 2008, est axé sur la fidélisation des clientèles, en essayant de faire passer entre l'enseigne de fast-food et ses clients un message fort, émotionnel et de proximité.
Et la principale cible ce sont les jeunes, ceux qui font la rentabilité et le devenir de l'enseigne. Comment les toucher sans mettre en œuvre un discours direct, sans passer par l'offre et risquer d'être considéré comme trop mercantile ? Sans être démagogue ou sans créer de distance par l'utilisation de dimensions citoyennes, environnementales, de rôle dans l'emploi ?

Comment se faire aimer

Après des années de fidélité à l'agence TBWA (qui deviendra BDDP/TWA) qui a conseillé l'entreprise tout au long de sa conquête du marché français, McDonald's a fait appel à BETC pour sa nouvelle campagne institutionnelle « Venez comme vous êtes », libérée de tout le passé du vendeur de fast-food. L'enseigne se demande alors comment se faire aimer...

En France, il n'est généralement pas possible d'aller manger dans un vrai restaurant en dehors des heures des repas, et de s'y rendre avec des enfants est habituellement un moment rare et parfois onéreux. L'arrivée des fast-foods dans l'Hexagone a modifié ces comportements. Longtemps associé à la malbouffe et à l'expansion des centres commerciaux, McDonald's ne fait pas l'unanimité dans le pays de la gastronomie. Dans ses campagnes de publicité, l'enseigne clamait qu'elle rendait différents services aux gens, qu'elle était pratique et accessible. C'est avec ce discours qu'elle débarque chez BETC qui lui fait comprendre rapidement que l'on ne se fait pas aimer en vantant sa praticité et le fait de pouvoir manger à n'importe quelle heure. Il était nécessaire de dépasser le cadre du rationnel, de trouver pourquoi les gens pourraient aimer aller chez McDonald's, en dehors du côté pratique. Il était même nécessaire que la chaîne de fast-foods fasse tout pour que l'on ne vienne pas chez elle uniquement pour sa capacité à servir des hamburgers à n'importe quel moment. Qui va chez McDonald's ? Tout le monde : le travailleur indépendant qui ouvre son ordinateur et se branche sur le wi-fi, la femme qui est sortie de chez elle à peine coiffée et qui ne se sent pas jugée, le jeune, le vieux, etc.

Retrouvez toutes les ressources iconographiques, bibliographiques, etc., de cette campagne sur **ionisbrandculture.com**
Cas n° 11

Plus qu'une enseigne de restauration rapide, McDo devient une porte ouverte à des gens très différents, un lieu où tous viennent trouver la même chose d'un point de vue culinaire. C'est l'un des rares endroits où l'on peut venir comme on est, sans la nécessité d'une déférence ou d'une élégance induite par le contexte. L'objectif est clairement de rapprocher l'enseigne, si souvent décriée, de ses jeunes clients, de mettre en avant son esprit sympathique.

« McDo, c'est une porte ouverte à des gens très différents qui veulent tous la même chose. C'est presque une langue universelle. »

Mercedes Erra, présidente exécutive d'Havas Worldwide et fondatrice de BETC.

Cette campagne est une belle démonstration d'une relation client spécifique, par l'idée que l'entreprise est là pour le client et non l'inverse, que ce n'est pas à elle ou à ses marques d'imposer des codes et des carcans. « Venez comme vous êtes » nous plonge dans les racines même du commerce convivial, d'une banalisation de la venue et de l'achat. C'est une campagne qui joue sur les codes multiculturels et veut mettre en avant une forme de « vivre ensemble ». McDonald's convertit ainsi certains de ses points faibles en force. En effet, au quotidien, le fast-food c'est du monde (parfois trop), aucun contrôle à l'entrée, des difficultés à trouver une place assise. La signature transforme cela en valeurs considérées comme positives par sa cible d'adolescents et de jeunes adultes : proximité, diversité, esprit d'accueil, quel que soit le client. Le message en filigrane que veut faire passer l'enseigne est qu'elle est un acteur de la diversité, du lien social, de la proximité et du contact humain.

Intégrer des ingrédients qui assurent la viralité

La campagne a un effet immédiat sur la marque McDonald's : sortie à l'été 2009, elle est élue publicité préférée des Français au palmarès Ipsos de la même année. Elle a été vue plus de 3,5 millions de fois et recherchée plus de 5 millions de fois sur Google. L'accroche « Venez comme vous êtes » est connue par 80 % des Français. La campagne a permis à la chaîne de fast-foods d'augmenter son chiffre d'affaires de 7,7 %. Pour éviter la répétition, pouvant devenir lassante, plusieurs évolutions ont été apportées à la campagne. D'une approche à forte portée émotionnelle, McDonald's a migré vers une campagne sans doute moins originale dans la mécanique, mais qui a autant d'impact — et dont on assure le pouvoir de médiatisation et de buzz avec l'utilisation de personnages emblématiques tels que Tintin et le Capitaine Haddock, King Kong, Darth Vador, etc. Des séries d'annonces qui jouent davantage sur l'ouverture d'esprit de l'enseigne et donc sur la mise en avant d'archétypes d'une certaine modernité, avec des visuels qui intègrent aussi des ingrédients pour garantir sa viralité, comme la présence d'un couple homosexuel ou de seniors. Ainsi, une publicité McDonald's de 2010 mettant en scène un père et son fils gay, également créée par BETC, a été intégrée à la campagne « Venez comme vous êtes ». Elle a attiré l'attention dès les premières secondes de sa diffusion à la télévision et a fait beaucoup parler d'elle notamment sur le Web. Elle a, par exemple, suscité de très longs débats en anglais dans les commentaires YouTube. Par une communication symbolique ou réaliste, par le recours à des personnages du quotidien ou des super-héros, par des sujets qui interpellent, la campagne démontre son potentiel de déclinaison dans le temps, sur tous les médias et sur les relais d'opinion qui font le buzz. C'est en cela qu'elle a permis à la marque de gagner en capital sympathie.

À retenir

1 *Ce qui rend cette campagne d'une rare justesse, c'est sa capacité à refléter la réalité des restaurants McDonald's, une réalité décalée, sublimée. Sans être dans une démarche éthique ou moralisante, cette campagne a su s'inscrire dans la culture de ses jeunes clients, avides de respect, de compréhension des différences, du refus des clivages traditionnels.*

2 *Elle dispose également d'un potentiel de durée, et l'annonceur comme l'agence l'appliquent bien, parce qu'il est parfaitement possible et souhaitable de ne pas s'enfermer dans une seule représentation, dans des profils et des stéréotypes trop limités. D'où les nombreuses déclinaisons qui fonctionnent.*

3 *« Venez comme vous êtes » embrasse les diverses facettes des individus comme les situations, les particularités morales ou les personnalités les plus distinctes. Quand une campagne a la capacité de durer, d'être déclinée, de renouveler ainsi sa forme, elle dispose d'un potentiel rare.*

4 *Il est interpellant de voir comment une entreprise très standardisée sur le plan des produits qu'elle vend et des emplois qu'elle propose, surfe sur la vague très actuelle de la diversité synonyme de richesse.*

Avis, « We try harder »

Quand une campagne bouleverse l'entreprise

La campagne « We try harder » du loueur de voitures Avis est une démonstration remarquable de ce qu'un outsider peut faire quand il est condamné à la deuxième place, une belle leçon sur la manière d'exploiter ses faiblesses pour devenir meilleur. Représentative de la culture institutionnelle anglo-saxonne — marquée par la volonté d'annoncer, d'expliquer et de clarifier chaque grand changement stratégique —, elle reste un cas d'école de la publicité comparative.

En 1962 aux États-Unis, les ventes d'automobiles sont en constante progression depuis la fin de la Seconde Guerre mondiale. Les enfants nés du baby-boom vont bientôt prendre le volant (à partir de 16 ans aux États-Unis), apportant des millions de nouveaux conducteurs. La mobilité des familles pour la quête d'un nouveau job et la constante recherche d'une « herbe plus verte » conduisent à un accroissement très fort des besoins de transport. C'est l'âge d'or des compagnies aériennes — telle la Pan American World Airways (Pan Am) aujourd'hui disparue — et des loueurs de voitures. Hertz domine largement ce marché avec plus d'implantations, de personnels et de véhicules. Cette domination est connue de tous depuis les années 1940.

Bien qu'Avis fasse preuve d'innovation, avec un effort porté sur les services, le grand public ne différencie pas clairement les marques. Le leader, Hertz, dispose alors d'un avantage concurrentiel fort : celui de la référence et de la confiance que l'on donne au plus célèbre.

Or, explique Nicolas Bordas, « très souvent, les campagnes les plus courageuses sont celles où les entreprises sont acculées et n'ont pas le choix. Soit parce qu'elles vont très mal, soit parce qu'elles n'ont pas d'argent. Dans le cas d'Avis, c'est qu'elle va très mal et qu'elle ne gagne plus d'argent. »

Un choix et une démarche lourde de sens

L'essentiel de l'approche d'Avis, accompagné par l'agence DDB, fut la recherche d'une différence stratégique. Ni le choix des modèles de voitures ni les emplacements, les prix ou les services ne suffisaient en eux-mêmes à définir ce qu'était la marque, et surtout ce qu'elle apportait d'unique. La démarche de l'outsider, qui ne peut qu'en faire plus et mieux pour concurrencer le leader, représentait une prise de risques, mais certainement moindre que la répétition de campagnes banales à base de sourires et des promesses traditionnelles de ce secteur. Avis a compris qu'il était possible de réussir durablement à partir d'une « stratégie du judoka », qui consiste à miser sur ses faiblesses pour les transformer en atouts. Et elle a compris aussi que la valeur du « try harder » n'aurait que peu de conséquences sur le business, s'il ne s'agissait que d'une promesse publicitaire. La campagne fut donc l'occasion de mobiliser l'entreprise en interne par de nouvelles tenues, par la modernisation des agences et par la campagne elle-même (affiches, badges, présence sur les contrats, etc.).
L'argument « try harder » a été couché sur le papier par Paula Green, qui deviendra Creative Vice President de DDB et qui fut l'une des figures féminines marquantes de l'histoire de publicité. Le slogan aurait été soufflé par un dirigeant d'Avis, qui lors d'une rencontre avec l'agence aurait expliqué : « We try harder because we have to » (nous essayons de faire mieux, car nous n'avons pas le choix), en faisant référence à la position du loueur par rapport à Hertz.
Cette campagne repose sur une démarche remarquable, parce qu'elle mobilise les trois pôles qui influencent le plus l'activité de loueur de voitures. D'abord parce qu'une offre performante et des innovations sont l'expression de la marque et d'une réelle valeur ajoutée. Ensuite, parce que la marque s'enrichit soudainement de sens, de valeurs, d'un esprit qui soutient une différence forte. On passe du seul discours à celui de la preuve. Enfin, car cette démarche s'appuie sur une forte mobilisation en interne avec des équipes, qui comprennent ce positionnement et partagent les objectifs. C'est la principale condition du succès d'une action dans les domaines du service.

Retrouvez toutes les ressources iconographiques, bibliographiques, etc., de cette campagne sur
ionisbrandculture.com
Cas n° 47

« Allô, président ? »

Cette campagne deviendra historique. Avis engendra des gains au bout d'un an, et ce pour la première fois depuis treize ans. Sa part de marché tripla en cinq ans et le loueur parviendra à être leader sur certains segments, principalement grâce à la dynamique interne que la campagne a générée. Elle a suscité une plus grande motivation et s'est focalisée sur le service, qui reste à l'époque le principal argument de différenciation. D'ailleurs, la campagne n'a été lancée qu'une année après sa conception pour que le temps de l'effort porté par la société soit efficient. Son impact le plus profond est d'avoir radicalement transformé l'entreprise. D'ailleurs, une des affiches de la campagne fournissait la ligne téléphonique directe du président d'Avis en cas de réclamation, chose qui n'avait jamais été faite dans aucune campagne jusqu'alors.

Le concept de la campagne permit une certaine flexibilité et facilita sa déclinaison dans d'autres pays pour soutenir de nouveaux développements, de nouvelles offres et pour encadrer les actions promotionnelles, si fréquentes dans ce secteur et qui diffèrent du discours institutionnels des entreprises et de leurs marques.

Déstabilisé par cette action, le leader, Hertz réagit quelques années plus tard par une campagne très offensive et réussie, une réponse de l'évidence à l'évidence : on n'est pas leader par hasard. Même si Hertz aura mis du temps, sans doute beaucoup trop pour contrer le challenger, sa réaction fut cinglante en appuyant « là où ça fait mal ». Et les résultats furent assez cuisants pour Avis dont les parts de marché reculèrent. Mais « We try harder » aura duré près de cinquante ans. Pour Nicolas Bordas, « s'il n'y avait qu'une seule campagne à enseigner dans les écoles, ce serait sans doute celle-ci. À l'heure du digital, la preuve et l'expérience valent plus que le discours, et cette campagne est pionnière. »

> « Ce qui est formidable, c'est que cette campagne a amené l'entreprise à changer, avec un *insight* fabuleux : et si le numéro 2 était le meilleur ? »
>
> Nicolas Bordas, vice-président de TBWA Europe et président du réseau BEING Worldwide.

À retenir

1 C'est un bel exemple de réflexion stratégique avec une parfaite compréhension des motivations des clients, mais également celles des employés qui sont au cœur du dispositif et du succès, ou de l'échec, d'une entreprise de services.

2 Avis s'est rendu compte qu'un outsider devait s'assumer et choisir un positionnement qui le valorise, plutôt qu'imiter ou suivre le leader, surtout quand il est aussi dominant.

3 Cette campagne enseigne également qu'une position de leader est difficile à attaquer, et ce malgré la très forte pertinence de la stratégie déployée autour de « We try harder ». Hertz a mis du temps à réagir, laissant Avis développer son discours à fort potentiel. Quand il a répondu, avec audace et puissance, les pendules ont été remises à l'heure et il a récupéré des parts de marché.

4 Ces campagnes comparatives ont été bénéfiques pour Avis, parce que la marque se cherchait, avait besoin d'acquérir du sens et d'obtenir une forte adhésion des employés (voir le cas Total, page 108). La contre-attaque du leader était dans la logique du marché, mais Avis n'était plus seulement un second interchangeable. Il était l'outsider qui compte, comme l'est Pepsi.

5 L'utilisation de la publicité comparative, comme actuellement en France celle de la guerre des prix que se livrent les leaders de la grande distribution, peut aussi avoir pour conséquence de faire fluctuer les positions des uns et des autres et de finalement pénaliser l'ensemble des acteurs avec un risque de décrédibilisation, de dévalorisation des promesses du marché.

Nike

Quand une virgule révolutionne le sport

En 1988, Nike ne se limite plus aux produits dédiés au running et à l'athlète pour se centrer sur l'individu, la pratique personnelle et la psychologie de ses clients. Nike n'est plus une entreprise spécialisée dans la fabrication d'articles de sport, mais un esprit incarnant les valeurs humanistes d'un sport qui ne se réduit plus ni au stade ni à la pratique normée. « Just do it » est bien plus qu'une signature de marque, c'est un manifeste du dépassement de soi, de la capacité de choisir d'autres chemins, de l'audace.

La pratique sportive change, la marque aussi

Dans les années 1980, le marketing est dominé par le *lifestyle* : les marques présentent un univers idéal, dans lequel le consommateur se projette. Le sport est considéré comme une discipline avec ses règles, ses principes, ses cadres et ses organisations : l'épreuve sportive, le stade, les fédérations, le chrono. Il fait partie d'un mode de vie, mais n'est ni une philosophie de vie ni une aspiration à davantage d'efforts pour se sentir mieux dans son corps, pour faire comme les vedettes vues à la télévision, ou pour mincir afin de préparer son corps pour l'été, injonction que ne cessent de véhiculer les magazines. À partir du milieu de la décennie, la pratique du sport éclate et devient un must avec le développement des clubs, de l'aérobic et de ses tenues éclatantes. La forme physique est obsessionnelle et les marques investissent de plus en plus en communication, en événements, en actions destinées à gagner des parts de linéaire dans une grande distribution qui se structure et qui se concentre.

Au début des années 1950, Bill Bowerman, entraîneur d'athlétisme au sein de l'université de l'Oregon, et Philip Knight, étudiant en comptabilité et coureur de demi-fond, créent la société Blue Ribbon Sports pour importer depuis le Japon des chaussures d'athlétisme peu chères et de haute technicité et les revendre sur le territoire américain.

En 1965, ils sont rejoints par Jeff Johnson qui fait le tour des stades d'athlétisme pour promouvoir leurs produits. Puis, ils décident de se lancer dans leur propre fabrication de chaussures et de les commercialiser. L'entreprise est rebaptisée Nike, un nom inspiré de Niké, déesse ailée grecque de la victoire capable de se déplacer à grande vitesse. En 1971, une étudiante en art graphique à l'université d'État de Portland, Carolyn Davidson, conçoit le logo en virgule, le fameux *Swoosh*, de Nike, pour 35 dollars. Philip Knight n'en était pas satisfait, mais ne voulant pas dépenser davantage pour la création d'un autre logo, il s'en est contenté.

Le culte de l'action

À ses débuts, Nike propose des produits performants pour la course et le marathon, démontrant une très forte culture technologique, mais sans forte identité. L'entreprise comprend qu'elle doit se démarquer en exprimant des valeurs très différentes de celles fixées par le leader de l'époque, Adidas : l'individualisme, la liberté, la spontanéité, le dépassement, la lutte, la volonté de s'extraire des règles formelles de la pratique du sport. La marque transforme ainsi sa communication en sortant du carcan du sport codifié, pour devenir le symbole d'une nouvelle philosophie, qui habitait déjà l'esprit de ses créateurs. Nike et son agence de communication, Wieden+Kennedy, décident de s'orienter vers une nouvelle « religion du sport », de briser les barrières publicitaires. C'est ainsi que naît, en 1988, « Just do it », au sens de « cesse d'en parler, d'en rêver, fais-le », qui permettra à Nike de renvoyer à autre chose que la traditionnelle image du vainqueur. Dan Wieden, cofondateur de l'agence, a déclaré que ce slogan est inspiré par « Let's do it », dernières paroles du condamné à mort Gary Gilmore, prononcées en 1977 avant d'être fusillé. Il aurait volontairement mis fin à ses recours judiciaires, préférant être exécuté sans attendre[1]. Avec « Just do it », Nike s'adresse à tous ceux qui décident de se fixer de nouveaux challenges et de dépasser leurs limites. La marque transforme la culture sportive par une nouvelle vision du sport, par le culte de la performance individuelle, indépendante des stades, des normes et des règles. L'important, c'est de participer pour gagner sur soi-même. L'important, c'est d'agir.

Se démarquer pour s'imposer

Au lieu de se cantonner dans l'univers masculin, adulte, généralement visé par les équipementiers, Nike va privilégier la cible des femmes et des jeunes, gagnant ainsi de nouvelles populations moins impliquées dans le sport « pur et dur ». En faisant la promotion de nouveaux sports, en prenant des positions commerciales dans les domaines du marathon et du triathlon, en soutenant des pratiques urbaines et individualistes comme le running et le jogging, Nike devient une marque mythique. L'image véhiculée est que le sportif se reconnaît dans l'effort et pas uniquement sur le podium, le monde entier est un terrain et pas seulement le stade ; le slogan « Just do it » se vit dans tous les lieux, s'adresse à tous les individus et à toutes les pratiques, parce qu'il est une philosophie de vie, un état d'esprit.

1. *Cf.* J. W. Peters, « The Birth of "Just Do It" and Other Magic Words », *New York Times*, 2009.

La gestion de son image de marque (*branding*) est aussi au cœur de la stratégie de Nike, qui sponsorise de nombreux athlètes et équipes. La marque noue aussi des partenariats avec les athlètes les plus en vue, en particulier des jeunes, qui ont de fortes personnalités et une grande présence médiatique. Pour Nike, le sponsoring sportif ne consiste pas seulement à faire porter sa marque par les vainqueurs, mais surtout par ceux qui influencent et se différencient. La marque va s'accaparer l'actualité sportive pour mener ses campagnes et bénéficier d'un maximum de médiatisation. Ce faisant, elle rassure ses clients en leur montrant que les athlètes qu'elle sponsorise utilisent quotidiennement ses produits, ce qui apporte un gage de qualité. Si le tennisman John McEnroe ou le basketteur Michael Jordan utilisent des Nike durant des saisons entières, le sportif du week-end peut être confiant sur la durabilité des produits. Une icône de la modernité, une marque tendance, doit œuvrer pour une réassurance régulière sur les fondamentaux et pour une culture de l'excellence et de l'innovation relayée par des campagnes et des actions de sponsoring spécifiques. Les campagnes « Just do it » incarnent aussi la vision américaine moderne du sport, sacralisant l'individu qui a su dépasser les frontières nationales et prouver son universalité en séduisant les consommateurs du monde entier.

> « Je ne connais pas d'autre exemple de marque qui ait pris le leadership comme cela. Nike a anticipé le passage du sport du stade vers les rues. »
>
> Elie Ohayon, directeur monde, grands comptes, de Publicis, ancien président de Saatchi & Saatchi + Duke.

Au cours des années 1990, Nike va développer une forme d'audace en matière de design, ce qui va lui donner un atout face aux concurrents. Que ce soit au niveau des formes, des matières, du choix des couleurs ou de la mise en avant de l'innovation comme facteur clé, la marque cherche toujours à séduire davantage son public cible, les femmes, les adolescents et les adeptes du *streetwear*. Du point de vue marketing, elle conjugue à l'extrême ses produits à ses figures clés, pour en faire des couples d'apparence évidents, comme attribuer à un modèle de chaussures le nom Nike Air et l'associer à Michael Jordan puisque son surnom est Air Jordan.

Un tournant pour la marque

Nike a pu installer en quelques années une image de marque exceptionnelle, très valorisante, reflétant un sens de la modernité et de la liberté, une différence en phase avec les aspirations de l'époque. Nike a dépensé 300 millions de dollars en budget publicitaire pour s'imposer avec « Just do it » en dehors des États-Unis. L'énorme succès commercial qui a résulté de cette campagne est difficilement quantifiable, tellement il a transfiguré la marque. Un succès d'autant plus remarquable lorsqu'on sait que 80 % des chaussures de sport vendues aux États-Unis ne sont pas utilisées pour l'activité sportive pour laquelle elles ont été réalisées. La marque a su toucher des populations peu ciblées jusqu'alors (femmes, sportifs occasionnels, adolescents, artistes urbains, jeunes des banlieues, etc.). Elle est parvenue à imposer sa vision du sport et de l'équipement sportif à travers des campagnes maintes fois primées, reconnues et appréciées par le monde du sport lui-même. Et cette réussite repose sur une permanence, une forte cohérence, au-delà du logo et de la signature « Just do it ». Depuis la moitié des années 1990, l'entreprise doit faire face à plusieurs controverses, notamment parce que la marque ne possède aucune usine et sa production n'est issue que de ses sous-traitants. Nike a été critiqué pour les conditions de travail des enfants et des ouvriers dans les usines sous-traitantes de la marque situées en Asie et au Mexique. Nike s'investit depuis lors dans de nombreux programmes sociaux et caritatifs et s'est engagée à éliminer de ses processus de fabrication toute substance chimique toxique d'ici à 2020. La marque ne cesse de développer des conventions et des organisations nouvelles pour apporter des réponses aux oppositions. C'est sans aucun doute le prix à payer pour un succès si puissant.

À retenir

1 *Nike est une marque qui peut affirmer ne pas seulement être une entité de création et de fabrication de produits. Elle possède une vision du monde, qu'elle applique à ses magasins, ses offres, ses événements, ses innovations.*

2 *Nike est devenu le symbole d'un monde libéré des entraves du sport normé pour permettre, à chacune et chacun — qu'importe le lieu ou le climat, le niveau de performance — la meilleure expression de ses potentiels et aspirations.*

3 *Le premier enseignement de la campagne « Just do it » est l'importance du positionnement d'une marque : la parfaite connaissance et analyse de ses positions et de celles des concurrents, des évolutions du marché et surtout de l'état des mentalités.*

4 *Le deuxième enseignement tient à la valeur d'un positionnement en rupture avec le discours du leader. Pour réussir, il faut se positionner en alternative, en prenant soin de ne pas critiquer le passé ni dévaloriser d'autres pratiques (Nike reviendra en force, plus tard, sur le sport collectif). Nike a proposé une autre vision du sport — la sienne — en s'appropriant les nouvelles pratiques émergentes.*

5 *La dimension iconique va amplifier une identité de produits qui se fonde sur le logo. Mais le Swoosh et la phrase culte de Nike vont prendre une ampleur considérable, à l'image de la place que le sport, son marketing et ses événements, ses célébrités et ses nouveautés, vont occuper dans la vie des gens et des médias.*

6 *Il suffira de quelques années pour que Nike s'exprime pleinement à travers son logo, sans besoin d'expliciter ni même de citer son nom, cas rare dans l'histoire des marques.*

Retrouvez toutes les ressources iconographiques, bibliographiques, etc., de cette campagne sur
ionisbrandculture.com
Cas n° 21

Oasis, « Be fruit »

L'histoire d'une nouvelle jeunesse

Au début des années 2010, après le succès de la pub « La source » et l'acquisition de 2 millions de fans nouveaux sur sa page Facebook, Oasis a pris un virage stratégique déterminant, en se tournant vers une cible plus jeune. La marque s'est offert une nouvelle signature baptisée « Be fruit » — un vibrant appel à la spontanéité fidèle à l'état d'esprit d'Oasis. Et pour incarner cet état d'esprit, elle a misé sur ses P'tits fruits au fort capital sympathie en créant un univers sans limites, ancré au sein du monde digital.

Pour Oasis, l'enjeu de la campagne « Be fruit », orchestrée par l'agence Marcel, était majeur : il s'agissait de se renouveler pour surprendre et ne pas lasser, de se rapprocher des jeunes de 18-25 ans en renforçant le capital sympathie de la marque auprès de ce public, sans pour autant se détourner des adultes et des enfants. Pour atteindre ces objectifs, Oasis a déployé un dispositif d'une envergure inédite, multicanal : digital, collaboratif et participatif.

Les marchés sont des conversations

Oasis, marque créée en 1966 par la Société des eaux de Volvic et appartenant depuis 2006 au groupe Orangina Schweppes, est aujourd'hui la première marque en France de boisson aux fruits non gazeuse et deuxième derrière Coca-Cola sur le marché des sodas. Pour conserver ce rang, la marque, qui est commercialisée en Italie, en Belgique et en Espagne, sous le nom TriNa, ne peut se reposer sur ses lauriers.

En 2004, l'agence FCB Paris crée la saga publicitaire mettant en scène les P'tits fruits, des fruits animés ayant chacun un nom formant un calembour. Jusqu'alors la démarche publicitaire de la marque s'adressait essentiellement aux mères, celles qui achètent le produit. Les fruits ne servaient qu'à indiquer la composition du produit et n'avaient qu'un rôle passif. Dès 2009, en pleine explosion des réseaux sociaux, Oasis se met aussi à réfléchir à la manière d'accentuer, dans un premier temps, sa présence sur Facebook. Il fallait fédérer autour d'une seule et même communauté les nombreux fans de la saga publicitaire télé, car des *aficionados* de la marque avaient déjà créé sur Facebook trois pages « fans d'Oasis ». La marque les a contactés et rassemblés en une seule communauté de 600 000 fans. Elle en compte aujourd'hui plus de 3 millions.
Afin de renforcer ce positionnement digital, Oasis confie sa communication à l'agence Marcel, pour sortir les fruits de leur rôle promotionnel et en faire des objets conversationnels sur les réseaux sociaux, en surfant sur l'actualité dans laquelle est plongée sa cible, en accentuant le côté ludique avec des vidéos, des visuels et, surtout, des jeux de mots. L'agence gère la publicité traditionnelle, le digital et le management de communauté, ce qui permet d'avoir une agilité et une cohérence des actions. Elle met en place une double animation du mur Facebook de la marque, en alternant les publications d'actualité et les publications de la marque, une transposition de l'écosystème Oasis qui reprend le message essentiel : « Des fruits, de l'eau, du fun ! » Ainsi, lorsque la starlette de la téléréalité Nabilla lance devant les caméras le désormais culte « Allô, non, mais allô quoi, t'es une fille et t'as pas de shampoing ! », quelques heures plus tard, l'orange animée Eva Lapech, qui incarne un personnage de la téléréalité, parodiait sur Facebook : « T'es un fruit et t'as pas de pépins ? Non, mais à l'eau quoi !!! »
Avec le temps, Oasis donne de plus en plus de personnalité à ses fruits et les place là où on ne les attend pas : ils peuvent se retrouver dans des pastiches de bande-annonce de films de super-héros, comme le clip « Captain Ananamerica » diffusé dans les salles de cinéma ou dans des séries. La mayonnaise — le smoothie, dirait-on — prend rapidement : les communautés Oasis sur Facebook, Instagram ou Twitter gonflent. La marque établit une ligne éditoriale claire et originale qui la place dans un registre pop culture : c'est une marque qui s'appuie sur tous les outils de communication de son époque et qui utilise un maximum de références pour rester dans la conversation.

> « Avec Oasis, nous nous sommes créé un terrain de jeu sans limites. »
>
> Pascal Nessim, président de l'agence Marcel.

Créer une stratégie globale, pas un one-shot

Cette démarche va guider toute la communication d'Oasis, y compris à la télévision où les spots publicitaires s'appuient sur les histoires sociales entre ses fruits. Mais comme les films promotionnels ou les jeux vidéo sont des productions lourdes, Oasis décide de créer une web-série : *L'Effet Papayon*. En quatre épisodes, Oasis développe l'univers de ses P'tits fruits, en élaborant une véritable bible qui regroupe les caractéristiques physiques et la personnalité de chaque personnage, pour former une cohérence au sein des différentes prises de parole de la marque. La web-série a été relayée par de nombreux supports et a généré un retour sur investissement aussi important qu'une publicité classique. Avec le succès *L'Effet Papayon,* la marque a d'ailleurs revu son activation magasins[1] à la hausse.

Un travail de fond sur le long terme

La force d'Oasis repose sur une stratégie publicitaire globale dans laquelle web-séries, parodies et autres formats viennent compléter un tableau beaucoup plus large. C'est en cela que la stratégie de la marque est remarquable : elle est totalement intégrée. Tout est lié : l'affichage, la télé, le digital et les points de vente où, là aussi, les fruits ont une vie. En misant sur le digital très tôt, la marque fait rapidement partie des institutions françaises qui savent le mieux communiquer sur les réseaux sociaux. Historiquement, quand une marque comme Oasis diffuse une pub à la télévision, il y a un effet mécanique rapide sur ses ventes. Il lui a donc fallu une certaine audace pour faire passer

1. L'activation points de vente ou magasins regroupe généralement les actions de publicité sur lieu de vente (PLV) et de merchandising, de promotion des ventes et d'animation commerciale. Il s'agit d'un moyen direct de développement des ventes qui peut également contribuer à favoriser la perception du produit et permettre de mobiliser les distributeurs.

une partie de son budget publicitaire vers le digital, un travail de fond qui est moins puissant à court terme, mais dont la portée est autre : créer de la préférence de marque et favoriser la proximité ; créer quotidiennement, sur toutes les plateformes, de la conversation autour du produit. Aujourd'hui, d'un point de vue créatif, la marque s'est construit un terrain de jeu sans limites grâce à sa vision publicitaire et stratégique.

Retrouvez toutes les ressources iconographiques, bibliographiques, etc., de cette campagne sur **ionisbrandculture.com** **Cas n° 53**

À retenir

1 *Aujourd'hui, il ne suffit pas pour les marques d'être présentes sur les réseaux sociaux. Il faut avant tout savoir les maîtriser et faire vivre la relation au quotidien.*

2 *Oasis est exemplaire de réactivité : quand la marque choisit de rebondir sur l'actualité pour lancer un coup de « com », elle le fait dans la journée. Ce qui est pertinent le lundi ne l'est plus forcément le jeudi. Le quotidien retrouve sa véritable étymologie : en créant chaque jour quelque chose de nouveau qui nourrit la relation et donne de la vitalité à la marque.*

3 *Le contenu de marque doit être sollicité par une communauté de fans pour être bien reçu par le public.*

4 *Le contenu additionnel doit vivre tout au long de l'opération, mais il n'est efficace que s'il ne requiert pas d'investissements médias supplémentaires et se développe de façon virale et autonome. La finalité de la communication n'est plus d'affirmer un message, mais de favoriser sa multiplication par l'intermédiaire des réseaux, des reprises, des Like et des réactions des fans.*

Apple, « Think different »

Incarner la différenciation

« Think different » d'Apple fait partie des campagnes institutionnelles les plus célébrées. Elle constitue un véritable manifeste de la disruption. Elle rend hommage au courage, à l'engagement et à la volonté de faire autrement. En réalité, c'est une autocélébration exceptionnelle de la marque incarnée par Steve Jobs, l'âme d'Apple, qui symbolise le « penser différemment ».

En 1997, au moment du lancement de la campagne « Think different », Apple revenait, dans la mémoire collective, à son formidable film publicitaire de 1984, devenu un véritable événement. Ce chef-d'œuvre créatif, réalisé par Ridley Scott, n'a été diffusé qu'une seule fois lors du troisième quart-temps du dix-huitième Super Bowl devant 90 millions de téléspectateurs américains médusés. Destiné à lancer le 128K, premier ordinateur Macintosh, ce spot de publicité de 60 secondes — durant lesquelles l'athlète et mannequin britannique Anya Major libère l'humanité de l'emprise du Big Brother par un épique lancer de marteau —, a réussi à positionner la marque comme étant créative, innovante, différente et avant tout humaine, là où la concurrence serait déshumanisée. Une campagne sous forme d'ode à la libération de l'humain qui apparaissait très nouvelle, perturbante et disruptive. C'est avec elle qu'Apple a commencé à construire sa légende, qui dépasse amplement la simple notion de réputation. Lorsque Apple décide d'orchestrer son come-back en 1997, après plusieurs années de crise, il lui faut trouver un moyen de raviver sa légende, d'y faire référence et de la stimuler. Pour ce faire, la marque à la pomme décide d'effectuer un retour aux sources en rassemblant les acteurs de son succès passé, avec comme objectif d'élaborer une nouvelle campagne qui fera date.

Encourager les fous à l'être

Depuis ses débuts marqués dans les années 1980, Apple a connu des développements moins performants. Le départ quasi forcé de Steve Jobs en 1985 et un management plus tourné sur la rentabilité que sur la valorisation permanente de la marque n'y sont pas pour rien. Les erreurs se sont cumulées face à des concurrents plus créatifs, plus en phase avec les changements d'époque et qui incarnent la modernité. Apple est au bord du gouffre. L'image de marque était ternie et pour certains Apple était dépassée.

Fin 1996, l'entreprise rappelle son cofondateur, attendu comme le messie. Le retour de Jobs aux affaires marque la volonté de relancer une innovation profonde et de ne plus se limiter à des stratégies de suiveurs qui ne ressemblent en rien à la personnalité de la marque, établie notamment avec la campagne « 1984 ». Dès son retour, Steve Jobs comprend que redonner du leadership à Apple consiste en une puissante redynamisation de son image. Il projette de lancer une nouvelle campagne qui insufflera à la marque qu'il a cofondée avec Steve Wozniak et Ronald Wayne une nouvelle jeunesse. L'agence de communication Chiat\Day, qui avait accompagné Apple à ses débuts, avait été évincée par John Sculley, l'ex-CEO de la marque à la pomme, peu après le départ de Steve Jobs, en 1985. Mais son retour change les choses...

Chiat\Day (qui entretemps a fusionné avec TBWA, en 1995), représentée par Lee Clow, et deux autres agences de communication sont invitées par Apple au début de l'année 1997 pour présenter de nouvelles idées afin de relancer les ventes et, surtout, redorer le blason d'Apple. Le 3 août, Lee Clow présente à Apple le slogan « Think different », ainsi qu'un montage présentant des artistes et des professionnels de la création utilisant des Mac. Steve Jobs y apporte une modification : il souhaite voir apparaître des célébrités et des intellectuels plutôt que des professionnels. La campagne doit mettre en scène ceux qui ont une grande influence dans le monde : Picasso, Martin Luther King, Einstein, la Callas, Mohammed Ali, Gandhi, Hitchkock, le dalaï-lama, Bob Dylan ou encore Ted Turner. « Seuls ceux qui sont assez fous pour penser qu'ils peuvent changer le monde, y parviennent », résume Craig Tanimoto, concepteur-rédacteur pour TBWA\Chiat\Day, dans un poème conçu pour « Think different » intitulé « Here's to the crazy ones » que l'on retrouvera plus tard dans certaines campagnes de presse magazine ou dans le spot TV. Le projet est lancé et TBWA\Chiat\Day, qui redevient l'agence de communication d'Apple Computer, prend en charge toute sa conception.

Gagner du temps, gagner du terrain

Steve Jobs devait gagner du temps, au moins dix-huit mois, pour espérer revenir à l'attaque avec de réelles innovations et réamorcer le cercle vertueux de produits révolutionnaires. Cette campagne permettra une très judicieuse « occupation du terrain ». Sous la pression permanente et personnelle de Steve Jobs, ce qui souligne l'importance de l'implication du décideur dans les campagnes institutionnelles des entreprises et des marques, l'agence TBWA\Chiat\Day entreprend ce « retour vers le futur » en tentant de retrouver les racines culturelles et spirituelles de la marque.

« Think different » est une campagne largement influencée par la vision de Jean-Marie Dru, publicitaire français patron des réseaux TBWA, créateur de BDDP en France et auteur de la « disruption », l'une des rares philosophies d'action qui ait passé les frontières et les époques. Avec « Think different », Apple se positionne comme la marque de ceux qui sortent des sentiers battus, qui veulent changer le monde. La campagne promeut une idée, un concept et non un produit qui, dans un premier temps, est secondaire.
En cela, elle rompt avec les tendances publicitaires de l'époque qui mettent l'accent sur les performances. L'effet est double : la campagne disrupte en mettant en avant les disrupteurs.
Il fallait une histoire, une personnalité (celle de Steve Jobs), une culture (que Apple avait), pour garantir le succès. D'autres éléments, plus techniques, viennent compléter le tableau. Le recours au noir et blanc (symboles de culture et de hauteur de vue), les références internationales, l'absence de produits et d'acte de vente, tout confère un caractère institutionnel de haute tenue, une distance volontaire vis-à-vis du monde même de la communication des technologies de l'information de l'époque. Il y a Apple, et il y a les autres.

« Au-delà d'être une campagne de pub, "Think different" est une campagne de marque qui désigne l'entreprise autour de cette idée d'une entreprise qui pense et agit différemment. »

Nicolas Bordas, vice-président de TBWA Europe et président du réseau BEING Worldwide.

Des résultats probants

Le spot de la campagne est lancé le 27 septembre 1997, lors de la première diffusion à la télévision du film *Toy Story*, le premier long-métrage d'animation des studios Pixar appartenant à Steve Jobs. À l'inverse d'autres campagnes d'Apple, telles que « Power to be your best », elle s'attire de formidables critiques de la part de la presse et marque un nouveau tournant pour Apple. Deux jours après le lancement, Steve Jobs organise une fête en invitant tous les employés d'Apple pour parler de cette campagne et du futur : « Notre marque est la chose la plus chère que nous ayons à l'heure actuelle. » Apple retrouvait l'image de marque de la contre-culture qu'elle avait perdue au cours des années 1990.
Cette campagne repositionne de manière forte et incontestable le leadership d'Apple et la position centrale de Steve Jobs. Elle permet à Apple de reconquérir l'enthousiasme de ses fans, de ceux qui avaient tant fait pour sa réputation. La visibilité et la réussite de cette campagne sont le point de départ d'un renouveau de confiance entre l'entreprise et les leaders d'opinion, les influenceurs — dont les médias —, les distributeurs et les détaillants. « Think different » est maintenue jusqu'en 2002. La campagne remporte de nombreux prix et, pour surfer sur son succès, Apple envoie des posters inédits à de nombreuses écoles du pays pour qu'ils soient affichés sur les murs des salles de classe.

Un nouveau point de départ pour une marque référence

En 1998, Apple lance l'iMac et entame sa révolution technologique. Élaborée pour faciliter l'accès à Internet (d'où le « i » de « iMac ») et conçue par Jonathan Ive, le responsable du laboratoire de design industriel d'Apple depuis 1992, cette machine annonce l'avènement de l'ordinateur sympathique, « détechnicisé », et permet à Apple de renouer avec les profits. L'année suivante, la marque lance l'iBook, un ordinateur portable destiné au grand public et aux marchés de l'éducation, avant de lancer l'iPod en 2001, baladeur numérique, puis l'iMac à écran plat, l'iTunes store, etc. Autant d'innovations et succès mondiaux qui transforment la société en l'une des premières entreprises mondiales en termes de réputation, de connaissance et d'appréciation auprès de ses fans.

Ces innovations n'auraient pas été possibles — ou elles auraient dû se confronter à davantage de difficultés — si la campagne n'avait pas éclairé la route durant plusieurs années et construit une exceptionnelle caisse de résonnance, qui permit de gagner du temps. Cette campagne a duré cinq ans, mais a surtout servi de « temps zéro » pour le renouveau de l'entreprise et la revalorisation de son image. Plus qu'une campagne institutionnelle destinée à influencer une multitude de publics intermédiaires, c'est un credo d'entreprise qui a trouvé par la suite des traductions en produits innovants à la hauteur du « Think different ».

À retenir

1 *Le cas « Think different » est l'un des meilleurs enseignements sur les ingrédients qui font les grandes communications. Il peut cependant égarer le professionnel qui s'imagine que ce qui vaut pour Apple peut aller de soi pour d'autres marques.*

2 *Il faut un passé qui légitime et un présent qui prouve, pour prétendre au droit à la parole. Il ne suffit pas de créer dans la différence, la provocation, l'interpellation politique ou sociale. Auquel cas, il ne s'agit que de « com' » qui peut produire des effets bénéfiques sur une courte période, mais rarement mieux.*

3 *Cette dynamique institutionnelle est profondément « Apple » : Steve Jobs ressemble à ces* troublemakers *mis en scène dans la campagne. Sa philosophie professionnelle, comme personnelle, est à l'unisson de cette recherche de différenciation et de disruption.*

4 *Ce qui rend « Think different » si remarquable, reconnaissable, mémorisable, c'est aussi une vertu cardinale de la création : la simplicité. Rien n'est plus compliqué que de faire simple, mais rien n'est plus performant que la simplicité voulue.*

5 *L'une des forces de la campagne, c'est sa puissance d'évocation, cette prise de position qui définit et reflète l'ensemble de l'entreprise, partout, pour tous, sur toute l'offre ou les points de vente. Ce parti pris en communication n'est pas le fruit d'un choix parmi d'autres : Apple a toujours été une entreprise qui pense autrement.*

Retrouvez toutes les ressources iconographiques, bibliographiques, etc., de cette campagne sur
ionisbrandculture.com
Cas n° 3 et 25

« Got milk ? »

La frustration du manque

« Got milk ? » est l'une des campagnes les plus connues pour un produit d'alimentation aux États-Unis. Elle visait à encourager la consommation de lait de vache. Elle a généré une augmentation importante de la vente laitière en Californie et a été utilisée pendant plus de 20 ans après son lancement.

Dans une rue de New York, un patron peu cordial s'entretient au téléphone avec l'un de ses employés. « Tu es viré ! », crie le boss en cravate avant de s'esclaffer de sa cruauté et d'être percuté par un camion. Il se réveille dans une drôle de pièce immaculée où une montagne de cookies géants lui est offerte. « Ça doit être le paradis ! », se dit-il, avant d'ouvrir le frigo à la recherche de lait dans lequel tremper ses cookies. Problème : les bouteilles sont toutes vides, pour le plus grand désespoir de celui qui se croyait au septième ciel. Un lettrage enflammé « Got milk ? » (besoin de lait ?) apparaît alors, lui signifiant qu'il est en réalité bien loin du paradis.

La beauté du lait

Créées en 1993 par l'agence Goodby Silverstein & Partners pour l'organisme California Milk Processor Board[1], les publicités de la campagne « Got milk ? », dont le premier spot diffusé à la télévision remonte au 29 octobre 1993, déclinent généralement le scénario suivant. Elles mettent en scène des personnes dans diverses situations impliquant de la nourriture sans lait à proximité pour les aider à avaler ce qu'elles ont dans la bouche.

1. California Milk Processor Board est un organisme à un but non lucratif de commercialisation de produits laitiers financé par l'industrie laitière de Californie et administré par le ministère de l'Alimentation et l'Agriculture de Californie.

À la fin des spots, les personnages regardent tristement la caméra et, en caractères gras, apparaît la phrase « Got milk ? ». La version papier se décline avec l'apparition d'une *milk mustache*, trace blanche qu'il peut rester au-dessus de la lèvre supérieure de quelqu'un qui vient de boire un verre de lait.
L'origine de la campagne provient du constat de la baisse de consommation d'un produit qui, aux États-Unis, est consommé de manière plus variée qu'en France : le verre de lait des enfants le soir avant le coucher ou à l'école, les corn-flakes du petit déjeuner, le café latte, etc. L'association des producteurs de lait devait renverser une baisse de consommation tendancielle de 3 à 4 % chaque année, car les nutritionnistes américains avaient clamé que consommer trop de lait serait dangereux pour la santé. De nombreuses campagnes marketing puissantes et onéreuses semblaient ne rien changer à la situation et surtout aux mentalités.
L'idée phare de cette campagne a été de remplacer le discours positif habituel par celui du manque, par la désagréable perspective de ne pas avoir de lait : *got milk ?* Trois ingrédients ont fait le succès de cette campagne : les tournures de langage (*gimmicks*) pour l'attribution immédiate (le « Got milk ? » et la *milk mustache*), la pléthore de personnalités permettant de s'inscrire dans l'actualité immédiate et de multiplier l'impact, et le courage d'avoir investi, au départ, la quasi-totalité du budget dans la presse magazine. Jeff Manning, père de cette campagne culte et directeur exécutif du California Milk Processor Board en 1993, disposait d'un atout exceptionnel : un budget important et durable avait été alloué à cette démarche pour faire face aux problèmes structurels.

Capitaliser sur la sensation de manque

La résolution stratégique de la campagne est née d'un important travail d'étude qui démontrait, en premier lieu, l'attachement fort des Américains pour le lait de vache, la croyance en ses bienfaits et ses avantages. Pendant une quinzaine d'années, les publicitaires se sont démenés pour expliquer aux gens que le lait était bon pour la santé : un effort qui n'aura servi qu'à enfoncer des portes ouvertes et à renforcer des convictions déjà acquises. En effet, 96 % des Américains étaient déjà persuadés que le lait était bon pour la santé et plus de la moitié déclaraient qu'ils devraient en boire plus. Il fallait donc passer par un angle plus inattendu, plus surprenant, donnant un impact puissant dans la forme, mais aussi sur le fond, à la démarche.
Le levier (ou l'*insight*) est issu d'études approfondies qui permirent de mettre en évidence l'importante gêne causée par l'absence de lait, ce qui fut nommé la stratégie de privation (*deprivation strategy*), aboutissant au slogan « Got milk ? ». Autrement dit : « Imaginez votre quotidien sans lait. » Le principe était de convaincre les Américains qu'ils aimaient le lait quand ils en avaient, mais l'adoraient encore plus quand ils n'en avaient pas. Une stratégie différente de celles déployées par le passé, car susceptible de favoriser une démarche créative et durable. Universelle même, puisqu'elle touchait toutes les catégories sociales, interpellait les gens par sa capacité à projeter le manque et ses implications, tout en étant compétitive vis-à-vis de produits concurrents. Plutôt que de rabâcher les bienfaits supposés du lait, il fallait impliquer les gens en leur faisant se demander ce que serait

la vie sans lui. La grande idée de cette campagne, qui a quand même su s'entourer de nombreuses stars au fil des années (Angelina Jolie, Salma Hayek, Dwayne « The Rock » Johnson, Susan Sarandon ou encore Superman et Pikachu), n'était pas de se servir des people comme leviers de médiatisation et de systématiser leur implication en fonction de l'actualité, des référents, des « coups » et des opérations spéciales, mais d'avoir compris que le « Got milk ? » pouvait être supporté par tous, que la justification était évidente, incontestable. L'utilisation des people ne suffit pas à faire une belle campagne. Ils sont certes reconnus, collant à l'actualité du cinéma ou de la musique, mais doivent toujours mettre habilement en valeur un message pour que la campagne soit pertinente.
Dans le cas de « Got Milk ? », chaque annonce dispose d'un texte, une « morale de l'histoire » qui explique les effets du lait ou de son manque. Il est adapté aux personnalités, aux situations, aux âges et aux mentalités, servant de réassurance et donnant du fond à une campagne qui n'est pas qu'une exploitation de célébrités.

Un slogan qui devient une quasi-marque

La campagne a atteint un taux de notoriété exceptionnel, au-delà de 90 %. Elle a été choisie comme étant l'une des préférées des Américains. Si le niveau global de consommation de lait de vache n'a pas augmenté en termes de pénétration (70 % des foyers), les occasions d'utilisation et de consommation ont été multipliés, et les tendances des ventes ont été inversées.
« Got milk ? » a été affiché sur des produits de consommation tels que les poupées Barbie, les accessoires pour bébés, l'équipement ménager. Le slogan a été largement parodié par des groupes tels que les associations de défense des animaux ou l'industrie du lait de soja. Il a réussi à devenir pérenne en s'adaptant à diverses situations. Une fois la campagne installée, de nombreuses déclinaisons ont eu lieu, par exemple pour le lait dit « diet », puis à l'attention des sportifs avec « Body by milk » qui affirmait que la consommation de lait aide à garder la ligne et à construire du muscle, ou encore avec le slogan « Got chocolate milk ? » pour mieux cibler les enfants et leur appétence pour le goût sucré. En 2008, la campagne a su utiliser la situation de crise économique et a fait appel à un conseiller financier et à une présentatrice d'émission de variétés pour décrire le lait comme un produit nutritif peu coûteux qu'il est malin d'acheter. Une recette qui aura fonctionné pendant plus de vingt ans. La démarche, largement orientée vers la notoriété de « Got milk ? », a fait de cette expression une quasi-marque. Mais le 24 février 2014, la National Milk Processor Board décide de ne plus l'utiliser à l'échelle nationale — seulement en Californie, où les ventes de lait ont significativement augmenté — et de remplacer le

> « L'envie de se mobiliser, et de réaffirmer l'importance et la prédominance du lait dans la vie des gens. »
>
> Serge Uzzan, fondateur et directeur général de Lafayette Agency.

slogan par « Milk life ». Une transition stratégique, car l'effet « Got milk ? » s'amenuise avec le temps et les producteurs de lait décident de changer de ligne : dorénavant, ils mettront en avant le côté supposé bénéfique du lait, notamment sa valeur en protéine. Cette transition, qui leur a coûté 50 millions de dollars, a été nécessaire pour contrecarrer la nouvelle chute de consommation du lait et faire face aux critiques toujours plus importantes des nutritionnistes sur les problèmes de santé causés par l'excès de consommation de lait de vache.

À retenir

1 *La notoriété de la campagne a largement été fondée sur des choix très judicieux des people utilisés (légendes, personnages mythiques, vedettes des séries TV pour adolescents), créant ainsi un buzz largement repris par les titres de presse et les médias pour jeunes : les people sont le symbole du melting-pot américain et des facilitateurs de médiatisation et d'événementialisation.*

2 *Si le sujet n'était pas un sujet nouveau ni d'une grande portée médiatique, la campagne « Got milk ? » l'était largement, favorisant de fructueux contacts en relations publiques.*

3 *La création d'une campagne universelle, puisqu'elle s'adresse à toutes les catégories de clientèle, a permis de démultiplier les partenariats avec, d'une part, de nombreuses marques, magazines et distributeurs qui souhaitaient s'associer à la campagne elle-même, et d'autre part avec des marques directement concernées par le produit et sa consommation (marques de biscuits et de céréales, etc.).*

4 *« Got milk ? » contient finalement tous les atouts qui font la réussite d'une grande campagne de communication : elle touche tout le monde, elle projette la notion de manque et ses implications, elle dispose de leviers de mémorisation (le slogan, la* milk mustache *et les people). Elle a tous les atouts pour être populaire, médiatisée et pour créer un buzz certain, ce qui lui donne ce caractère événementiel. Une campagne dont on parle, tant recherchée par les annonceurs.*

5 *« Got milk ? » permet à tous les professionnels du marketing et de la communication de s'interroger sur la manière de trouver une alternative au discours apprécié et reconnu, celui qu'on aime entendre, mais qui n'a que peu d'effet sur les comportements et les logiques d'achat. Autrement dit : comment définir un axe marketing qui ne se cantonne pas à une vérité, certes impliquante et appréciée, mais sans l'effet de surprise et d'interpellation tant attendu ?*

Retrouvez toutes les ressources iconographiques, bibliographiques, etc., de cette campagne sur **ionisbrandculture.com**
Cas n° 9

Darty, le « contrat de confiance »

S'engager formellement auprès de ses clients

En 1973, Darty conceptualise sa volonté d'être considérée comme l'enseigne la plus proche des préoccupations des clients avec la création de son « contrat de confiance » : les prix, le choix et le service sont garantis. Pour la première fois, un distributeur s'engage par écrit auprès du consommateur.

Darty naît à la fin des années 1950, profitant des Trente Glorieuses pour se développer à mesure que les Français voient leur niveau d'équipement s'accroître : cuisinières, réfrigérateurs, télévisions, chaînes hi-fi, un ensemble de produits de plus en plus sophistiqués et de nouvelles marques allemandes, japonaises qui concurrencent les traditionnelles enseignes françaises. Ce boom de l'équipement ménager familial va de pair avec une modernisation et une concentration de la distribution, et avec la croissance des grandes surfaces et, plus particulièrement, des spécialistes comme Darty, ce qui a comme corollaire la raréfaction des petits distributeurs. Le soutien marketing à la marque se fait, comme l'époque le veut, à coups de grandes campagnes de publicité et d'opérations promotionnelles. Ces actions font du prix l'élément central, dès lors que les enseignes disposent d'emplacements bien situés pour gagner du trafic, de marques attractives et de produits récents pour attirer les clients. C'est une démarche de conquête, mais certainement pas de fidélisation.

La confiance, clé de la relation client

Depuis la fin des années 1960, le marché américain est une source d'inspiration pour les enseignes françaises, les généralistes comme les spécialistes qui récupèrent les principes de premiers prix, de création de nouveaux départements plus rentables dans les produits manufacturés, de politique de services accrue, etc. Face à la montée d'une concurrence élargie en ces années de forte croissance du pouvoir d'achat, mais également par l'enseignement que le marché se gagnera sur la fidélisation des clients et non sur la seule guerre des prix, Darty va proposer un projet plus novateur, plus ambitieux, créateur d'une véritable disruption en France : le « contrat de confiance » va permettre au distributeur de se différencier de façon claire et de renforcer sa valeur de manière incomparable.
En 1973, Darty comprend — et son expérience du terrain ne fait que consolider cette vérité — que le besoin de reconnaissance et d'attention détermine aussi la décision d'achat.

Retrouvez toutes les ressources iconographiques, bibliographiques, etc., de cette campagne sur
ionisbrandculture.com
Cas n° 35

Il s'agit d'instaurer une relation client efficace, de fidéliser les acheteurs à tout prix. L'enseigne, qui n'est pas encore la géante de la distribution d'électroménager qu'elle deviendra, a bien compris l'enjeu de cette relation si particulière avec le client et de son potentiel à faire la différence face à la concurrence. La marque part du constat qu'un client n'est satisfait que si le produit qu'il achète fonctionne et lui rend les services attendus. Darty va donc proposer d'une part des prix bas, et de l'autre la livraison et le dépannage rapide. Son service après-vente va lui permettre de se distinguer de ses rivaux, que ce soit par la démarche, l'offre ou la symbolique : ce n'est pas une garantie classique, mais un véritable contrat. C'est le symbole d'un lien fort et durable qui responsabilise l'entreprise vis-à-vis de son client. « En 1973, Darty crée le "contrat de confiance" : c'est la première fois qu'un distributeur s'engage par écrit à garantir à ses clients le prix, le choix, les services. Cela devient l'identité de la marque », comme le mentionne Darty.

L'ADN d'une marque

Darty a su créer un très fort territoire publicitaire, tout en construisant un service client irréprochable et symbolisé par deux leviers d'une grande efficacité : le vendeur — conseiller, qui se veut réellement à l'écoute du client, malgré les critiques — et le service après-vente proche, qui intervient rapidement, symbolisé par la camionnette. Darty part alors à la rencontre de ses clients actuels et potentiels en investissant lourdement, au cours des décennies 1980 et 1990, dans les campagnes d'affichage JCDecaux au cœur des villes, proches des magasins, et sur le média urbain par excellence, le cinéma.

En misant sur une forte créativité au service d'une communication clairement codée : le contrat de confiance et ses composantes. Ses concurrents sont alors perçus comme moins dynamiques et, surtout, moins au service du client. Le « contrat de confiance » permet à Darty de devenir leader du marché français et d'avoir des positions particulièrement solides, même s'il est aujourd'hui sérieusement menacé par la distribution sur le Web. Pour beaucoup, Darty est l'enseigne exemplaire de ce que doit être le vrai service d'un distributeur envers ses clients, et toutes les études confirment la position élevée de la marque dans leurs classements.

« Cette signature a traversé les décennies, en donnant un cap, une mission et une vision de son marché à Darty tout au long de ces années. C'est un véritable repère pour cette marque. »
Nicolas Riou, CEO de Brain Value.

La force de cette campagne réside également dans le fait qu'elle est tournée vers l'interne, en mobilisant les salariés de l'entreprise. « Il fallait du courage pour oser engager l'entreprise à ce niveau-là par un acte de communication », remarque Nicolas Riou, CEO de Brain Value, « cela était visionnaire, car il fallait créer un capital de marque-enseigne différenciant, qui donne de la crédibilité et fasse entendre cette notion de qualité. C'est un acte fort qui a été mémorisé par les consommateurs. » Pour preuve, la simple évocation de la notion de « contrat de confiance » fait penser à Darty, signe que l'opération a parfaitement fonctionné aussi en termes de notoriété. L'autre signe de réussite de cette campagne, c'est sa pérennité, car cette signature a traversé des décennies et influencé la marque. C'était précurseur, car la notion de confiance est très actuelle.

« Aujourd'hui, tout le monde se plaint que la confiance ne soit plus au rendez-vous » poursuit Nicolas Riou, « la confiance vis-à-vis des élites, des politiques et des institutions n'est plus là. C'est aussi le cas vis-à-vis des marques, qui sont désormais devenues suspectes (trop de parabènes et d'huile de palme, mauvais traitement des salariés, sous-traitants peu fiables). Les marques sont sur le gril. Dans ce contexte de défiance, il est essentiel qu'elles travaillent aujourd'hui sur cette notion de confiance. »
Darty l'avait compris bien avant ses concurrents et a su conserver, malgré les mutations et les difficultés, cette différence majeure.

À retenir

1 *Le « contrat de confiance » permet aux clients de se sentir écoutés, entendus, compris, en confiance. L'enseigne s'engage auprès des consommateurs à répondre à leurs besoins. Ce contrat est le lien visible entre engagement d'une marque et confiance de ses clients.*

2 *D'autres enseignes ont eu recours à un tel levier, mais le meilleur service au client n'est pas un acte parmi d'autres, c'est pour Darty l'essence et l'existence de la marque, c'est un acte non imposé par la concurrence, apprécié par les vendeurs et non supporté par dépit. C'est devenu l'ADN de Darty.*

3 *Darty transforme le marché en assumant totalement son rôle d'initiateur, d'installateur, de conseiller, de repreneur de produits, d'assureur…*

4 *Darty quitte la « zone grise » du distributeur quand il fonctionne comme un entremetteur entre le client et les marques pour devenir un passage obligé, une référence. Cette fidélisation est exceptionnelle dans le paysage français, parce qu'elle est révélatrice d'un véritable souci du client et non d'une ficelle marketing vite empruntée, vite lancée et vite oubliée.*

Brand
Success

« En publicité ne pas prendre de risque peut s'avérer dangereux. Si vous ne vous engagez en rien, vous n'aurez personne contre vous, ni personne pour vous. »

William Bernbach,
fondateur de Doyle Dane Bernbach (DDB).

Renault,
« Et si le vrai luxe c'était l'Espace ? »

La justesse du parti pris

En 1998, à peine quinze années après la naissance de son monospace, Renault lance une campagne intitulée « Et si le vrai luxe c'était l'Espace ? ». D'abord dans la presse magazine, celle-ci sera ensuite déclinée sur différents médias au cours d'une décennie. Elle est encore aujourd'hui considérée comme l'une des campagnes publicitaires les plus remarquables, pour la justesse et la pertinence du levier psychologique sur laquelle elle repose.

C'est en 1984 que Matra et Renault s'associent pour commercialiser le premier Espace. Dès l'origine, en toute logique, la communication sur le monospace vante sa taille, unique, en en faisant des « voitures à vivre ». Malgré un démarrage très lent, le succès commercial sera au rendez-vous. Le véhicule est alors plébiscité par les professionnels et les familles. Renault va ainsi en multiplier les modèles. En 1994, la communication prend un virage en commençant à marier la notion de luxe avec celle d'espace. À l'époque, Renault commercialise des versions Nouveau Monde, Cyclade ou encore Grand Écran, amenant peu à peu le véhicule à s'adresser aux classes aisées. Mais la marque se heurte à une concurrence féroce, comme celle de la Peugeot 806, de la Ford Galaxy, de la Citroën Evasion ou encore de la Seat Alhambra. Pour s'affirmer en tant que leader du marché, Renault doit se démarquer.

Le vrai luxe

C'est en 1998, quelque temps après la commercialisation de la troisième génération d'Espace, redessinée et améliorée, que Renault va marquer les esprits. Confiée aux équipes de Publicis Conseil, la campagne est dans un premier temps destinée à la presse magazine. Elle donnera ensuite naissance à des spots télé. Elle repose sur un *insight* : « Et si le vrai luxe c'était l'Espace ? » Les publicités vont mettre en avant de vastes scènes reprenant des éléments (bibliothèque, piscine, salon, plage) détournés comme s'ils devenaient à la fois désirables et gigantesques, avec habileté. Le résultat parle à tout le monde, particulièrement aux citadins, qui savent combien l'espace est une denrée précieuse.

Dans une société de plus en plus urbanisée, avec une mobilité croissante, dans un monde de plus en plus peuplé, à l'époque de l'avènement de l'open space dans la sphère professionnelle, disposer de plus d'espace — dans la réalité ou l'imaginaire — est le véritable symbole du luxe. D'où l'exceptionnel impact de cette campagne, d'abord pour le désir sur lequel elle joue, partagé par tous : le monospace prend alors une nouvelle dimension, car il comble un manque. Ensuite, pour sa forte capacité de distinction : en achetant un Espace, le client intègre un club réservé à des privilégiés, ceux qui peuvent jouir d'un cadre de vie plus spacieux que les autres.

La campagne fut primée à maintes reprises. L'année de sa sortie, elle reçoit le grand prix de l'Association pour la promotion de la presse magazine (APPM). En 2015, elle est arrivée deuxième du grand prix, retenue parmi celles qui ont fait « changer le cours d'une marque et de son marché ». En 1998, le magazine *Stratégies* expliquait : « Cela faisait longtemps qu'une campagne automobile n'avait pas épaté son monde. L'Espace, avec sa signature “Et si le vrai luxe c'était l'Espace”, et ce visuel irréel, époustouflant, ont de quoi interpeller le lecteur. Jamais la collaboration entre Publicis et Renault n'a offert pareille production, originale, audacieuse, sensible. »

Transcender la simple réponse technique

Au final, cette campagne, de prime abord si simple et parfaitement exécutée, raconte une histoire, aussi brève soit-elle. Elle embarque le spectateur dans une autre dimension. Renault Espace n'offre pas une réponse technique, des performances, mais des solutions qui donnent un sens plus spectaculaire à ce qu'il est. La notion de luxe est d'autant plus pertinente qu'elle correspond à une problématique de positionnement. Dans l'imaginaire collectif, l'espace est une composante de la richesse, de la réussite, de la liberté. La campagne trouve sa force et son efficience dans sa très bonne compréhension de la psychologie de ses clients potentiels, allant au-delà

> « Jamais la collaboration entre Publicis et Renault n'a offert pareille production, originale, audacieuse, sensible. »
>
> *Stratégies* magazine, 1998.

du désir du produit lui-même et dotant ce dernier d'une réponse symbolique très forte, au point d'avoir inspiré maintes déclinaisons. Cette approche particulièrement innovante a provoqué une forme de rupture pour traduire à l'extrême le bénéfice produit, surtout dans un secteur où l'on ne communique généralement pas de la sorte. La notion d'espace n'est pas seulement palpable, matérielle. Elle est aussi psychologique, un principe de bien-être avec la liberté de mouvement, le temps disponible, l'équation « plus de temps x plus d'espace = moins de stress ».
Dans un monde atrophié et bruyant, c'est l'*insight marketing* exploité par Renault : une problématique connue des clients et dont la réponse apportée par le véhicule apparaît alors comme une évidence. L'exécution de la campagne est également devenue une référence. Chaque annonce plonge le spectateur dans un décor spectaculaire, une sorte de réalité augmentée, grâce à l'assemblage d'éléments qui déforment le rapport classique à l'espace. Les publicités jouent sur l'imaginaire et font rêver. On se dit qu'avec un Renault Espace toutes les découvertes sont possibles et que, depuis l'habitacle, on va voir le monde différemment. À sa sortie, les gens pensaient que l'Espace était un véhicule utilitaire, à tel point que Renault n'en avait écoulé que sept le premier mois ! Peu à peu, la marque a opéré un virage en rapprochant le monospace à la notion de luxe.
C'est alors que les ventes ont commencé à décoller. Après trente ans de commercialisation, le constructeur a vendu plus de 1,2 million d'exemplaires de son monospace.

Retrouvez toutes les ressources iconographiques, bibliographiques, etc., de cette campagne sur
ionisbrandculture.com
Cas n° 23

À retenir

1 *La notion d'espace attachée à ce modèle, dont la réussite repose depuis longtemps sur la liberté de mouvement dans la voiture, sur cet espace purement physique, prend soudain une plus grande, plus belle, plus forte ampleur.*

2 *Renault n'offre pas qu'une réponse technique. Le constructeur magnifie sa position en offrant un éclairage inédit, qui dépasse le véhicule lui-même. En appuyant sur le levier de l'espace, intimement lié au luxe, la campagne amène le spectateur à se plonger dans l'imaginaire, le rêve et l'évasion. Même si, comme par hasard, la conception du produit est une réponse optimale à ce désir d'espace.*

3 *Cet éclairage a fonctionné, car il correspond aux problématiques actuelles, notamment des familles nombreuses — principaux clients de l'Espace. Il illustre la totale compréhension de la psychologie des clients potentiels, allant au-delà du désir du produit lui-même. Il offre à ce dernier une réponse symbolique, très puissante, à des questionnements ou des désirs humains.*

4 *La force d'une campagne repose aussi sur une exécution impeccable où tous les détails sont pensés et rien n'est laissé au hasard. Chaque thématique de cette campagne fait plonger dans un univers différent. Chacun de ces univers illustrant la grande variété des attributs du produit, permettant au client potentiel de se projeter un peu plus : « Que ferai-je avec ce nouvel Espace que je vais m'offrir ? »*

Rolling Stone

Renverser l'écart entre perception et réalité

Dès 1985, grâce à l'inventivité de l'agence Fallon et avec l'aide d'une soixantaine d'annonces construites autour de l'opposition entre perception et réalité, le magazine américain* Rolling Stone *va réussir à inverser la vision et donc les investissements des annonceurs, des agences et des centrales médias. Les progressions très élevées de la pagination publicitaire démontrèrent la force d'impact et de conviction de la campagne, par l'affirmation précise du problème et d'une réponse cassant les codes traditionnels du B2B.

Opportune en 1985 et toujours pertinente aujourd'hui.
La campagne *Rolling Stone* est riche d'enseignements, le premier étant qu'il n'y a pas de problème sans solutions, mais plus ou moins de volonté de se démarquer, d'oser la différence pour atteindre ses objectifs. Dans un univers qui voit les annonceurs et leurs campagnes se démultiplier, notamment dans des domaines où les acteurs s'affrontent en nombre et avec les moyens de le faire, rien n'est plus dangereux que de ne pas prendre de risques.

Le choc des hippies chics

Le magazine *Rolling Stone* a été fondé en 1967 à San Francisco par le journaliste et éditeur de presse Jann Simon Wenner et par le critique de musique Ralph J. Gleason. Pour financer le lancement, Wenner a emprunté 7 500 dollars à ses parents et à sa compagne, Jane Schindelheim. Bimensuel, axé sur la pop culture, mais à dominante musicale, le magazine chroniquait l'émergence des contre-cultures de la fin des années 1960 et se faisait le porte-parole du mouvement hippie. Mais à partir des années 1980, la plupart des hippies finirent par s'intégrer dans la société de consommation qu'ils dénonçaient auparavant. Et cette décennie vit l'arrivée des *young urban professionals* (ou *yuppies*), jeunes trentenaires habitant le cœur de grandes métropoles, ambitieux, obsédés par l'argent et la réussite, matérialistes à l'extrême. C'est ce public qui devint la cible privilégiée des annonceurs et, pour les atteindre, le magazine *Rolling Stone* ne paraissait plus assez tendance, malgré son statut de référence dans le domaine culturel et musical pour les jeunes de 18 à 35 ans et une audience dépassant le million en diffusion. *Rolling Stone* était perçu comme une chantre de la culture baba cool des années 1970, ce qui n'attirait pas vraiment les marques, alors que les années 1980 sont marquées, aux États-Unis, par une forte croissance de la culture du consumérisme, relayée par les industries de la culture, de la beauté et de la mode. Pour récupérer la manne de la publicité, *Rolling Stone* devait donc garder sa forte identité culturelle tout en luttant contre la fausse perception du lectorat, qui créait chez nombre d'annonceurs le sentiment d'inadéquation entre leurs produits et l'angle rédactionnel ou idéologique du support. Pour y parvenir, l'agence Fallon McElligott Rice décida de faire passer un message fort : depuis longtemps *Rolling Stone* n'était plus un magazine anti-consommation, mais un média orienté vers l'excellence, la créativité et la pensée critique, avec un lectorat actif, ambitieux et consommateur. De quoi rassurer et attirer les marques.

Faire parler l'opposition visuelle

Une première campagne démarre en 1985 dans les titres de la presse professionnelle du secteur de la communication (*Advertising Age*, *Adweek*) avec une série d'annonces déclinées en soixante versions pour toucher une grande majorité de la communauté du marketing et de la communication. Elles opposent, sur une double page, les notions de perception et de réalité, avec d'un côté un visuel représentant les années 1960 et de l'autre un symbole des années 1980. Par exemple, une affiche présentait, en page de gauche, un van Volkswagen décoré dans le style *flower power* pour signifier la « perception » et, à droite, une voiture de sport pour exprimer la « réalité ». Une autre affiche opposait une souris biologique et une souris d'ordinateur, avec un texte en légende : « Pour les nouvelles générations de lecteurs de *Rolling Stone*, une souris n'est pas un petit animal particulièrement fan de fromage.

> « Finalement *Rolling Stone*, c'est l'évolution de l'Amérique. »
>
> Olivier Altmann, cofondateur d'Altmann + Pacreau, ancien directeur de création de Publicis.

La souris qu'ils ont en tête est plutôt reliée à un ordinateur. Les lecteurs de *Rolling Stone* ont acheté pour près de 657 millions de dollars d'équipement informatique en 1988 seulement. Et ça, ce n'est pas du fromage. »

Des résultats immédiats et durables

Dès la première année de la campagne, *Rolling Stone* va réussir à vendre 47 % de pages publicitaires de plus que l'année précédente. En cinq ans, la pagination publicitaire va doubler alors que la presse magazine subit, dans cette décennie, la concurrence terrible de la télévision et des nouvelles chaînes du câble. La campagne dura près de dix ans avec la production d'une multitude de visuels et de variations selon les périodes, les secteurs visés, les évolutions des marchés. *Rolling Stone* était devenu, à l'aube des années 1990, l'un des magazines préférés des média-planneurs et des annonceurs en quête d'une clientèle très consumériste et sujette aux effets de mode, le support devenant même un must pour les lancements de produits high-tech et design. Le One Club for Art & Copy, organisation qui récompense l'excellence en matière de publicité, a qualifié « Perception & Reality » comme la meilleure campagne « print » des années 1980.

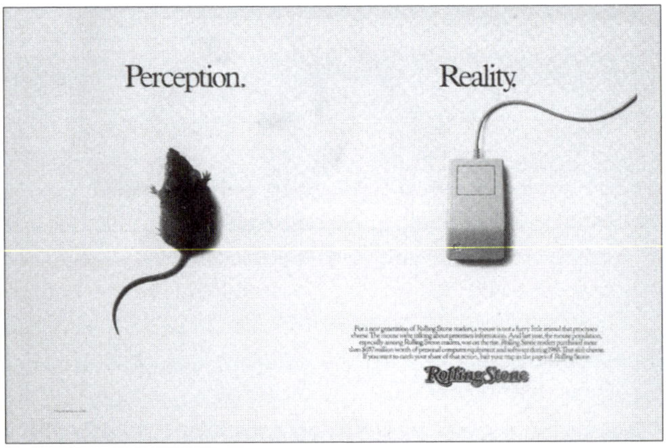

À retenir

1 *La problématique est l'une des plus difficiles dans l'univers de la communication : transformer des croyances, mettre à niveau la sphère de la perception et celle de la réalité.*

2 *La campagne pose froidement le problème et dispose d'ingrédients essentiels. L'humour et le décalage d'abord, pour faire admettre une forme d'accusation de non-professionnalisme, car les professionnels ont tendance à confondre ce qu'ils perçoivent du lectorat et sa réalité. Ensuite, la proximité, voire l'intimité avec un lectorat cible. Enfin, une prise de parole inattendue qui crée un réflexe de curiosité et un intérêt certain de la part de certains annonceurs et des professionnels de la communication. La créativité génère une attraction, une valeur ajoutée de sympathie.*

3 *Autre atout remarquable, la puissance de la simplicité, l'absence d'arguments et de tableaux. On ne cherche pas à démontrer, mais à impressionner, à faire prendre conscience, à affirmer. Le potentiel de déclinaison des thématiques favorise aussi la capacité de s'installer et de se développer durant des années. On observe dans un grand nombre de cas figurant dans cet ouvrage la puissance de la simplicité — à ne pas confondre avec l'évidence ou le simplisme — lorsqu'elle étonne, amuse et va directement au but.*

Retrouvez toutes les ressources iconographiques, bibliographiques, etc., de cette campagne sur **ionisbrandculture.com**
Cas n° 22

The Blair Witch Project

L'un des premiers buzz de l'histoire du Web

Le film* The Blair Witch Project *a connu un succès phénoménal grâce à un marketing original mené notamment sur Internet à la fin des années 1990. Des rumeurs furent diffusées pour faire passer le film comme un authentique documentaire. Ce succès fulgurant et international conjugue tous les éléments de modernité qui sont désormais à la source de toute réussite : maîtrise de la temporalité, capacité à créer l'intrigue et faculté de compenser le non-achat d'espace traditionnel par des stratégies sortant des sentiers battus. Un exemple dont beaucoup peuvent s'inspirer.

The Blair Witch Project est un film d'horreur américain sorti en 1999, écrit et réalisé par Daniel Myrick et Eduardo Sánchez. Il fait partie du genre cinématographique créé dans les années 1970, le *found footage* (enregistrement trouvé), souvent spécifique à l'horreur, qui utilise le procédé de caméra subjective et présente une partie ou la totalité d'un film comme étant un enregistrement vidéo filmé par les protagonistes. Ce genre se caractérise par ses images prises sur le vif et par sa qualité visuelle et sonore volontairement dégradée. Le scénario du *Projet Blair Witch* est simple : trois étudiants américains d'une école de cinéma tournent un documentaire sur une sorcière légendaire qui vivrait dans la forêt de Blair. Ils disparaissent mystérieusement. La bande vidéo qu'ils ont enregistrée, retrouvée une année plus tard sur les lieux de leur disparition par la police, constitue les scènes du film. Toute la stratégie marketing consiste à présenter au public le long-métrage comme étant une histoire vraie, un documentaire, ou un film tiré d'une histoire vraie. Avant sa sortie en salle, le grand public n'était pas en mesure de discerner la fiction de la réalité, tellement les pistes ont été brouillées, créant un flou total sur la nature du film.

Quand la promotion fait le spectacle

Un lancement d'un film repose sur un assemblage savant dont on ne détient pas le secret, mais dont on connaît la logique. D'un point de vue marketing, il faut œuvrer sur plusieurs points : le travail d'accompagnement, de présence et d'influence, mené par les responsables de presse très en amont ; la manière dont est vendue l'intrigue du film ; la réputation du réalisateur et la présence d'acteurs « bankables[1] » qui conduisent les producteurs à investir dans de lourdes campagnes publicitaires. C'est la « magie de la promotion », celle qui permet de voir durant deux ou trois jours les acteurs vanter les mérites du film sur toutes les chaînes de télévision ou sur le Web. Mais que faire sans budget, en 1999, alors que les réseaux sociaux grand public sur Internet n'existent pas encore, que toute l'information passe par des forums et des sites web ?

Le lancement de *The Blair Witch Project* repose sur une idée, en apparence simple, mais qui demande talent, organisation, capacité à conserver le secret et maîtrise des techniques de buzz : laisser les gens spéculer sur la nature du film, et ne surtout pas les rassurer ou les contredire. Le public est animé par une curiosité amplifiée par le bouche-à-oreille et les propos toujours ambigus des réalisateurs.

En outre, les acteurs sont « portés disparus » et n'apparaissent à aucun moment dans la campagne de promotion, ce qui constitue un élément inédit — ou presque.

The Blair Witch Project a pallié son manque de budget en exploitant la vieille formule du *found footage*, qui avait connu jusqu'alors son apogée avec la sortie, en 1980, du long-métrage *Cannibal Holocaust*. Le scénario était basé sur les mêmes ressorts : une équipe de journalistes part à la recherche d'une tribu cannibale au cœur de la jungle amazonienne et finit par se faire dévorer. Le marketing était basé sur la pseudo-disparition des acteurs, le réalisateur leur ayant demandé de rester à l'écart de tout contact, y compris leur famille, au retour du tournage. Un procès fut même intenté contre le réalisateur accusé d'avoir réalisé un *snuff movie*[2] en raison de rumeurs grandissantes de meurtres d'acteurs devant la caméra, pour les besoins du tournage. Le film a été interdit dans une soixantaine de pays à cause de l'extrême violence de ses images, de la manière ultra-réaliste de filmer des viols, des tortures et des scènes de sadisme, et parce que des animaux ont réellement été tués pour sa réalisation.

---

1. Le terme « bankable » est un anglicisme (*to bank*) issu du jargon cinématographique qui signifie, selon les occurrences, « qui rapporte de l'argent » ou « qui permet de financer un film sur son nom ».
2. Le *snuff movie* est un terme désignant une vidéo ou un long-métrage mettant en scène la torture, le meurtre, le suicide ou le viol d'une ou plusieurs personnes. Dans ces films clandestins, la victime est censée ne pas être un acteur mais une personne véritablement tuée ou torturée. Le *snuff movie* est devenu un élément de la culture populaire et un certain nombre de films abordent ce thème que l'on retrouve dans la littérature et le jeu vidéo.

L'étrange site internet ouvert en 1999 pour annoncer *The Blair Witch Project* joue un rôle crucial, créant le suspens, favorisant les interrogations, apportant des hypothèses, mais surtout, suscitant l'envie de voir cet étrange long-métrage dont on ne sait presque rien. Le message introductif de la bande-annonce incarne tout ce mystère : « En octobre 1994, trois étudiants vidéastes disparaissent dans une forêt près de Burkittsville, dans le Maryland, alors qu'ils réalisaient un documentaire. Un an plus tard, leur film est retrouvé. » Toute l'ambiguïté se situe autour de cette question terrifiante : et si c'était vrai ?

Créer le mythe : ma sorcière bien marketée

Le budget du tournage est minime et l'ensemble du long-métrage est filmé directement par les acteurs, avec de simples caméras de poing. Ils n'ont d'ailleurs pas de script entre les mains, les réalisateurs ne leur donnent que très peu d'informations pendant le tournage, à l'exception de tâches à effectuer ou de coordonnées GPS auxquelles ils doivent se rendre. Le reste n'est qu'improvisation. Le traitement de l'image, le noir et blanc, les imperfections volontaires, le suspense et les phases d'inaction, tout est construit comme un documentaire, dont on ne contrôle pas tous les tenants et aboutissants. Présenté, à juste titre, comme l'un des films les plus rentables du cinéma — à peu près 75 000 dollars de budget pour 250 millions de dollars de recettes —, le film est surtout reconnu comme un modèle en matière de marketing. En exploitant l'Internet encore balbutiant en matière de promotion, en créant un obscur site web qui présentait le film comme s'il était véridique, avec sobriété et un étalage de pseudo preuves, le *Projet Blair Witch* est un modèle de canular (*hoax*) viral. Dans un premier temps, le site mettait même seulement en lumière les dernières trouvailles sur le mythe de cette étrange sorcière, sans préciser que tout cela était lié à un projet vidéo. Des chaînes de télé en phase avec le public cible du long-métrage, comme MTV ou Syfy, sont également sollicitées pour diffuser de faux petits reportages sur le mythe de la sorcière de la forêt de Blair, fabriqués de toutes pièces. Dans la foulée, le film est diffusé dans quarante universités américaines en tant que « documentaire », ce qui génère de nombreuses discussions sur la Toile à son sujet. Une campagne admirablement orchestrée, à tel point que le buzz marketing autour du projet a rapidement occulté le film en tant qu'œuvre.

> « Le dispositif marketing fait partie de la mise en scène du film. C'est l'un des premiers cas de buzz. »
>
> Yannick Lejeune, directeur internet de IONIS Education Group.

Une recette qui fait des émules

L'innovation promotionnelle du film réside dans l'utilisation d'Internet, car à l'époque les films n'ont pas de site web dédié à leur sortie. Celui-ci, créé pour l'occasion, complétera le bouche-à-oreille. Ainsi, chaque personne peut immédiatement trouver des informations en ligne sans se douter qu'il s'agit d'une publicité. À l'origine, le site web a été créé pour les producteurs jusqu'à ce qu'un internaute tombe dessus et qu'un effet boule de neige ait lieu. La méthode du *Projet Blair Witch* fera des émules. Le premier volet de la série *Paranormal Activity*, sorti en 2009, s'en est grandement inspiré : un jeune couple décide d'installer un système de vidéosurveillance, soupçonnant leur maison d'être hantée par un démon qui semble n'agir que pendant leur sommeil. Les prises de vue en caméra subjective sont encore à l'honneur, accompagnées de plans en caméra objective. La campagne marketing qui accompagne sa sortie reprend les mêmes codes que son prédécesseur : créer le mystère en innovant. Outre une utilisation intensive des réseaux sociaux, ce long-métrage a joué sur la thématique puissante du « film le plus effrayant jamais créé », en créant une bande-annonce qui utilise un grand nombre de visuels montrant le public terrifié lors de la projection du film. Pour un budget de production estimé à 13 500 dollars, *Paranormal Activity* a engrangé 200 millions de dollars de recettes.

Retrouvez toutes les ressources iconographiques, bibliographiques, etc., de cette campagne sur
ionisbrandculture.com
Cas n° 19

À retenir

1 *Il y a toujours de l'espoir pour des outsiders, mais il faut une forte dose de courage, de malice et de capacité à casser les codes.*

2 *Plus que de s'attaquer frontalement, mieux vaut privilégier une « étrangeté », une idée et une forme qui créent l'événement et qui n'incarnent pas seulement tout le message. La volonté de se différencier n'est pas un acte de courage, mais de survie.*

3 The Blair Witch Project *souligne les limites de la communication classique payante, surtout accessible aux plus forts, sauf quand quelques rares créations vraiment audacieuses bousculent les habitudes. Ce projet fait la lumière sur d'autres voies dès qu'il y a nouveauté du message et nouveauté de l'expression.*

4 *Le film est avant tout un exemple d'intégration marketing, depuis l'idée jusqu'à la dernière touche.*

Nescafé, « It all starts with a Nescafé »

Symbole de l'amitié retrouvée

Deux amis, deux cafés, un échange. Des décennies après son arrivée sur le marché, Nescafé joue toujours avec cette proximité, à travers une campagne virale originale de* brand content *: « It all starts with a Nescafé. » Dans un monde où les rapports sont de plus en plus virtuels, Nescafé incite à renouer des liens réels avec ses amis Facebook, en prouvant que rien ne vaut une tasse de café pour partager une belle histoire. Grâce à cette signature, la marque réaffirme son positionnement fondé sur les rencontres, le partage et, surtout, l'authenticité.

Le café n'est pas un produit comme les autres. Après le pétrole, il est la deuxième production mondiale et fait vivre 25 millions de personnes à travers le globe. Plus de 2,25 milliards de tasses de café sont consommées sur la planète chaque jour. En France, 85 % des Français en consomment tous les jours. C'est un marché immense qui nécessite une approche stratégique et publicitaire à sa hauteur, d'autant que la concurrence est importante et que les méthodes de consommation du produit ne cessent d'évoluer. Des marques premium — comme Nespresso, qui fait également partie du groupe Nestlé — gagnent leur place en jouant la carte du luxe et de la mise en avant de la qualité du café qualifié de « grand cru ». Des choix qui laissent volontairement de côté les valeurs de partage et de convivialité propres au café, celui que l'on partage au petit déjeuner où lors d'une pause au bureau. C'est pourquoi Nescafé, qui cible des consommateurs cherchant la simplicité et la praticité, choisit d'utiliser ces valeurs afin de créer de l'émotion autour de son produit. Comme d'autres de ses concurrents, Nescafé devait redonner de la vigueur à son positionnement historique, en le remettant au goût du jour. C'était l'objectif de la campagne « It all starts with a Nescafé ».

On se prend un petit café ?

Depuis soixante ans, la force de Nescafé a été de suivre les évolutions de la société. Trois grandes démarches en communication résultent de cette capacité d'adaptation. D'abord, avec l'arrivée du café soluble prêt à l'emploi, il a fallu expliquer comment ce produit pouvait faciliter le quotidien et faire gagner du temps par une communication pédagogique liant innovation et savoir-faire produit. En complément, la marque développe de nouveaux produits instantanés pour correspondre aux envies de chacun : cappuccino, café viennois, amaretto, etc. Le slogan « À chacun son café » voit le jour, en parallèle d'une communication orientée autour de l'importance des origines du café, pour une marque qui se veut légitime par rapport à ses concurrents. Avec la publicité du petit train qui visite les routes du café à travers le monde, Nescafé joue sur l'exotisme et marque les esprits grâce au célèbre air de musique *La Colegiala*, toujours fédérateur aujourd'hui. Puis vient le temps pour Nescafé de positionner son produit, comme un objet de partage et de moments conviviaux en famille. La dimension émotionnelle prend tout son sens à travers le slogan « Un peu de café, beaucoup de chaleur ».
Un positionnement sur lequel la marque s'appuiera jusqu'aux années 2010.
Et en 2103, c'est toujours sur le thème de la convivialité que la marque va baser sa stratégie et lancer une nouvelle campagne de communication virale. Celle-ci veut définitivement repositionner la consommation de café comme un moment de rencontre et de partage dans la vie quotidienne contemporaine, dans un monde où les relations virtuelles se multiplient et occupent une place grandissante. Nescafé joue ainsi avec intelligence et de manière originale sur un mélange des codes d'hier et d'aujourd'hui.

Incarner le réel

Nescafé propose alors une expérience *in real life* (IRL) afin d'échanger en direct avec le consommateur. Avec « It all starts with a Nescafé », qui allie le digital par le biais de réseaux sociaux et la vie quotidienne, Nescafé cible principalement les 28-49 ans. Au cœur de cette campagne se trouve Arnaud, un sympathique trentenaire et ses 1 200 amis Facebook. Dans un premier temps, il invite par un petit teaser le spectateur à se rendre sur la page YouTube de l'opération. Puis, équipé d'une minicaméra GoPro et avec deux mugs Nescafé dans son sac, il part durant deux mois à la rencontre à « l'improviste » de ses « amis virtuels », afin de déguster avec eux une tasse de café. Chacune de ces rencontres est diffusée à partir d'avril 2013 *via* des spots télévisés. Des vidéos de 4 à 6 minutes, accompagnées d'une musique entraînante, sont aussi postées sur la chaîne YouTube de l'opération et sur le site web de la campagne, aujourd'hui fermé. Tout ceci est complété par une présence accrue sur les réseaux sociaux qui permet aux internautes d'échanger sur ces « vraies rencontres qui font les vrais amis ». Un plan de relations presse ayant pour thème le « lien social » est mis en place en amont du lancement de la campagne télévisée. De plus, un kit contenant des tasses, du Nescafé, ainsi qu'une minicaméra dernier cri comme celle qu'utilise Arnaud est envoyé aux blogueurs les plus influents pour les encourager à faire eux aussi l'expérience et ainsi prolonger la campagne.

Retrouvez toutes les ressources iconographiques, bibliographiques, etc., de cette campagne sur
ionisbrandculture.com
Cas n° 75

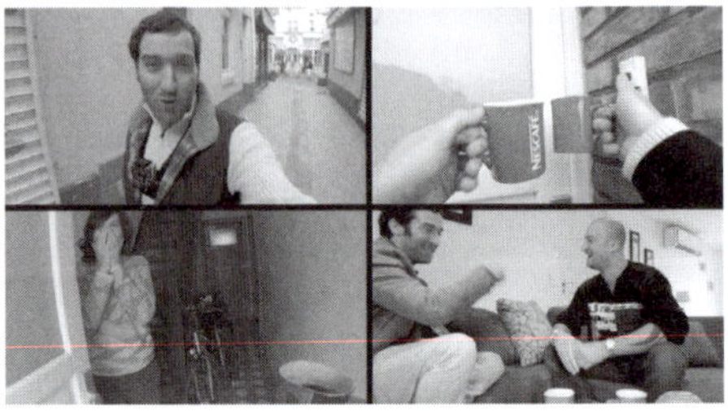

Une stratégie qui paie

La campagne a généré plus de 7,5 millions de vues et 9 818 abonnés sur la chaîne YouTube, et a permis une augmentation de plus de 200 % du nombre de fans Facebook de la marque. Plus de 60 % des vidéos YouTube ont été regardées en intégralité. Bien qu'ayant ciblé les 28-49 ans, « It all starts with a Nescafé » a également touché les 18-35 ans, qui sont généralement très adeptes des réseaux sociaux et friands de vidéos. De nombreux retours très qualitatifs sont également associés à Nescafé, qui est désormais vue par les consommateurs comme une marque qui s'humanise, transmet des émotions positives, modernes et authentiques. Dans une combinaison innovante et efficace, la marque du groupe Nestlé a su utiliser de manière intelligente et subtile la large palette des modes de communication disponibles pour les annonceurs. La campagne a reçu le grand prix Statégies du *brand content* 2013, le Phénix d'or, deux Gold Cristal Festival, un Silver et un Bronze Eurobest, un Silver Epica et le prix du Club des DA « campagne intégrée ». Autant d'éléments qui ont conforté la marque dans sa volonté d'orienter de manière durable sa stratégie publicitaire autour des valeurs de partage et de reconnexion.

À retenir

1 *Avec « It all starts with a Nescafé », Nescafé a réussi à mettre en place une communication originale utilisant à la fois les valeurs historiques de la marque et les codes d'aujourd'hui.*

2 *La campagne est en rupture avec les codes habituels de la communication autour du café qui sont basés sur la sophistication et le raffinement. Elle prend le contre-pied de la tendance du « tout digital ». En alliant réseaux sociaux et expérience IRL* (in real life)*, la campagne offre une communication produit « conversationnelle » et « relationnelle ».*

3 *Aujourd'hui, le* storytelling *est devenu incontournable pour les marques et encore davantage pour les marques dont le produit est simple, comme c'est le cas du café. Nescafé joue la carte du partage, de l'émotion et du plaisir.*

4 *Une communication publicitaire originale, dans laquelle le prospect se reconnaît et parvient à comparer le scénario à ses activités quotidiennes. Cela permet de capter rapidement l'attention de la cible et donne de meilleurs taux de mémorisation pour la marque.*

Le défilé Victoria's Secret

Quand un show transcende la marque

La marque Victoria's Secret s'est plus fait connaître pour ses défilés, véritables shows, que par de nouvelles collections. Chaque année, le Victoria's Secret Fashion Show est un événement mondial, repris en* prime time *sur des centaines de chaînes de télévision. Les top models de Victoria's Secret sont considérés comme les plus belles femmes du monde et contribuent grandement au succès de l'événement. Elles font partie intégrante de l'image de la marque.

En 1977, année de la création à San Francisco de Victoria's Secret par Roy Raymond, les femmes n'ont qu'un choix binaire : soit une lingerie à visée pratique et à bas prix, soit des dessous chers de grandes marques européennes. Les deux fondateurs de la marque de lingerie, d'habillement féminin et de produits de beauté lancent un catalogue de vente par correspondance à destination du public féminin et ont aussi l'idée innovante de créer un magasin où les hommes américains de l'époque, encore imprégnés de puritanisme, se sentiraient à l'aise pour acheter de la lingerie pour leur compagne. En 1982, Roy Raymond vend la société pour 4 millions de dollars à Limited Brands.
Les clientes de lingerie savent apprécier les coupes, l'aisance, la qualité et les matières, mais très peu d'enseignes ont réussi à se démarquer grâce à une innovation durable, révolutionnaire, comme Playtex et ses « cœurs croisés » ou Wonderbra.

Il est donc très rare pour des fabricants de lingerie de parvenir à faire la différence sur le produit en lui-même et c'est pour cette raison qu'ils développent un même type de communication axé sur la séduction. À titre d'exemple, retient-on les produits spécifiques de la marque Aubade ou plutôt les éléments constitutifs de la campagne des « leçons » ?
Victoria's Secret cherche donc à marquer une différenciation capable de plaire aux femmes, de favoriser l'achat par ces dernières ou par leurs maris et surtout de les fidéliser, tout en essayant de valoriser l'offre. Les shows Victoria's Secret vont permettre à la marque d'adopter un discours semblable à ses concurrents, tout en se démarquant grâce à des spectacles extravagants. En quelques années, la marque, sa perception, son aura et sa médiatisation vont être totalement bouleversées.

Quand le produit devient un prétexte

En 1995, la marque organise le Victoria's Secret Fashion Show à New York, son premier défilé de mode avec des mannequins tels que Stephanie Seymour, connue pour sa relation tumultueuse avec Axl Rose, chanteur de Guns N' Roses.

> « Victoria's Secret fait partie de ces marques qui prouvent que l'on peut être différent et à la fois pertinent. »
>
> Elie Ohayon, directeur monde, grands comptes, de Publicis, ancien président de Saatchi & Saatchi + Duke.

Rapidement, le show devient l'un des grands rendez-vous de la mode aux États-Unis jusqu'à être un des événements les plus médiatisés dans le monde, notamment pour la présentation du Fantasy Bra, un soutien-gorge pouvant coûter plusieurs millions de dollars. Le défilé s'impose désormais comme la figure de proue de la marque qui lui permet de se démarquer de ses concurrents aux pratiques plus traditionnelles.
La première règle d'or de cette nouvelle image de Victoria's Secret est que la marque est au-dessus des produits. Dès le début, les défilés ont été élaborés avec une mise en scène spectaculaire tenant plus du show que du défilé, formatés pour que les télévisions « viennent se servir ». Les produits ne sont pas ce que l'on voit le plus, et les top models qui les portent sont affublés d'artifices extravagants, comme des ailes d'ange ou des pièces de carnaval brésilien. La grande idée est que le produit n'est pas la finalité, mais le prétexte. Faire un énorme défilé permet de faire parler de la marque, d'accroître sa notoriété et ainsi d'avoir des retombées sur ses ventes. Une visite dans un des magasins Victoria's Secret montre combien l'enseigne sait valoriser des produits standard et se diversifie dans des produits qui ne sont pas tous à son image — autant d'éléments très éloignés du glamour et de l'outrance du défilé annuel.
Deuxième règle d'or : le show est au-dessus de la marque. Dans le défilé, tout est au service du spectacle, la qualité de retransmission, la capacité à en faire un moment émotionnel et sensuel fort. La marque est omniprésente, mais c'est le show qui domine.

En 1997 une publicité réunissant les mannequins Helena Christensen, Karen Mulder, Daniela Peštová, Stephanie Seymour et Tyra Banks, chacune endossant des ailes d'ange, devient très populaire. La développe alors le concept en nommant ses mannequins exclusifs les Anges. Depuis, les membres changent régulièrement et les « Anges Victoria's Secret » ont une étoile sur la fameuse « Promenade des célébrités », le Walk of Fame d'Hollywood. Après des premières éditions construites autour des top models, le show s'étoffe avec l'apparition de stars du show-business (ce qu'Etam reprendra d'ailleurs en France) qui servent de booster médiatique, et sa mise en scène est formatée pour permettre les coupures publicitaires des chaînes de télévision qui relaient l'événement. Le défilé est diffusé chaque année en différé sur CBS aux États-Unis. Nous sommes dans une logique devenue banale, mais magistralement orchestrée par cette marque qui exploite à son maximum le coefficient multiplicateur généré par les médias, le buzz, les réseaux sociaux, etc.

Retrouvez toutes les ressources iconographiques, bibliographiques, etc., de cette campagne sur
ionisbrandculture.com
Cas n° 45

Une marque qui rayonne... et qui vend

Dans un secteur aussi concurrentiel et qui compte des centaines de marques, Victoria's Secret est devenue l'un des leaders en moins de trois décennies et affiche un chiffre d'affaires de presque 6 milliards de dollars. Le show nécessite un budget de près de 20 millions de dollars par an, alors qu'un défilé de mode coûte habituellement entre 200 000 et 1 million de dollars). Il est diffusé dans 185 nations et permet à la marque d'être reconnue même dans des pays où elle n'est pas implantée et ses ventes à distance et sur Internet atteignent près de 340 millions de dollars.
En 2015, l'audition de l'une des mannequins les plus célèbres de sa génération, Gigi Hadid, publiée sur Twitter par Victoria's Secret, a été retwittée plus de 12 000 fois et reprise par tous les médias féminins. La marque a plus de 27 millions de fans Facebook et maîtrise bien les réseaux sociaux pour fidéliser sa clientèle, en leur proposant des contenus exclusifs, des vidéos des coulisses du show, etc. En 2011, Victoria's Secret était même la marque la plus « aimée » sur Facebook.

À retenir

1 *Victoria's Secret doit son succès à un courage stratégique et financier rare : mettre tous ses œufs dans le même panier et investir une large partie du budget disponible dans un événement qui amplifie sa présence et son aura.*

2 *Le show lui-même brille par sa forte originalité, un show clinquant à l'américaine dont il se dégage une ambiance festive. Pour enrichir ce spectacle, les célébrités du moment sont invitées à performer ; elles participent au défilé jusqu'au clou final, l'apparition du fameux « Fantasy Bra ». Tout fonctionne pour renouveler le show, pour enrichir le récit, l'expérience du spectateur, l'émotion et l'attirance que va éprouver la cliente potentielle et son conjoint.*

3 *Avoir pour égéries les « Victoria's Secret Angels » permet à la marque de plaire autant aux femmes qu'aux hommes. Par cette relation très particulière d'interdépendance, le show aidant la marque et la marque valorisant des modèles, c'est l'ensemble des composantes qui bénéficient de l'aura et des relais médias.*

4 *Enfin, point central de cette stratégie : à tous niveaux, le défilé n'est pas un simple événement, mais la colonne vertébrale de la stratégie d'action et de valorisation de la marque et de ses produits. Il n'est pas l'aboutissement d'une stratégie ni le « clou » de la marque, mais la première action qui va enclencher de multiples formes de relais, d'utilisations, d'extensions.*

Volkswagen, « Think small »

Prendre position pour se démarquer

Selon Advertising Age, la campagne « Think small » de l'agence Doyle Dane Bernbach (DDB), lancée en 1959 pour Volkswagen, est la plus grande du XXe siècle. Cette campagne répond à l'obsession du créateur de l'agence DDB, de faire en sorte que le produit soit toujours l'acteur principal de la communication, le centre d'attraction, le héros du film. C'est l'une des premières fois où une marque affirme clairement son positionnement et le revendique. Plus d'un demi-siècle après, la marque continue à communiquer avec la même approche.

En 1959, Bill Bernbach et son équipe créative réalisent la campagne « Think small » pour Volkswagen, la marque automobile allemande, afin de faire connaître l'un de ses modèles, la Volkswagen type 1, qui deviendra le plus célèbre. En raison de ses formes très rondes, elle est surnommée « Käfer » en Allemagne, « Beetle » au Royaume-Uni, « Escarabajo » en Espagne, « Maggiolino » en Italie, et « Coccinelle » en France.

Jouer la carte de la modestie et de la simplicité

Produite à partir de 1938, plus de 21,5 millions d'exemplaires seront vendus jusqu'en 2003, lorsque sa commercialisation prendra fin. Le but premier de la campagne est d'imposer le véhicule sur le marché américain. Mais les difficultés sont énormes. D'abord parce qu'il a été conçu sous le régime d'Hitler qui, au Salon international de l'automobile de Genève de 1934, avait annoncé son intention de produire « la voiture du peuple ». L'automobile est l'un des secteurs industriels privilégiés par Hitler, car elle est considérée comme le signe extérieur de puissance de la nation allemande.

L'ingénieur autrichien Ferdinand Porsche, ancien directeur technique de la société Daimler, et qui désire créer sa propre marque, contacte Adolf Hitler et lui explique sa vision d'une voiture populaire. C'est ainsi que verra le jour la Volkswagen type 1, initialement dénommée « Kraft durch Freude » (la force par la joie), du nom d'une organisation du Front allemand du travail. C'est la première automobile construite par Volkswagen, dont le nom signifie « voiture du peuple ».
Outil de propagande pour le régime national-socialiste, la voiture est fabriquée dans une usine construite par les nazis à Wolfsburg.
Au sortir de la Seconde Guerre mondiale, percer sur le marché américain semblait relever de l'utopie pour VW. Une autre difficulté venait de la taille de la Wolkswagen type 1, modeste, voire très petite — l'antithèse des véhicules américains, grands et puissants — ainsi que des codes de la communication du marché automobile américain qui reposent sur des stéréotypes très marqués et sur la mise en avant du « rêve américain ». Ce qui confère à cette campagne son caractère novateur, c'est donc que, pour la première fois aux États-Unis, on s'éloigne volontairement des stéréotypes pour proposer une autre philosophie de la vie et une autre vision de la voiture.
À l'époque, il s'agissait d'une véritable révolution dans l'expression publicitaire. Elle rejoint en ce sens les idées directrices de Bill Bernbach : changer à tout prix la manière dont on voit la publicité pour permettre à la marque de rencontrer le consommateur. Cette campagne va le faire magistralement. Bernbach a l'obsession du détail, une approche minimaliste, et la voiture devient l'acteur principal de la communication. On invite le consommateur à apprendre quelque chose à propos de la marque et du produit. Volkswagen expose les défauts de ses produits pour en faire des atouts : il s'agit de dire la vérité et de susciter la curiosité, de mettre en avant la fiabilité de la voiture. La création doit donc représenter la précision, la simplicité, l'originalité.
La campagne met en scène une Coccinelle à toute petite échelle, en noir et blanc, occupant une infime partie de l'affiche. En dessous, un court texte vantant les avantages d'une petite voiture en comparaison d'un modèle beaucoup plus large, avec pour simple titre (dans une police plus grande, lisible de loin) « Think small ». La publicité « Think small » est un choc visuel, car la Coccinelle perdue dans une page blanche surprend le public non habitué à ce décalage.
Volkswagen est le premier annonceur automobile à utiliser l'ironie, le côté humain et la pertinence, présentés avec simplicité, comme des éléments distinctifs dans une campagne, pour donner une image sympathique à la marque, la déconnecter de son origine sulfureuse et proposer une autre vision de l'automobile, un changement d'état d'esprit, qui rompt avec les habitudes du marché et brise les conventions.

> « C'est l'une des premières fois où une marque prend position, assume sa vision et se définit avec une culture. »
>
> Philippe Lentschener, fondateur de Beauworld Advisory, ancien PDG de Saatchi & Saatchi Paris et de McCann Worldgroup France.

Naissance d'une campagne légendaire

Pour Oliver Payne[1], « c'est l'approche classique de David et Goliath : Goliath attendait un combat physique, David savait qu'il ne pouvait pas le concurrencer directement, donc il a changé le combat pour une compétition de fronde, sans le dire à Goliath. VW a fait de même : sachant qu'ils ne pouvaient pas rivaliser directement avec les énormes voitures de Detroit, ils ont changé de combat pour l'économie et la frugalité. Un jeu qu'ils pouvaient inévitablement gagner. »

Cette campagne a eu un tel succès, qu'elle a créé une légende attachée à cette marque, pas réellement attendue ou espérée, pas vraiment à l'image du marché à conquérir. L'annonce presse et le travail de l'agence DDB ont changé la manière d'appréhender la communication automobile. Non seulement cette proposition convenait à certains utilisateurs peu satisfaits par les véhicules américains, mais elle est devenue un symbole, une autre approche à l'automobile, dans un pays où il semblait impossible de vivre sans.

Aux États-Unis, le succès vient aussi des femmes, qui achètent la Coccinelle pour elles-mêmes, les foyers américains possédant généralement plusieurs véhicules.

Retrouvez toutes les ressources iconographiques, bibliographiques, etc., de cette campagne sur
ionisbrandculture.com
Cas n° 6

En répondant à ces nouvelles demandes et en ouvrant de nouveaux marchés, la Volkswagen type 1 devient la première voiture étrangère à s'imposer outre-Atlantique. En 1972, avec plus de 16 millions d'exemplaires écoulés, elle dépassera le record de vente pour un modèle, anciennement détenu par la Ford T. Elle connaîtra un grand succès dans tout le continent américain, notamment au Brésil qui continuera de la produire jusqu'en 2003. Mais à partir de la deuxième partie des années 1970, le design de la voiture apparaîtra comme dépassé et le succès de la Coccinelle s'éteindra progressivement.

Selon le magazine *Advertising Age*, « Think small » est la meilleure campagne de tous les temps. Ce sera l'une des plus primées et des plus citées dans les festivals et les concours.

Elle figure dans tous les classements, quels qu'ils soient. Elle est encore aujourd'hui un modèle parmi les plus étudiés. Depuis les années 1960, DDB est la principale agence de communication de Volkswagen.

Elle multiplie les campagnes remarquées et décalées, responsables pour une large part des positions mondiales ainsi acquises par la marque allemande en un demi-siècle. Ce qui distingue toujours la marque, c'est le produit « héros du récit », un ton qui donne une utile distanciation, une capacité à bien comprendre les mentalités des clients et, plus globalement, « l'air du temps ». C'est également un recours très fréquent à l'humour parce qu'il décontracte, rapproche, crée de la connivence, écarte les difficultés éventuelles et différencie.

1. Voir l'article d'Oliver Payne, « Advertising ostentatious economy – Ad Age's best ad of all time », disponible sur thehuntingdynasty.com.

Par exemple, en 1969, lors du lancement du vaisseau de la mission Apollon 11, l'agence rebondit sur cette actualité et sort une annonce presse avec la phrase d'accroche « It's ugly, but it gets you there » (c'est laid, mais cela vous y emmène), en réponse aux critiques sur l'aspect étrange de la Coccinelle. Une fulgurance qui permet d'augmenter le capital sympathie de la marque VW, tout en s'appropriant avec malice la technicité et la fiabilité de la NASA. En 1998, Volkswagen ressuscite la Coccinelle, avec un modèle qui s'inspire de la mythique voiture. La campagne de communication rend hommage à celle de Bernbach, en valorisant l'image au maximum, en imprimant sans cadre, sans limites, et en insérant le texte sur plusieurs colonnes en petits caractères. Une réussite plus mitigée que les campagnes initiales, car, généralement, l'histoire a du mal à se répéter en publicité.

À retenir

1 *Cette campagne a joué un rôle primordial dans la réputation de Bill Bernbach et de son agence DDB, mais également dans l'image de marque de VW. Elle symbolise la fameuse révolution créative qui va bouleverser les années 1960 et sera très bien reconstituée dans la série télévisée* Mad Men.

2 *Ce cas illustre à la perfection les « 10 principes » de Bill Bernbach, qui témoignent de la révolution créative des années 1960 et qui, à bien des égards, quel que soit le type de communication, sont encore d'une actualité flagrante :*

- *aller à l'essentiel du produit ;*
- *faire du produit l'acteur principal de l'annonce ;*
- *l'art et la copie doivent être pleinement intégrés, conçus comme une unité ;*
- *la publicité doit avoir une véritable personnalité ;*
- *éviter les trucs* (gimmicks) *dans la publicité, sauf s'ils racontent l'histoire du produit ;*
- *dire la vérité pour tourner les défauts en atouts et gagner la confiance des consommateurs ;*
- *être pertinent ;*
- *être simple ;*
- *éviter les idées sécurisantes et faire du neuf ;*
- *innover et en se démarquant, pour ne pas passer inaperçu.*

118-218

L'art du matraquage habile

Le succès du 118-218, dans un contexte de concurrence folle, tient à beaucoup plus qu'aux seuls mécanismes de la répétition. L'impact des personnages, le recours à la culture populaire par des imitations de Véronique et Davina et le célèbre « Toutouyoutou[1] » sont des trouvailles remarquables, qui donnent encore des lettres de noblesse aux campagnes de notoriété. Avouez qu'à la lecture de ces quelques lignes d'introduction, vous avez déjà en tête tous les symboles rabâchés par ce numéro de renseignements téléphoniques. Efficace, n'est-ce pas ?

Les renseignements téléphoniques sont des services permettant de connaître un numéro de téléphone à partir d'un nom ou d'une adresse par l'intermédiaire d'un opérateur. En 1997, l'European Committee for Telecommunications Regulatory Affairs recommande aux États membres de l'Union européenne l'ouverture à la concurrence des services de renseignements téléphoniques à partir d'un même préfixe téléphonique : le 118. Et ainsi, en 2005, après des décennies de monopole du 12 (lancé en 1938), la privatisation des renseignements téléphoniques crée les conditions d'une bataille

1. Véronique de Villèle et Davina Delor furent animatrices et productrices de *Gym Tonic*, une émission d'aérobic diffusée le dimanche matin à la télévsion française sur Antenne 2, entre 1982 et 1986. Les deux albums 33 tours qui en seront tirés eurent un énorme succès.

exceptionnelle : près d'une trentaine d'entreprises, alléchées par les quelque 400 millions d'appels enregistrés chaque année qui représentent un marché de 300 millions d'euros, vont tenter de s'imposer à l'esprit des Français, avec l'aide de budgets impressionnants allant de 10 à 50 millions d'euros. En juillet 2005, l'Autorité de régulation des communications électroniques et des postes (ARCEP) publie la liste des 56 numéros attribués par tirage au sort à 27 candidats. La société Le Numéro hérite ainsi du 118-218, facilement mémorisable, et enclenche une stratégie ultra-agressive. L'objectif premier est d'assurer une puissante notoriété, qui permet d'être le premier numéro qui vient à l'esprit des gens lorsqu'ils pensent aux renseignements téléphoniques. La marque souhaite faire plus qu'installer un réflexe pavlovien : elle s'efforce de marquer dans les mémoires le remplacement du 12 par le 118-218, tout en s'attirant la sympathie du grand public, malgré le remplacement d'un service gratuit par un autre qui est payant. Et cela peut se faire grâce à une campagne qui installe une vraie personnalité de marque, en faisant accepter l'idée que le « vieillissant 12 » est devenu le « fun 118-218 ». Pour y parvenir, il faut agir vite, être la marque qui arrive en tête et qui bénéficie rapidement de la meilleure notoriété.

> « 118-218 met en scène le fait que l'on passe d'une époque à une autre, en parlant d'une manière totalement différente de ce que sont les renseignements téléphoniques. »
>
> Luc Basier, fondateur de l'agence DoTheRightThing.

Combiner le maximum d'éléments mnémotechniques

La société Le Numéro veut favoriser immédiatement le potentiel de mémorisation du 118-218. Pour cela, l'agence V imagine deux personnages comiques et invraisemblables — faisant largement référence au duo Véronique et Davina —, associés à l'air diablement efficace « Toutouyoutou » de l'émission Gym Tonic, qui reste en tête des heures durant à la suite d'une seule et brève écoute. La marque cherche aussi à se parer de tous les attributs de nouveau numéro « officiel ». Et au départ, elle joue sur la substitution du 12 avec des astuces visuelles remplaçant un chiffre par un autre, en misant en permanence de manière implicite sur les couleurs bleu-blanc-rouge du drapeau français qui sont associées au service public, et s'autoproclame leader avec la signature « Le Numéro ». Cette communication habile, qui a démarré avant les autres, est incarnée par ces deux jumeaux interchangeables et reconnaissables entre tous grâce à leur look, leurs perruques et leurs moustaches. C'est d'ailleurs un point essentiel : la multiplication des artifices et des signes distinctifs permet que les deux personnages ne dépendent pas des acteurs qui les interprètent dans les spots télé. Il suffit de faire porter à quelqu'un la panoplie, la moustache et la perruque des deux lurons, pour qu'il incarne le personnage lors d'événements et capsules publicitaires parallèles.
Les costumes sont assez faciles à réaliser et il n'est pas rare que des gens se les approprient lors de soirées déguisées.
Une tendance qui en dit long sur la pénétration de ce spot de publicité dans la culture globale française : à force de les voir et de les revoir, le duo loufoque

des moustachus adeptes de fitness est devenu une référence, connue de tous. Lors de son lancement, la marque appuie sa communication sur des campagnes d'affichage et une vidéo intitulée « Adieu le 12 » qui marque la fin des renseignements téléphoniques tels qu'on les connaissait jusqu'alors. Elle martèle que le 118-218 introduit une nouvelle catégorie de service, une nouvelle ère et se place comme le numéro de référence.

Une arrivée fracassante, des chiffres renversants

Huit mois après son lancement, le 118-218 devient leader du secteur avec une part de marché de 45 %. Il écrase la concurrence en *top of mind*, c'est-à-dire le nombre de fois où une marque est citée en première place, avec 47 % contre 19 % pour France Télécom et 9 % pour Pages jaunes.
Le numéro atteint 75 % de notoriété spontanée — pourcentage de personnes qui citent spontanément la marque quand on leur demande de citer des numéros de renseignements téléphoniques — contre 43 % pour France Télécom qui possédait pourtant un numéro faisant référence au 12, le 118-712.
Selon les agences V et KR Media, c'est le gain de notoriété le plus économique du marché : 37,4 millions d'euros investis fin avril 2006 pour 47 % de notoriété, soit un coût par point gagné de 0,79 million d'euros, en partant d'une notoriété nulle.
La campagne a un taux de reconnaissance de 93 %, de souvenir publicitaire de 74 % et d'attribution à la marque de 84 %.
Outre l'aspect publicitaire, la campagne 118-218 est devenue un vrai phénomène : 310 000 téléchargements de sonneries, images et jeux sur mobiles ont été enregistrés ;
470 000 téléchargements de vidéos de la publicité ont été effectués et, encore plus impressionnant peut-être, 100 000 exemplaires du single *Toutouyoutou* ont été vendus par Universal.

Retrouvez toutes les ressources iconographiques, bibliographiques, etc., de cette campagne sur
ionisbrandculture.com
Cas n° 5

En 2013, l'agence V dévoile une nouvelle campagne pour 118-218 : trois spots télé qui mettent en scène la mise en relation d'un service et d'un client, avec beaucoup moins « d'agressivité » qu'auparavant, mais de vraies références à la jeune histoire de la marque. Les codes établis en 2006 sont si forts que rien ne justifie d'en modifier les ingrédients. La confrontation a été gagnée, les investissements deviennent moins élevés, le marché moins agressif. La bataille n'est plus tellement celle de la notoriété pure que celle du réflexe d'utilisation fréquente.

À retenir

1 *La campagne a positionné 118-218 en tant que leader. La référence évidente au duo Véronique et Davina a permis de cibler les 40-50 ans, mais l'utilisation de l'humour a aidé la marque à toucher une population beaucoup plus large, en particulier les jeunes.*

2 *Ce cas illustre l'importance de l'utilisation de moyens mnémotechniques (identité sonore, répétition, identité visuelle, personnification de la marque, couleurs) pour mener une campagne de notoriété : c'est un matraquage publicitaire intelligent.*

3 *Être présent à l'esprit des consommateurs et devenir le numéro 1 passe par l'obtention d'une image sympathique. L'utilisation du duo loufoque donne de la fraîcheur, du dynamisme, du tonus. Tout est à prendre au second degré. On gagne ainsi sur les plusieurs tableaux, celui de la proximité, de la réassurance avec la notoriété et celui de la sympathie avec l'image.*

4 *La bataille de la notoriété, comme celle de la présence à l'esprit, fonctionne selon des mécanismes connus, mais qui demandent de bien comprendre les consommateurs et clients potentiels, d'étudier leurs mentalités et leurs cultures. La bataille de la notoriété ne peut jamais se contenter du matraquage ou d'une dépense média élevée, car retenir un nom est une chose, l'associer à un sentiment positif en est une autre.*

Abercrombie & Fitch

Cliver pour se démarquer

En l'espace de quelques mois, après des décennies de succès et de dithyrambes médiatiques qui ont hissé Abercrombie & Fitch vers les sommets, la marque a sérieusement piqué du nez. Comprendre les raisons du succès historique d'A&F, plus subtiles que les seules références à la communication clivante ou provocatrice, n'a rien à voir avec l'acceptation d'une idéologie de marque fort contestable.

Pour comprendre la prouesse marketing réalisée par Abercrombie & Fitch avant sa chute vertigineuse, un retour historique s'impose. Le groupe Abercrombie & Fitch porte le nom d'une compagnie fondée en 1892 par David T. Abercrombie et Ezra H. Fitch, dont le premier magasin dans Manhattan, à New York, est spécialisé dans la vente d'articles de plein air : randonnée, fusils de chasse, cannes à pêche, tentes, etc. Quatre-vingt-cinq ans plus tard, en 1977, l'entreprise est en faillite et le magasin ferme ses portes. Le nom est d'abord repris en 1979, par Oshman's Sporting Goods qui relance la vente par correspondance de vêtements de chasse et d'articles de fantaisie, puis revend l'activité en 1988 à The Limited, une chaîne de vente de vêtements, elle-même reprise en 1992 par Mike Jeffries. Celui-ci transforme radicalement la marque, en lançant une ligne de vêtements sportswear inspirée de l'Ivy League — le groupe de huit universités privées du nord-est des États-Unis qui comptent parmi les plus prestigieuses du pays et dont sept ont été fondées par les Britanniques avant l'indépendance — et adopte une communication aguichante et politiquement incorrecte. C'est le début d'une nouvelle ère, celle d'une enseigne de prêt-à-porter de vêtements qui se veulent à la fois sophistiqués et décontractés pour des consommateurs « jeunes, riches et beaux ».

En septembre 1996, Abercrombie & Fitch (A&F) entre en Bourse au New York Stock Exchange et connaît une période faste qui voit son chiffre d'affaires multiplié par 22. La marque est classée régulièrement dans les dix marques préférées des jeunes Américains. Pour de nombreux touristes de passage aux États-Unis, l'achat d'un produit A&F est alors un must. Les magasins présentent la particularité d'être baigné dans une semi-obscurité, les articles proposés à la vente sont éclairés grâce à des plafonniers et des spots, et les vendeurs sont des mannequins torse nu. La réputation d'A&F devient exceptionnelle et touche autant la marque et les magasins que ses produits.

Une réussite qui repose sur des promesses très subtiles

Pour transformer une chaîne centenaire jusqu'alors spécialisée dans les tenues de randonnée, de pêche et de chasse en succès international, A&F s'est appuyé sur l'image et les valeurs d'un mode de vie internationalisé, proche des marques du secteur du luxe. Pour cela, l'identité de la marque devait être omniprésente, qu'elle chose qui la signale, l'assume et la distingue. D'où l'importance de son logo — un petit élan — et du dépôt de la marque Casual Luxury qui fonctionnent comme des icônes distinctives et des signes d'appartenance. La culture produit d'A&F est construite sur l'idée de qualité, justifiée par un prix élevé des produits, et de continuité, plus que sur le cycle infernal des nouveautés qui s'imposent à des périodes de plus en plus courtes. Ainsi, alors que les grands concurrents comme H&M, Zara et Uniqlo renouvellent leurs gammes en permanence, Abercrombie s'en tient à des coupes très classiques, n'ayant que peu évolué depuis les années 1990. A&F a adopté une politique de prix premiums et un refus constant des actions classiques de promotions ou de soldes. C'est l'une des rares marques à ne pas rentrer dans la spirale des baisses de prix lors des traditionnels « vendredis fous » (*black friday*) et « jours des boîtes » (*boxing day*) propres à la distribution anglo-saxonne.
Ensuite, la marque a opéré un développement progressif aux États-Unis et a toujours eu une approche prudente de l'expansion à l'international, qui a commencé en 2006 avec comme objectif d'ouvrir des boutiques sur les artères prestigieuses des grandes villes du monde. Une démarche presque à l'opposé de ses principaux concurrents. Cela a permis d'accentuer le côté « exclusif » attaché à son image.

Accepter d'avoir des adorateurs, mais aussi des critiques

Quel que soit le moyen ou le média, la communication d'Abercrombie & Fitch est au service du renforcement de sa valeur, de son idéologie et de cette différence qui permet de disposer d'un important vivier d'adeptes totalement acquis. La contrepartie de cette approche est de compter un nombre d'opposants beaucoup plus important que pour les autres marques du secteur.

> « Les grandes marques qui réussissent ne sont pas nécessairement des marques qui plaisent à tout le monde. Mais elles sont adorées par certains. »
>
> Marc Drillech,
> directeur général de IONIS Education Group.

Alors que les principaux concurrents misent sur l'innovation en matière de produits et d'offre, A&F déploie au fil des ans et dans tous ses points de vente une communication très structurée : valoriser une vision du monde, un ensemble de représentations qui favorisent une dynamique de clan (« vous êtes des nôtres »), même si en résulte l'exclusion d'une autre partie de la population. Les points de vente de la marque sont très segmentants. Un magasin A&F, c'est une expérience client, un contrat particulier entre la marque et ses adeptes : la luminosité est très faible, le sens de circulation est complexe, la musique est très forte, les vendeurs sont torse nus, les vêtements sont parfumés. Même si l'enseigne investit peu dans la publicité, les outils de communication (PLV, catalogues très prisés, animations événementielles) sont d'une grande cohérence et au service du *storytelling* de la marque. Tout contribue à mettre en valeur l'archétype White Anglo-Saxon Protestant (WASP), une forte sexualisation des adolescents, un univers esthétisant, mais socialement discriminant, parfois nostalgique en termes de représentation (surf, années 1950, proximité avec la nature), car la marque veut aussi se positionner comme une institution née voilà bien longtemps, représentant un état d'esprit particulier. Le marketing est basé sur des photographies prises par Bruce Weber (célèbre pour ses campagnes pour Calvin Klein, Moncler et Ralph Lauren) qui mettent en scène des hommes et des femmes à moitié dénudés. La marque ne fait appel qu'aux employés de ses magasins pour servir de mannequins dans ses campagnes.
A&F, de manière claire et directe — parfois trop, ce qui créera de rudes atteintes à son image —, n'est pas une marque pour tout le monde. Elle ne veut pas l'être. En 2006, dans une interview au magazine *Salon*, le septuagénaire Mike Jeffries résumait ainsi l'esprit de la marque : « Nous nous adressons aux enfants cool, qui ont une attitude super et qui ont plein d'amis. [...] Plein de gens ne rentrent pas dans ce cadre et ne pourront pas y rentrer. Sommes-nous exclusifs ? Complètement. » Ses produits en sont la preuve : des strings en taille dix ans, des hauts de bikinis rembourrés en taille sept ans, pas de tailles XL et XXL. Sa communication et ses vendeurs (des mannequins) en sont l'illustration. Avec des vêtements pour des femmes et des hommes sportifs, jeunes, beaux et aisés, c'est l'imaginaire WASP des fraternités de la côte est américaine qui est exploité, assorti d'une dose de porno chic et d'apologie du cool.

Des dérapages lourds de conséquences

Sous la direction de Mike Jeffries, A&F s'est installé en moins de deux décennies comme l'une des entreprises leaders dans le domaine du casual haut de gamme outre-Atlantique.
Aujourd'hui, son aura n'est plus la même qu'au cours de la décennie précédente. Le filon des années 2000 de l'élitisme clanique ne fait plus recette auprès d'une nouvelle génération d'ados qui ne se reconnaissent pas dans ce discours clivant. L'image d'A&F stagne, puis se dégrade. La marque accumule les mauvaises presses et semble bien moins *in* qu'auparavant. Ensuite, les dérapages de Mike Jeffries prennent encore plus d'ampleur avec la puissance des réseaux sociaux. Difficile de clamer ne plus souhaiter « voir des gros dans [ses] magasins, mais juste des gens beaux et

minces » sans qu'une telle phrase devienne virale et ait un impact négatif sur la marque. Le passage plus fréquent de l'implicite à l'explicite a fait très mal à une marque qui misait tout sur son idéologie. A&F a volontairement choisi d'être la marque des « jeunes, des beaux et des sains », rejetant les piercings et les obèses : tout ce qui ne correspondait pas à un idéal de beauté calibré et cher au président de la marque.
Et si les actionnaires avaient pardonné à ce scabreux PDG l'amende de 50 millions de dollars (37,8 millions d'euros) que A&F a dû payer dans le cadre d'une procédure judiciaire pour discrimination, ils n'ont pas passé l'éponge sur les pertes de profit considérables que l'entreprise a enregistrées à partir des années 2010. Mike Jeffries a été débarqué fin 2014, après vingt-deux années à la tête de la société et après avoir réveillé cette marque moribonde pour en faire un emblème pour une génération de jeunes urbains. Une histoire faite de haut et de bas, mais Abercrombie & Fitch demeure un remarquable exemple de ce qu'une cohérence forte et juste peut apporter au fil des ans, même si la question du renouveau se pose toujours.

À retenir

1 Le cas A&F est suffisamment complexe pour que le risque soit grand de multiplier les conclusions et les enseignements. S'il faut retenir une leçon, c'est le danger de confusion entre « l'implicite et l'explicite ». La volonté de faire d'A&F un étendard de reconnaissance pour celles et ceux qui s'identifient dans la vision « beau, jeune et sportif » n'a pas besoin d'être affirmée en tant que tel.

2 Parfois, les intentions de départ ne se traduisent pas dans les résultats ; Twingo avait par exemple été lancé pour en faire une « voiture pour les jeunes », mais la moyenne d'âge des acheteurs avoisinait les 45 ans. Abercrombie & Fitch a touché bien plus que sa cible de départ.

3 Le marketing a été très bien fait dans les points de vente et en matière de produits pour créer autant d'affinités fortes que d'indifférence, de rejet ou de sentiment de non-appartenance à ce monde. La neutralité paye moins que la spécificité.

4 Cette position, à l'équilibre précaire, fonctionnait d'autant mieux que le consommateur/client décidait. Dès lors que c'est l'émanation d'une vision déclarée, on rentre obligatoirement dans des zones à risques parce que l'explicite se retrouve à « nu », critiqué sur les réseaux sociaux, parfois déformés, souvent amplifiés.

Retrouvez toutes les ressources iconographiques, bibliographiques, etc., de cette campagne sur **ionisbrandculture.com**
Cas n° 65

Amnesty International

Choquer pour sensibiliser

Depuis plus de cinquante ans, Amnesty International dénonce publiquement des situations inhumaines et cherche à résoudre cette problématique par des campagnes chocs sur des sujets graves. Son action est reconnue par tous et possède un indice de confiance très important de la part du grand public. Cependant, cette notoriété n'a été rendue possible que par des campagnes de communication audacieuses et marquant les esprits.

Amnesty International (AI) est une association anglaise qui a vu le jour en 1961. Son action : défendre les droits de l'homme de façon globale, en s'appuyant sur la Déclaration universelle des droits de l'homme de 1948. Elle milite notamment pour la libération des prisonniers d'opinion, pour l'abolition de la peine de mort, de la torture et pour l'arrêt des crimes politiques. Elle a fait du respect de l'ensemble des droits civils, politiques, économiques, sociaux et culturels de chacun son cheval de bataille. Aujourd'hui, l'organisation possède des sections dans plus de 80 pays et est reconnue auprès de l'ONU comme organisme à voix consultative. Elle jouit du statut d'observateur auprès de l'Union africaine. Elle possède 3 millions de donateurs dans plus de 150 pays et ses campagnes chocs y sont sans doute pour beaucoup. Afin de faire connaître ses actions, de sensibiliser le public aux causes qu'elle défend, mais aussi de financer ses activités, Amnesty International — tout comme d'autres ONG — doit s'assurer une large couverture médiatique. Mais avec les années, la multiplicité des organismes et les tenants géopolitiques parfois difficilement lisibles des causes locales rendent complexe la circulation du message d'une ONG. Il faut donc redoubler d'efforts pour se faire entendre sur la scène internationale. L'apparition des smartphones et des nouvelles technologies a obligé les associations à adapter leur communication. L'incroyable réactivité du grand public sur l'actualité impose aux organisations internationales de réagir de manière pertinente presque en temps réel. Alors que, quelques années auparavant, un simple spot de 30 secondes avant ou après le journal télévisé de 20 heures suffisait pour faire passer un message, il est dorénavant nécessaire d'être bien plus inventif, audacieux et réactif pour se faire entendre. Un tournant qu'Amnesty International a su opérer.

Marquer les esprits

AI a choisi d'appliquer une stratégie médiatique pays par pays. Chacun de ses 80 bureaux, en lien avec les médias locaux, relaie les informations transmises par le siège de l'organisation à Londres. Une politique globale est définie puis relayée au travers de moyens de communication modernes, novateurs et chocs.

Pour pallier les difficultés de communication des associations sur la scène internationale, l'organisation va lier le *shockvertising* — une stratégie de communication qui cherche à choquer pour attirer l'attention et favoriser la mémorisation du message — et les nouveaux moyens de communication.

En 2009, par exemple, AI met en place à Hambourg une campagne sur les violences conjugales qui marque les esprits. Un panneau d'affichage d'abribus, classique, diffuse un visuel d'un homme battant sa femme. Dès lors qu'un regard se pose sur le visuel animé, la scène de violence s'arrête, et un nouveau visuel du couple qui respire l'amour et la sérénité apparaît avec comme légende (*baseline*) : « Cela se passe quand personne ne regarde. »

D'un point de vue technique, le panneau est équipé d'une caméra avec oculométrie[1] qui permet d'alterner l'affichage des deux versions du couple, celle offerte aux yeux du monde et celle plus sombre, à l'abri des regards.

En 2009, cette campagne fait beaucoup parler d'elle et remporte même un Lion d'Argent lors du Festival international de la publicité à Cannes. Difficile à regarder, mais encore plus difficile à ignorer, cette série dénonce les violences conjugales en exposant sans fard une douloureuse réalité.

La stratégie d'AI, en dehors de l'impact des campagnes chocs pour le grand public, repose sur une inventivité exceptionnelle qui créé l'événement, favorisant la viralité et poussant des organes de presse du monde entier à mettre en lumière le combat mené par l'association. Il s'agit d'investir peu en achat d'espace, mais avec suffisamment d'impact, de justesse et de nouveauté pour que la communication de l'organisation soit relayée par tous.

Pour démultiplier l'effet et pour toucher le public au cœur de son quotidien, Amnesty International a très souvent recours au marketing de rue (*street marketing*). Cette technique de marketing utilise la rue, le paysage urbain ainsi que les lieux publics afin de promouvoir une marque ou un produit. Cette action regroupe un large ensemble de techniques, de pratiques variées et innovantes, qui permettent non seulement de ne pas passer directement par les médias pour toucher les gens, mais aussi, de créer une opération à fort

1. L'oculométrie (*eye-tracking* ou *gaze-tracking*) regroupe un ensemble de techniques permettant d'enregistrer les mouvements oculaires.

potentiel viral qui sera relayée par les vecteurs d'information. Comme l'explique l'écrivain Jay Conrad Levinson, qui a introduit pour la première fois l'expression de guérilla marketing[2], « le marketing viral permet aux entreprises de promouvoir leurs produits et services avec de très petits budgets tout en maintenant le même niveau de sensibilisation que celui atteint avec les publicités télévisées ». Un autre exemple marquant du *street marketing* est la campagne « Making the Invisible Visible » (rendre visible l'invisible), réalisée par le collectif d'art urbain allemand Mentalgassi pour Amnesty International en 2011. En passant devant des clôtures à première vue classiques, il était possible aux piétons de découvrir une seconde image représentant le visage de Troy David, citoyen américain ayant passé dix-neuf ans dans le couloir de la mort, condamné et exécuté sans preuves pour un meurtre qu'il a toujours nié. Son portrait était invisible lorsqu'on regardait les clôtures de face, mais il se révélait une fois qu'elles étaient observées de biais.

> « Amnesty International est l'une des rares associations obsédées par l'idée de faire un maximum de bruit en faisant appel à l'intelligence. »
>
> Gilles Masson, président-fondateur de M&C Saatchi Gad.

À l'occasion de son cinquantième anniversaire, Amnesty International a lancé une application pour iPhone intitulée Bulletproof. Conçue par l'agence La Chose, et vendue 0,70 euro, cette application rappelait l'une des missions centrales de l'association : la lutte contre la peine de mort. Le but était d'arrêter les balles tirées par un peloton d'exécution sur un condamné — en l'occurrence l'utilisateur de l'application.

Faire beaucoup avec peu

Retrouvez toutes les ressources iconographiques, bibliographiques, etc., de cette campagne sur
ionisbrandculture.com
Cas n° 59

Malgré ses campagnes chocs qui peuvent heurter la sensibilité de certains, Amnesty International jouit d'une excellente image auprès du grand public qui la perçoit comme une structure de confiance. Habilement, elle a toujours réussi à ce que ses méthodes de *shockvertising* ne soient jamais vues comme excessives : si elles sont douloureuses à regarder, c'est justement parce qu'elles dénoncent des situations intolérables. Les campagnes symbolisent finalement plutôt bien son action. L'organisation rend visible ce qui se passe à l'abri des regards de l'opinion publique, sans jamais y mettre de filtre. Plus récemment, l'ONG a lancé une campagne sur les violences policières au Brésil juste avant les Jeux olympiques 2016 de Rio. C'est une vidéo où l'on voit des hommes courir « le 100 mètres le plus rapide de [leur] vie », être abattus froidement, car « les policiers battent des records à Rio.

2. Jay Conrad Levinson, *Guerrilla Marketing*, Houghton Mifflin Company, 1983.

Ils ont tué plus de 2 500 personnes depuis que le Brésil a été choisi pour les Jeux olympiques. » Là encore, la réalisation est efficace, suffisamment choquante, mais pas trop pour ne pas être impossible à regarder.
En plus d'un demi-siècle d'histoire, la communication d'Amnesty International a été primée à de nombreuses reprises : Revolution Award en 2001 pour la meilleure utilisation du courrier électronique avec la campagne « Pour un monde sans torture », grand prix de la Campagne citoyenne en 2011 avec « La peine de mort est condamnée à disparaître », grand prix de la Publicité presse magazine, et d'autres multiples récompenses glanées lors des festivals publicitaires internationaux, qui sont la preuve de l'efficacité du *shockvertising* quand il conjugue l'impact et la justesse des propos.

À retenir

1 *Dans le contexte d'hyper médiatisation actuel, le message ne suffit plus. Même s'il est porteur de sens et de valeurs. En favorisant une stratégie de communication plus événementielle que classique, l'association a démultiplié son influence.*

2 *En définissant de nouveaux modes de communication applicables par le siège, mais également les bureaux nationaux, en relation directe avec les médias, AI a réussi à s'adapter aux évolutions du monde moderne. La stratégie d'Amnesty International permet de diffuser une information et un message cohérents, et de gérer un flux d'informations très important, le tout avec le budget forcément restreint d'une ONG.*

3 *La stratégie de communication reste la même pour tous les bureaux : avoir recours à des campagnes de communication chocs et créatives, visant à faire réagir les mentalités contre la torture et le non-respect des droits de l'homme, et cela avec très peu de moyens, tout en utilisant la modernité.*

4 *Le* shockvertising *reste privilégié par les outsiders ou les institutions disposant de peu de moyens. C'est également une stratégie à l'efficacité redoutable comme le démontre Amnesty International, mais qui demande aussi beaucoup de précautions. Comme ce fut l'exemple pour certaines campagnes de Benetton*[3]*.*

3. Voir cas n° 10, Benetton, sur ionisbrandculture.com.

BMW, « The Hire »

Aux origines du brand content

En 2001, en privilégiant un média novateur, plus intime et personnalisable, à savoir Internet, BMW prend un risque et joue les précurseurs. Pendant que les concurrents y déploient des bandeaux publicitaires, la marque allemande y lance une série de films à partir de scénarios travaillés, « made in Hollywood », avec des réalisateurs et des acteurs connus. Dans chacune des créations, le modèle de voiture s'intègre parfaitement au récit, rendant l'aspect publicitaire à peine identifiable.* Du brand content *exceptionnel avant l'heure.

BMW fait partie des leaders de son marché et n'a plus grand-chose à prouver. Il faut donc renforcer le discours, créer une démarche différente, susceptible de favoriser un regard plus innovant, plus actuel sur la marque. Pour l'occasion, la manufacture bavaroise de moteurs (Bayerische Motoren Werke, BMW) décide de quitter le terrain consistant à promouvoir ses modèles de voitures et de favoriser une démarche différente sur la perception de la marque. L'entreprise modifie ainsi son habituelle communication centrée sur la « culture ingénieur », focalisée sur les technologies et les avantages de ses produits. Elle pense au client, le rend fier de cette campagne et ainsi le valorise davantage. La réflexion stratégique ne conduit pas seulement à orienter la communication vers la marque, mais à rompre avec les stratégies de moyens utilisés dans le secteur, en délaissant l'investissement traditionnel dans la publicité à la télévision.

Courts-métrages ou publicités ?

L'utilisation de grands réalisateurs d'Hollywood (Guy Ritchie, John Woo, John Frankenheimer), de la société de production de David Fincher, d'acteurs mondialement connus (Madonna, Forest Whitaker, Mickey Rourke, Clive Owen), est un amplificateur médiatique. Mais c'est surtout le principe et l'originalité qui entraînent une forte médiatisation internationale de la série de courts-métrages dans sa totalité. Cela attise la curiosité. D'autant qu'une liberté quasi totale — il faut juste respecter les véhicules BMW — est accordée aux réalisateurs, ce qui permet une créativité exceptionnelle et inédite pour un objet publicitaire. Quitter le format traditionnel du spot publicitaire pour des formats de 5 à 7 minutes, quand la popularité des séries TV ne cesse de grandir, est une décision pertinente. De plus, les vidéos sont suffisamment légères pour favoriser le téléchargement et les vues sur les différentes plateformes du Web. En choisissant Internet comme levier de diffusion, l'annonceur et l'agence se placent en précurseurs, mais permettent également une allocation de près de 90 % du budget pour la production, contre 10 % en achat d'espaces et en diffusion médias. Un pari qui peut avoir deux issues : tomber dans l'oubli en quelques jours ou devenir l'un des événements marquants de la communication du début des années 2000.

> *Retrouvez toutes les ressources iconographiques, bibliographiques, etc., de cette campagne sur*
> **ionisbrandculture.com**
> **Cas n° 27**

Les courts-métrages furent lancés comme de vraies productions hollywoodiennes, bien que filmées selon les impératifs techniques du Net. En s'appuyant sur les médias spécialisés, en visant les leaders d'opinion, et les journalistes experts à travers l'utilisation d'incrustations et d'annonces dans les pages cinéma des magazines, BMW fait la promotion de « The Hire » comme on ferait celle d'un blockbuster et non pas comme une publicité commerciale pour la marque. Cela suscite aussi l'intérêt du public qui perçoit moins l'objectif publicitaire de ces vidéos. Si le véritable personnage central des films demeure la marque, cette dernière rend le récit crédible, car elle n'est pas une marque lambda qui propose des produits quelconques. La question de la légitimité ne se pose presque pas, car la réputation de BMW et ses particularités font que le constructeur allemand — dont le public a déjà l'habitude de voir les modèles de véhicules au cinéma — semble à sa place dans ce genre de production.

Un succès à tous niveaux

En innovant, BMW fait mouche. Dans les quatre premiers mois de leur diffusion, les courts-métrages ont été visionnés plus de 11 millions de fois (nous sommes au début des années 2000, le site YouTube n'est même pas encore né) pour un total de plus de 150 millions de vues aujourd'hui. Durant l'année qui suit la campagne « The Hire », les ventes du constructeur augmentent de 12,5 %. Pour la première fois dans son histoire, plus de 200 000 véhicules sont vendus. L'année suivante, on enregistre une augmentation de 17,2 % : des retombées commerciales essentielles pour le financement de la campagne qui aura

coûté près de 25 millions de dollars pour la production des 8 épisodes.
En 2002, la campagne remporte le premier Titanium Lion, la plus grande récompense du Festival international du film publicitaire à Cannes (aujourd'hui Festival international de la créativité). Ce prix est décerné aux campagnes qui poussent « l'industrie à se remettre en question et à aborder différemment sa marge de progression ». « The Hire » y décroche le grand prix Cyber Lion, avant d'en remporter deux aux Clio Awards tout en étant élue « Best of Show » lors de la compétition One Show Interactive organisée par l'association américaine éponyme qui célèbre l'excellence en publicité. En 2002 toujours, le Festival international de courts-métrages de Los Angeles distingue le réalisateur John Woo pour *Hostage*, l'un des épisodes. Même le *New York Times*, réputé exigeant, écrit des critiques positives sur les courts-métrages dans ses colonnes. Et récompense ultime : en 2003, la série « The Hire » intègre la collection permanente du Musée d'art moderne de New York (MoMa).
La popularité de la série est telle que BMW Films l'édite et la distribue gratuitement en DVD. Les propriétaires de voitures BMW pouvaient également bénéficier d'un DVD avec bonus. Au départ, la promotion du DVD se fait de façon informelle : quelques copies sont distribuées avec parcimonie, à des concessionnaires et à des magazines spécialisés. Mais à l'instar du calendrier Pirelli[1], les coffrets deviennent des raretés que beaucoup cherchent à se procurer, au point que certains DVD sont vendus sur eBay a des prix faramineux. Finalement, pour contrôler l'intérêt que suscitait son produit, BMW elle-même s'est mise à les vendre. En septembre 2016, BMW Films ressuscite la série, quinze ans après la production originale. Clive Owen y reprend son rôle de pilote. Le premier épisode intitulé *The Escape* est réalisé par Neill Blomkamp et produit par Steve Golin (déjà producteur de la série originale). Le court-métrage est présenté en avant-première en octobre 2016 sur le site officiel de BMW Films.

« L'univers automobile fait un pied de nez aux pontes d'Hollywood en faisant des films tout aussi bien que les leurs et en les diffusant non pas à la télévision, parce que c'est ringard, mais sur Internet. C'est une campagne matricielle, c'est l'an 1 du brand content. »

Eric Briones (alias Darkplanneur), professeur associé ISG Moda Domani Institute et directeur du planning stratégique de Publicis EtNous.

1. Voir page 170.

À retenir

1 « The Hire » est une forme de réponse à la difficulté qu'ont les marques à se démarquer de leurs concurrents et à sortir des messages publicitaires classiques qui inondent les médias. L'idée créative est dans ce cas brillante, mais il est nécessaire de souligner le courage de l'annonceur d'œuvrer de manière quasi systématique à l'encontre des habitudes, que cela soit dans le format, le média, le récit ou encore le coût des frais techniques mis en œuvre.

2 Cette remarque conduit à souligner l'importance de la logique globale dans cette démarche disruptive. On comprend que si une partie des décisions n'avait pas été admise, « The Hire » risquait de ressembler à d'autres campagnes remarquables sans jamais devenir extraordinaire comme elle l'a été. C'est une logique globale (« de Madison Avenue à Hollywood ») que la marque doit accepter ou rejeter.

3 La force de cette réussite est la cassure en matière de conception, de réalisation, de choix média, de budgétisation, de manière synergique. Tout va dans le même sens : faire autrement que d'habitude.

4 En cherchant à créer davantage une série de films plutôt qu'une série de publicités, BMW a valorisé son client. La marque allemande ne lui a pas offert une énième publicité, ni même une publicité déguisée par l'intermédiaire d'un banal placement de produit. Elle lui a offert huit courts-métrages dignes des plus grandes productions hollywoodiennes dans lesquels elle s'est contentée de mettre des BMW, sans en faire trop. C'est la définition du brand content, format qui plus de dix ans plus tard représente l'avenir de la publicité.

Brand
Success

« Une bonne publicité ne transmet pas seulement de l'information. Elle pénètre l'esprit du public avec des désirs et des croyances. »

Leo Burnett,
fondateur de l'agence Leo Burnett.

L'ours réalisateur de Canal+

L'art du génie créatif

Le discours sur « la mort de la publicité » au profit d'Internet est devenu une banalité. Mais quand elle est de haut niveau, la publicité télévisuelle a un effet encore et toujours très mobilisateur pour le plus grand nombre. Le média de masse demeure un rassembleur d'opinions, de sentiments et d'influences. Quand Canal+ décide de démontrer son amour pour le cinéma, c'est par un ours transformé en tapis, qui a tout vu, tout lu, tout rencontré. Le mariage s'opère entre l'intention stratégique et l'angle créatif. L'identification de Canal+, chaîne du cinéma par excellence, fonctionne parfaitement.

Depuis 1984, Canal+ a réussi à asseoir son succès sur trois ingrédients qui sont devenus des éléments essentiels de son image.
Tout d'abord, la modernité, pas seulement télévisuelle, mais aussi créative, culturelle. La chaîne tire sa réputation de sa capacité à être à l'écoute des tendances, des épiphénomènes comme de grandes transformations, ce que *Nulle part ailleurs*, *Le Grand Journal*, puis *Le Petit Journal* ont su saisir, malgré des difficultés, selon les périodes. Canal+ signifie aussi innovation technique. Les énormes progrès des retransmissions sportives réalisés sont là pour le démontrer. Nouveaux types de caméras, multiplex, présence dans les vestiaires, interventions de consultants avant et après les rencontres.

Canal+ signifie aussi créativité et création de contenus avec la diffusion de séries à succès inédites en France (*Skins, Desperate Housewifes, Game of Thrones*, etc.) et celles produites par la chaîne (*Mafiosa, Borgia, Braquo*).
La chaîne cryptée a une très forte implication dans le cinéma, dont elle est un financeur important. Elle contribue aussi au soutien de la distribution des œuvres cinématographiques. Elle a un partenariat historique avec le Festival de Cannes et plus récemment avec les César.
Alors, comment pérenniser ses atouts, protéger ses bastions que sont le sport et le cinéma et entretenir « l'esprit Canal » qui permet la fidélisation des abonnés de la chaîne ? Comment se différencier face à une concurrence qui devient plus diversifiée, plus audacieuse, actuelle et arrivée en force ? Autant d'enjeux auxquels Canal+ doit répondre à travers une stratégie publicitaire pertinente.

Incarner « l'esprit Canal »

Après le succès du spot publicitaire « Le placard », en 2009, destiné à mettre en avant ses créations originales (*Mafiosa* entre autres), Canal+ doit réaliser une nouvelle campagne qui ferait figure d'hommage au cinéma, afin de ne pas apparaître simplement comme un diffuseur de films, mais aussi comme un soutien au septième art, comme une chaîne qui l'aime, le promeut et l'aide. Canal+ veut montrer son engagement comme une preuve d'amour. Le cinéma reste le principal levier de recrutement de nouveaux abonnés de la chaîne — devant le sport, surtout depuis qu'il y a une forte concurrence avec de nouveaux diffuseurs de sports — et le vecteur essentiel de satisfaction de sa clientèle.

Canal+ cherche donc à montrer que la qualité de son catalogue et de son bouquet est supérieure à la concurrence. Démontrer sa proximité avec le cinéma doit donc être accompli d'une manière très créative, cinématographique et spectaculaire.
« L'ours » est un concentré de tout cela. Ce spot met en scène la peau d'un ours qui incarne un réalisateur de cinéma passionné. Le récit présente son travail, son amour du grand écran, son histoire, à la manière d'un *making of* composé de témoignages et d'interviews. « D'où vient mon amour pour le cinéma ? Je crois que j'ai toujours aimé le cinéma », explique-t-il, face caméra, en décrivant tout ce qu'il adore dans le septième art. « Vous savez, j'ai vu tellement de grands films depuis tant d'années, donc je me suis dit : pourquoi pas moi ? » Pour accompagner ses mots, un salon apparaît à l'écran dans lequel la peau d'ours est dans son rôle de tapis, installé entre le canapé et la télé qui, bien sûr, diffuse Canal+. On comprend alors que la peau de bête à qui la pub a donné vie tire son amour pour le cinéma du visionnage de Canal+, chaîne à laquelle le foyer est abonné.
Jusqu'à la chute finale, on ne comprend pas vraiment pourquoi une peau d'ours incarne un réalisateur de cinéma ni pourquoi il nous décrit sa passion pour le septième art. On ne sait pas trop ce que l'on regarde, en vérité.

> « Si les clients n'ont pas peur, vous pouvez être sûr que le spot n'est pas le bon. Il faut toujours avoir un peu peur. »
>
> Mercedes Erra, présidente exécutive d'Havas Worldwide, fondatrice de BETC.

La chute, drôle et touchante, donne sens à l'ensemble du film qui marque instantanément quiconque le regarde. Fidèle à l'identité de Canal+, le ton adopté est comique, mais également sérieux. Le choix d'un format de type documentaire — comprendre la quête de perfection et d'accomplissement d'un réalisateur — permet d'aller au-delà de l'aspect humoristique et de transmettre une vraie émotion. L'amour de cette peau d'ours pour le cinéma touche la sensibilité avant de faire rire, il incarne la complexité de ceux qui font et qui constituent le cinéma, le mystère qui entoure cet acte de création. La chaîne veut faire passer un message : les programmes sont parfois décalés, mais Canal+ offre un large choix de films destinés à des cinéphiles.

De l'autopromotion à l'émotion

Au-delà de la réussite incontestable de la campagne, dont on relève la modestie des budgets d'achat d'espaces (notamment parce que la chaîne est aussi un diffuseur de sa propre publicité), c'est une grande réflexion qu'apporte l'agence BETC sur la finalité même des campagnes de promotion des médias, quels qu'ils soient (campagnes banales, orientées sur la promotion des stars ou des programmes, interchangeables). Canal+ réussit par de telles initiatives à passer d'un rapport commercial (la chaîne qui diffuse et vend du cinéma) à une relation plus forte et plus profonde (la chaîne qui aime et qui défend le cinéma).

« L'ours » a été la publicité la plus primée en 2012 et la plus honorée depuis 1999. Elle a raflé toutes les récompenses avec, entre autres, trois Lions d'or et un Lion d'argent. L'agence BETC et Canal+ ont également reçu le grand prix du film Craft qui récompense la technicité des spots télé et cinéma. Une reconnaissance importante pour un média qui participe à la vie culturelle, et qui gagne ainsi une aura utile et largement exploitable. Une belle réussite pour un concept qui ne faisait pas l'unanimité quand il a été proposé à la chaîne cryptée, car difficile à décrire sans le soutien visuel des images, donc pas accessible au premier abord. Mais Canal+ a pris un risque qui s'est avéré être plus que payant.

Retrouvez toutes les ressources iconographiques, bibliographiques, etc., de cette campagne sur
ionisbrandculture.com
Cas n° 49

Pour bien comprendre l'audace de la campagne « L'ours », il faut la situer dans une stratégie globale et durable et pas uniquement comme un exploit créatif. Depuis la naissance de Canal+ et à la différence de ses concurrents quels qu'ils soient — même s'ils ont progressé depuis —, la chaîne a toujours accordé une haute importance à l'autopromotion des programmes, à l'habillage antenne et à sa communication. Elle considère que la créativité de ses expressions est l'un des éléments de sa différenciation et a compris avant les autres que chaque acte de communication doit refléter sa personnalité et ce qui en fait une chaîne à part.

À retenir

1 *L'idée de « L'ours » est une véritable pépite créative : une peau d'ours qui regarde la télévision tous les jours de par sa position optimale dans le salon, c'est comme une évidence, car c'est l'un des accessoires les plus courants dans les films de cinéma. Un symbole de luxe, un rappel des péplums.*

2 *On s'éloigne ainsi de la promotion classique par des noms de films, pour nourrir la relation avec le public préféré de la chaîne : les cinéphiles qui adorent les histoires (scénario, mise en scène, post production, effets spéciaux, musiques), mais aussi les abonnés, qui sont ainsi fiers de découvrir la manière qu'a la chaîne — qu'ils payent chaque mois — de faire sa promotion autrement que les autres et en mieux.*

3 *BETC et Canal+ ont pris la parole à propos de l'amour du grand écran et laissent signifier que « lorsqu'on aime le cinéma, on s'abonne à Canal+ », parce que l'équation de la chaîne tient encore et toujours à ses piliers que sont les sports et le cinéma, activités sur lesquelles des concurrents importants et fortunés auront des visées fortes.*

4 *La réussite des campagnes publicitaires de Canal+ tient à la conjonction d'une justesse stratégique, d'une idée créative exceptionnelle, d'une réalisation impeccable et d'une parfaite cohérence entre le fond, la forme de la campagne et la réalité de l'antenne telle qu'elle est proposée à tout abonné.*

Carambar

Le mensonge devient le message

Ce qui fait la richesse des adieux de Carambar et leur apport dans la compréhension des domaines événementiels, c'est l'union de la pertinence stratégique, de la capacité à faire croire l'impossible, de la parfaite orchestration des discours, des moyens mis en œuvre, du timing et de la juste relation avec les diverses populations impliquées. La marque unit la créativité, celle de l'idée de la fin des blagues Carambar, à la justesse stratégique, car on touche à la force symbolique de la marque et de son essence et à la perfection dans la planification.

Les blagues Carambar sont bien plus animations qu'emballages du produit : elles demeurent une partie totalement inséparable de ce dernier, un attribut fort, historique, reconnu à la marque Carambar, depuis des décennies. Alors, quand la marque annonce vouloir les remplacer par des questions de culture générale, au début de l'année 2013, l'opinion s'emballe : mais pourquoi Carambar arrêterait d'être drôle ?

L'esprit potache

Carambar s'est imposé depuis longtemps comme la friandise favorite des plus jeunes et des adultes. Plus de 1 milliard de cette barre au caramel est vendu chaque année en France. Créée par l'entreprise Delespaul en 1954, la marque aux célèbres blagues, a successivement appartenu à la Générale alimentaire, la Générale occidentale, BSN devenu Danone, Cadbury, Kraft Foods, Mondelez International et Eurazeo, mais a su rester fidèle à son secret de départ : un nom facile à retenir (mot-valise composé de « caramel » et « barre »), une forme originale ainsi qu'un emballage reconnaissable à l'intérieur duquel se trouvent les « blagues Carambar ».

Ces blagues ont été introduites en 1969, puis adaptées en charades ou concours. L'origine de leur élaboration fait l'objet de plusieurs rumeurs : inventées par des écoliers, blagues du patron de la marque ou des députés de l'Assemblée nationale. Elles sont un élément important de la réussite de la friandise, car cela crée une expérience de marque, et sont depuis longtemps des vecteurs d'image et de présence dans les cours d'école.
À l'occasion de ses 60 ans en 2013 la marque cherche une nouvelle dynamique, en prenant en considération qu'il s'agit d'une enseigne pour les enfants et pour les parents, mais qu'elle ne dispose pas de moyens élevés, car s'il se vend 1 milliard de Carambar par année, le chiffre d'affaires avoisine à peine les 60 millions d'euros. Carambar dispose d'une excellente notoriété et son image est restée de très bonne qualité au fil des années, mais, en matière de moyens, elle joue dans la cour des petits. Carambar tente alors un pari osé : la marque annonce arrêter ses blagues potaches au profit de jeux ludo-éducatifs. Elle déclare vouloir donner un coup de fouet au produit, et rappelle avoir été « beaucoup critiquée sur la qualité de [ses] blagues ». La presse s'emballe : un millier de mentions dans les médias, des douzaines d'articles de presse, une présence sur toutes les chaînes radio et les télévisions nationales. De très nombreuses voix s'élèvent contre cette décision, des pétitions étant même proposées. L'information n'était finalement qu'un poisson d'avril avant l'heure, un coup de com organisé avec l'agence Fred & Farid Group et qui a piégé les médias, Internet compris.
« On pensait garder l'affaire jusqu'au 1er avril, mais face à un tel succès on a décidé d'y mettre un terme ce matin [le 25 mars, soit quatre jours après son lancement], les meilleures plaisanteries étant les plus courtes », explique à l'Agence France Presse (AFP) l'un des concepteurs de ce coup de marketing viral, Farid Mokart, cofondateur de l'agence. Une plaisanterie réussie et l'illustration, pour ses concepteurs, de la confusion moderne entre publicité et information.
Le succès de cette opération tient principalement à trois décisions qui ont fonctionné comme des accélérateurs de médiatisation. D'abord, l'idée forte : l'arrêt des blagues au profit d'une supposée démarche ludo-éducative ne peut pas fonctionner pour n'importe quelle marque. L'idée naît de Carambar, de son essence, de son ADN, de ce pour quoi elle est connue et reconnue. Les blagues évoquent immédiatement cette marque et aucune autre. Ensuite, la création d'un événement permet une opération aux coûts limités (ce qui correspond aux démarches entrevues dans les cas Queensland Tourism ou The Blair Witch Project[1], par exemple), mais dont les retombées peuvent être exponentielles. La mise de départ est donc assez faible. Enfin, la recherche d'une cible qui dépasse le consommateur habituel, l'enfant, qui semble être une préoccupation secondaire pour les concepteurs de la campagne. L'essentiel de ce coup de com, c'est la réaction des anciens consommateurs et des parents à propos de cette décision un peu brusque et dont on ne comprend pas vraiment le sens.

1. Voir respectivement : Queensland Tourism, page 44 ; The Blair Witch Project, page 104.

Il ne faut pas sous-évaluer l'angle émotionnel du concept de cette campagne. Il ne s'agit pas de n'importe quelle marque, et on évoque l'enfance, le souvenir, la famille, les copains, l'école. En soulignant le glissement vers le politiquement correct de notre société la marque a bien compris que, malgré des critiques à propos du caractère simplet et « bébête » de ses blagues, il existe un très fort potentiel affectif qu'il fallait prendre en considération.

Le rire, une langue internationale

La fausse fin des blagues permet à la barre de caramel d'être sous le feu des projecteurs. Certains tirent leur chapeau à la marque, d'autres critiquent la méthode. Une petite polémique qui elle-même servira Carambar : des journalistes s'offusquent de la supercherie orchestrée par la marque qui a laissé les médias croire au « mensonge ». Ces critiques prêtent surtout à rire et à considérer ces journalistes comme de mauvais perdants, car en agissant de la sorte, ils ne font que donner de la matière pour prolonger le « coup de com ». Les chiffres de ventes traduisent rapidement le succès de la campagne : en avril et mai 2013, Carambar augmente son chiffre d'affaires de 20 %. La marque déclare même avoir reçu des milliers de preuves de soutien et d'amour pour le produit de la part de consommateurs militant pour le maintien. Selon un sondage, 70 % des personnes interrogées déclarent avoir apprécié l'opération marketing contre seulement 20 % d'opinions négatives.

Il faut surtout souligner les valeurs qui se retrouvent ainsi attachées à la marque : son audace, son impertinence, sa jeunesse et son sens de l'humour. Une belle réussite pour une marque qui cherchait à faire parler d'elle à l'occasion de ses 60 ans. Et ce sont les médias eux-mêmes, dont certains s'étaient pourtant aventurés loin dans l'analyse, qui servent de témoin et accréditent cette reconnaissance. Le coup est d'autant plus malin qu'il touche également les relais si stratégiques que sont les distributeurs. Pendant une semaine, la marque, loin d'être importante en valeurs de transactions quand on la compare aux grands du secteur, devient le centre de l'actualité, selon le fameux principe warholien du « quart d'heure de célébrité », entraînant une dynamique commerciale.

Cette opération a eu des retombées considérables proportionnellement à l'investissement de départ, ce qui est la définition d'un buzz réussi. Elle a permis de booster les ventes de la marque, même sur une période limitée, de favoriser sa présence dans les circuits de distribution, dans les points de vente et en référencements, et aussi de renforcer la relation de la marque avec les distributeurs et les acheteurs. Avec ce retour aux sources, la mise en lumière de son caractère ludique, léger et de l'esprit potache qui s'exprime depuis si longtemps avec ses blagues, Carambar dispose d'un filon qu'elle va développer dans le futur. Ainsi, dès l'année suivante, la marque lance sur les réseaux sociaux une série de mini-films, tournés au format vidéo aux États-Unis, avec un objectif précis : faire rire les Américains.

À retenir

1 *Cette campagne illustre un questionnement essentiel et fréquent dans la pratique du marketing et de la communication : comment, avec peu de moyens, dans un univers encombré, faire son trou et disposer de suffisamment de rayonnement, d'impact et de capacité pour intéresser, populariser et attiser la curiosité ?*

2 *L'opération événementielle part de la marque, de son ADN, de son essence, ces blagues si critiquées par les adultes, mais qui font toujours rire les enfants. Les valoriser, c'est automatiquement renforcer l'attractivité de la marque tout en facilitant l'attribution.*

3 *L'idée même de l'opération repose sur l'exploitation, la médiatisation, la forte visibilité, de ce qui pourrait être l'une des faiblesses de la marque, ces blagues un peu niaises. C'est une véritable leçon de judo : transformer sa faiblesse en véritable atout.*

4 *Sociologiquement, c'est aussi bien vu : le retrait de blagues au comique contestable au profit d'éléments ludo-éducatifs fait croire que la marque cède aux pressions du culturellement et politiquement correct. Ce qui est parfait pour mettre les critiques et les mécontents de son côté.*

5 *Si la marque ne figure pas parmi les poids lourds du secteur, son antériorité, son histoire, sa proximité avec les consommateurs et sa notoriété, en font un bon client pour les médias.*

6 *Cette opération réussit aussi parce qu'elle concerne l'une des marques les plus anciennes et les plus proches de la vie de tous les gens, quels qu'ils soient, du Sud ou du Nord, de la ville ou de la campagne. Carambar fait, d'une manière ou d'une autre, partie du capital culturel français.*

Retrouvez toutes les ressources iconographiques, bibliographiques, etc., de cette campagne sur
ionisbrandculture.com
Cas n° 64

« Daisy »

Victoire politique par K.O.

Le film « Daisy », destiné à soutenir le démocrate Lyndon Johnson contre le candidat ultraconservateur Barry Goldwater lors de la course à la présidence américaine de 1964, n'a été diffusé qu'une seule fois. L'achat d'un seul passage durant une émission clé a suffi pour que ce film devienne un phénomène médiatique permettant, à terme, à Johnson d'être réélu. C'est l'un des films les plus agressifs et les plus représentatifs de la communication négative au service des campagnes politiques. Il démontre que les frontières entre communication politique et manipulation sont friables. Avec les réseaux sociaux, la communication sociale connaît désormais une forte amplification.

Fruit du travail créatif de l'agence Doyle Dane Bernbach (DDB), fondée en 1949 à New York, ce travail est exceptionnel à plusieurs titres : comme archétype de la campagne négative (jamais le nom de l'adversaire n'est cité) et comme l'archétype de l'événement médiatique (*media event*), c'est-à-dire une campagne destinée à être relayée par les médias pour bénéficier d'un supplément de légitimité et d'actualité. C'est une campagne d'une rare performance, tant les spectateurs ne peuvent conclure, de manière censée, que dans le sens de la voie proposée. Dans ce cas précis, aller voter pour le concurrent démocrate afin de ne pas entrer dans une guerre nucléaire fatale. Summum de la communication anxiogène, l'histoire retiendra « Daisy » comme l'un des films les plus pacifistes, qui portera au pouvoir le président Lyndon Johnson qui s'enfoncera dans le bourbier de la guerre du Viêt Nam.

Un contexte propice à une campagne coup-de-poing

L'élection présidentielle de 1964 aux États-Unis se déroule dans un contexte particulièrement tendu : la tension avec Cuba reste haute, les contestations étudiantes débutent, l'assassinat de J. F. Kennedy reste dans toutes les mémoires. Lyndon Johnson a accédé un an auparavant à la présidence des États-Unis en sa qualité de vice-président. Mais c'est surtout la situation insurrectionnelle au Viêt Nam qui est le sujet central de cette élection. Lyndon Baines Johnson, candidat démocrate, n'est pas particulièrement pacifiste, mais il affronte Barry Goldwater, candidat du sud des États-Unis, réputé pour son conservatisme et ses positions favorables à la guerre et tenant d'une ligne dure en matière de politique étrangère. Les responsables de la campagne de Johnson font appel à Bill Bernbach et DDB pour contrecarrer l'outsider, dont la campagne marquait des points. L'équipe du candidat démocrate produit ainsi un spot nommé « Daisy », aussi connu sous le nom « Daisy Girl » ou « Peace, Little Girl », qui ne passera qu'une fois en tant qu'espace publicitaire acheté, le 7 septembre 1964. De l'avis de nombreux experts, il s'agit de l'une des actions les plus efficaces jamais menées en communication aux États-Unis, et du spot le plus renommé de la communication politique.

> « La campagne "Daisy", c'est l'apothéose de la communication politique négative aux États-Unis. Presque à l'opposé de ce qu'a pu faire Barack Obama en 2008. »
>
> Marc Drillech,
> directeur général de IONIS Education Group.

On y voit une petite fille, d'environ quatre ans, debout dans une prairie avec le chant des oiseaux en fond sonore. Elle arrache un à un les pétales d'une marguerite (« Daisy » en anglais signifie marguerite), mais trébuche sur l'ordre des chiffres, car elle en répète et les dit dans un faux ordre. Lorsqu'elle atteint le chiffre neuf, la caméra se rapproche de son visage et, progressivement une voix lugubre d'homme transforme son décompte en compte à rebours de lancement de missile. L'enfant lève alors les yeux au ciel, tandis que la caméra fait un gros plan sur sa pupille qui se dilate et noircit. Lorsque la voix atteint le zéro, la pupille de l'enfant est remplacée par le flash et le champignon atomique d'une retentissante explosion nucléaire. La voix de Johnson intervient : « Ce sont les enjeux ! Pour faire un monde où chaque enfant de Dieu puisse vivre, ou entrer dans l'obscurité, nous devons soit nous aimer l'un l'autre, soit mourir. » Puis la voix douceâtre de baryton du journaliste et commentateur sportif Chris Schenkel prend le relais : « Votez pour le président Johnson le 3 novembre. Les enjeux sont trop élevés pour que vous restiez chez vous. »
D'un côté, la jeunesse, l'innocence, la bonté ; de l'autre, la haine, la violence, la guerre. Le style photographique est une allusion directe aux films d'horreur, dont le célèbre *Frankenstein*.
Cette attaque publicitaire a été conçue pour profiter des commentaires formulés par le candidat républicain Barry Goldwater au sujet de la possibilité d'utiliser les armes nucléaires au Viêt Nam. Les oppositions entre les deux candidats étaient telles qu'il était hors de question de mener une campagne entre sympathiques gentlemen.

Une affiche déclarait : « 1 189 psychiatres estiment Goldwater inapte à être président », tandis qu'une autre dévoilait un champignon atomique avec l'inscription « 100 millions de vies en une heure ». La réputation de ce spot provient de son extraordinaire impact. Près de vingt ans après la bombe atomique qui a détruit Hiroshima, cette campagne négative s'appuie sur une menace, une peur terrifiante qui ne conduit qu'à un seul choix de vote, celui de Johnson. L'élection n'est pas au cœur de la construction du film, elle en est seulement la conclusion. On est dans l'essentiel : l'humain et sa survie.

La volonté de déstabiliser

Retrouvez toutes les ressources iconographiques, bibliographiques, etc., de cette campagne sur
ionisbrandculture.com
Cas n° 43

En l'espace d'une soirée, une publicité devient un événement politique majeur, avec de multiples rediffusions sur les chaînes de télévision de tous les États, provoquant des milliers de débats et de prises de position dans la presse. Le candidat républicain est poussé à se défendre, à passer plusieurs semaines de campagne à justifier ce qu'il est et ce qu'il n'est pas, créant une nouvelle perception du candidat démocrate, qui paraît soudainement plus humain, plus crédible face au risque d'intervention au Viêt Nam avec l'arme nucléaire. L'autre atout de ce modèle de communication négative, c'est qu'il a été pensé comme un objet médiatique d'exception. Il était inutile de jouer la répétition par de multiples achats d'espaces puisque son pouvoir émotionnel en faisait un événement. L'effet sur les téléspectateurs, dont les journalistes, fut tel que le spot a bénéficié d'une centaine de passages gratuits et d'une information à part entière sortant de la communication payante. Lyndon Baines Johnson emporte largement l'élection présidentielle de 1964. Un succès que beaucoup attribueront à l'impact de cette publicité. Le candidat républicain, nettement marqué à l'extrême-droite, avouera même plus tard que « Daisy » aurait suffi « à [le] faire voter pour les démocrates, si seulement [il] ne connaissait pas si bien leur candidat ». Mais le mandat de Johnson est marqué par de violentes émeutes raciales et des assassinats politiques, notamment celui de Martin Luther King. Johnson conçoit le programme « Great Society », qui comprend des lois qui soutiennent les droits civiques des minorités, la radiodiffusion publique, la protection de l'environnement, l'aide à l'éducation, il crée le Medicare et le Medicaid, mais à partir de 1965 l'implication américaine s'intensifie au Viêt Nam, conduisant à l'enlisement militaire du conflit. L'un des acteurs de la campagne « Daisy » dira même, en 1989, être « hanté d'avoir décrit Johnson comme un pacifiste tout au long de la campagne de 1964 ».

Finalement, le principal tour de force de cette campagne aura été d'avoir réduit le candidat républicain au rôle d'hystérique dangereux, susceptible d'appuyer facilement sur le bouton de la bombe atomique et le candidat démocrate à celui de politicien pacifiste et humain. Le spot a réussi à persuader les citoyens américains qu'il n'y avait pas d'alternative à Johnson, qu'ils n'avaient qu'une seule option — un devoir, presque —, pour que le monde puisse continuer à vivre. Un argument de campagne brut, mais imparable.

À retenir

1 *« Daisy » s'inscrit dans un contexte particulier, son impact n'aurait pas été aussi déterminant à n'importe quelle époque. En 1964, la fin de la Seconde Guerre mondiale remonte à moins de deux décennies, l'affaire des missiles à Cuba n'a que trois ans et l'Amérique s'enlise progressivement au Viêt Nam. Les citoyens américains ont peur. La campagne de Lyndon Johnson va se nourrir de cette peur.*

2 *En se focalisant sur son opposant, Barry Goldwater, en concentrant tous ses efforts pour le diaboliser et en faire l'incarnation d'une Amérique belligérante, Johnson détourne le débat de sa propre personne. Le film « Daisy » ne le décrit pas, ne parle pas de lui directement, ni ne vante les qualités qui feraient de lui un bon président. Il se contente de décrire un scénario catastrophe que seule l'élection du candidat démocrate peut éviter.*

3 *En choisissant de diffuser ce spot choc qu'une seule fois, le staff de campagne de Johnson crée l'événement et le transforme en phénomène médiatique. Son effet sur les téléspectateurs et les journalistes américains en fait un sujet de conversation, un objet de débat et, naturellement, pousse les différents organes de presse à en parler encore et encore. L'impact entraîne, indirectement, une économie de budget transformant un spot publicitaire diffusé une seule petite fois en buzz avant l'heure.*

Doritos, « Crash the Super Bowl »

Quand une marque vous propose de devenir le publicitaire

Début 2006, Andrew Robinson, président de l'agence de communication The Marketing Arm, conseille à l'équipe marketing des chips Doritos d'organiser un concours hors du commun : proposer aux consommateurs — et non aux professionnels — de créer une publicité diffusée à la mi-temps du prochain Super Bowl. C'est ainsi que naît l'opération « Crash the Super Bowl ». L'idée est osée, risquée même, mais terriblement novatrice. Un mélange d'expérience, de contenu de marque et de relation client exceptionnel qui durera dix ans.

Proposer aux consommateurs de créer une publicité diffusée à la mi-temps du Super Bowl, la finale de la ligue américaine de football américain, l'événement sportif le plus regardé à la télévision aux États-Unis, et l'un des les plus regardés au monde, est une idée attirante, mais culottée tant les enjeux sont importants. Le jour de la finale, qui se dispute en janvier ou février, entraîne une forte consommation aux États-Unis, notamment de nourriture. Les espaces publicitaires durant l'événement se vendent à prix d'or. Le show de la mi-temps attire les stars du moment, de Beyoncé à Katy Perry en passant par feu Michael Jackson. Année après année, l'événement bat des records et glane des statistiques toujours plus démesurées : 1,25 milliard d'ailes de poulet mangées, près de 120 millions de personnes devant leurs écrans aux États-Unis et 7 millions de salariés absents le lendemain de la diffusion du match. Plus qu'un événement sportif, c'est un rendez-vous essentiel de la culture américaine.

L'événement est presque plus important que le match lui-même. Tout cela ne laisse pas les marques insensibles, et elles se bousculent pour pouvoir être de la fête, d'une manière ou d'une autre. Le rendez-vous est tellement médiatisé qu'il est aujourd'hui l'espace publicitaire le plus cher au niveau mondial : entre 30 et 45 marques s'arrachent chaque année des plages de 30 secondes à la télévision, vendues 4,5 millions de dollars. À un tel niveau de prix, les marques n'ont pas le droit à l'erreur.

La créativité peut venir de partout

Doritos est une marque de chips tortillas assaisonnées et produites par l'entreprise alimentaire américaine Frito-Lay, une filiale du groupe PepsiCo. Dans un premier temps, bien que la marque soit à la recherche d'une idée audacieuse pour attirer de nouveaux consommateurs — la cible en 2006 étant les jeunes hommes —, l'idée de « Crash the Super Bowl » ne fait pas l'unanimité au sein des équipes de Doritos. Confier l'enjeu marketing le plus important de l'année à des ressources extérieures, des amateurs qui plus est, n'est pas une décision facile à prendre. L'idée séduit par son caractère audacieux autant qu'elle suscite le scepticisme de la marque qui se voit difficilement investir des millions de dollars dans une publicité créée par un consommateur, aussi doué soit-il. L'argumentaire est donc rejeté dans un premier temps. Mais l'idée fait son chemin et, soutenu par des partisans au sein de Frito-Laye, le projet finit par être accepté. Dix ans et dix éditions plus tard, « Crash the Super Bowl » est perçue, par les professionnels comme par le grand public, comme une démarche avant-gardiste qui a permis de mettre en lumière la richesse des productions participatives tout en popularisant Doritos auprès des consommateurs. Tous les automnes, Doritos commence à recevoir des milliers de candidatures. Les apprentis vidéastes ont des consignes simples : il faut qu'il y ait de l'action, que ça soit drôle, que ça soit du jamais vu. C'est aux amateurs de faire en sorte que leur spot mérite d'être diffusé. La marque sélectionne des finalistes et c'est au grand public de voter pour désigner un vainqueur. L'effet est multiple : Doritos crée l'attente, suscite la curiosité et stimule des milliers de consommateurs qui deviennent réalisateur le temps d'un film publicitaire avec l'espoir de briller aux yeux du monde le jour J. La marque s'attire ainsi l'affection de ses cibles potentielles. Et en estimant que les grandes idées peuvent venir de partout, Doritos remet en question le modèle des agences publicitaires traditionnelles qui jouissaient jusqu'alors d'une sorte de monopole de la créativité. Dans un premier temps, beaucoup de voix sur Madison Avenue dénoncent la démarche comme étant une solution de facilité, une initiative pas au niveau de l'événement. Mais avec le temps, la qualité des publicités « Crash the Super Bowl » a fait taire toutes ces critiques. Cela a contribué à rendre le concept de production participative beaucoup plus acceptable et moins synonyme d'alternative paresseuse, grâce à l'inventivité des contributeurs. La majorité d'entre eux ne sont pas de simples amateurs. Ils ont une certaine expérience de la réalisation et sont à la recherche d'un coup de projecteur à la faveur de l'opportunité offerte par Doritos. Mark Freiburger, par exemple, auteur de la publicité intitulée « Fashionista Daddy » diffusée lors

du Super Bowl 2013, met en scène un groupe de pères de famille qui, incapables de résister à l'appel des Doritos, jouent à la princesse avec une petite fille pour avoir accès à son paquet de chips. Les publicités de « Crash the Super Bowl » sont assez simplistes, c'est justement le but souhaité par rapport à la cible durant l'événement et toute l'audace de l'idée. Mais en remportant le concours, ce jeune trentenaire qui n'avait jamais fait de film publicitaire auparavant, mais qui avait la vidéo pour hobby, a réussi à se faire remarquer, ce qui l'a conduit à travailler avec le réalisateur Michael Bay sur l'un des films *Transformers*.

Adapter l'approche aux changements démographiques et sociétaux

Au total, près de 21 publicités réalisées par les lauréats ont été diffusées lors des différents Super Bowl. Et bien que toutes ne soient pas très sophistiquées, elles se retrouvent toujours dans le top 5 du classement USA Today Ad Meter, qui mesure la popularité des spots diffusés. À quatre reprises, elles se sont même hissées à la première place. La société d'analyses publicitaires télévisuelles Ace Metrix a même classé Doritos à la première position, entre 2010 et 2015, de sa liste des marques les plus efficaces durant un Super Bowl, devant Pepsi, Coca-Cola ou Budweiser. En 2006, la valeur de Doritos aux États-Unis était évaluée à 1,54 milliard de dollars. Dix ans plus tard, elle est estimée à 2,2 milliards de dollars. « Crash the Super Bowl » n'y est sans doute pas pour rien. Après dix éditions, Doritos a finalement décidé d'arrêter cette campagne, le responsable marketing de la marque, Ram Krishnan, expliquant que Doritos devait adapter son approche aux changements démographiques et sociétaux. « Les marques évoluent avec le temps, a expliqué Ram Krishnan à *Fortune*[1].

1. Voir la vidéo « You Can No Longer Make Doritos Super Bowl Ads », 22 janvier 2016, sur Fortune.com.

La cible de notre démarche a grandi. Nous nous focalisons aujourd'hui sur la génération Z qui, elle, n'a pas encore besoin de scène pour briller et crée du contenu à longueur de journée. » Néanmoins, la marque de tortillas a annoncé vouloir poursuivre dans le créneau de la production participative, comme avec l'opération intitulée « Legion of the Bold » lancée en 2014 qui permet aux créatifs en herbe de jouer aux publicitaires toute l'année, et plus uniquement pendant le Super Bowl.

À retenir

1 *Avec « Crash the Super Bowl », la marque Doritos a décidé de faire confiance aux créatifs en herbe. La marque n'a pas fait les choses à moitié et cette confiance se ressent dans l'ensemble de la démarche, comme en témoigne le peu de directives imposées aux participants du concours.*

2 *Avec ce parti pris, Doritos évite d'être dépassé. En confiant à la jeune génération la réalisation d'une publicité sans contraindre à une ligne directrice particulière, la marque s'assure un résultat authentique et représentatif de l'époque.*

3 *La majorité des publicités diffusées lors du Super Bowl coûtent des centaines de milliers de dollars à produire, voire plusieurs millions. Les coûts des spots de Doritos sont bien moins élevés — de 20 à 3 000 dollars — et pourtant ils sont très populaires. En termes d'efficacité, Doritos remet en question avec cette campagne le rôle des agences qui n'ont plus le monopole de la créativité publicitaire.*

4 *Cette campagne stimule constamment les consommateurs de Doritos en les invitant à participer, à regarder les spots ou à donner leur avis. La marque fait de ses finalistes des ambassadeurs de ses produits. Les réalisateurs apparaissent lors de différents événements de la marque, sont coachés par les gagnants des années précédentes et deviennent des personnalités rattachées à Doritos.*

5 *Avec cette démarche Doritos devient plus qu'une marque de tortillas et crée un véritable lien affectif avec ses consommateurs. Doritos devient une marque fun, décomplexée, à l'écoute des jeunes générations et qui n'a pas peur de prendre des risques.*

Retrouvez toutes les ressources iconographiques, bibliographiques, etc., de cette campagne sur
ionisbrandculture.com
Cas n° 28

Dove

Casser les codes pour devenir activiste

Le cas de Dove démontre l'efficacité d'une démarche disruptive quand elle repose sur une excellente compréhension des consommatrices ainsi que des mécanismes propices à la médiatisation. Représenter la « femme normale » et non l'archétype est une alternative valorisante qui met au centre la femme et sa représentation. La démarche politique se marie de belle manière avec l'offre, la qualité et la performance produit. On ne sépare pas la fonction commerciale de la marque, mais on cherche à renforcer la relation autour de notions essentielles aujourd'hui : sincérité, confiance et engagement.

Dove a vu le jour en 1957 aux États-Unis, en proposant des savons contenant de la crème hydratante. De nos jours, Dove est une marque de savon et de produits cosmétiques qui appartient à Unilever. Quand elle lance sa campagne phare sur la « vraie beauté », en 2004, c'est encore un acteur modeste de son marché. Mais en s'appuyant sur une conviction et sur une étude menée en 2004 « Toute la vérité sur la vraie beauté[1] », le challenger trouve un angle de communication imparable : être soi-même. En effet, seuls 2 % des femmes à travers le monde se décriraient comme belles. Dove ose un positionnement inédit s'inspirant du vécu des consommatrices, en se distinguant des leaders du marché. La marque se place en marge d'un secteur où les *establishments* ont installé les canons de la beauté par rapport auxquels s'évaluent les femmes du monde entier. Doit-on nécessairement se rapprocher des standards du mannequinat pour se sentir belle ? Dove affirme que non.

1. Étude dirigée par StrategyOne, menée auprès de 3 200 femmes de 18 à 64 ans, dans 10 pays, entre février et mars 2004.

En fournissant une nouvelle définition de la beauté moins normée, plus réaliste et plus éclectique, Dove crée le débat pour changer les règles du marché en sa faveur. En outre, la marque soulève les questions liées à l'impact des médias et de la culture de masse sur la beauté. Le lancement de la campagne pour « Toutes les beautés » dans 25 pays, avec l'agence Ogilvy, a séduit des millions de femmes.

Qu'est-ce qu'être belle ?

En utilisant une image réaliste des femmes, à l'encontre de celles mises en avant par la plupart des marques et magazines, Dove a validé un premier enjeu : se démarquer de la concurrence et émerger dans un marché publicitaire saturé. Conforté par l'étude menée, Dove confie à Ian Rankins, fondateur du magazine britannique de mode *Dazed & Confused* et photographe de renom, le soin de tirer le portrait d'une galerie de femmes choisies dans la rue. Une femme forte, une octogénaire noire ou une fille couverte de taches de rousseur remplacent alors les mannequins mises en avant comme incarnation d'une beauté normée. Dès leur lancement en 2004, les nouvelles publicités Dove font fureur. Les accroches placées sous forme de questions à côté des portraits de ces femmes, dont l'apparence ne correspond pas aux standards de la beauté, interrogent le public sur le regard qu'il leur porte : « Cette femme est-elle énorme ou pulpeuse ? Ridée ou radieuse ? » Un an plus tard, la marque récidive avec une nouvelle campagne photographiant plusieurs « vraies » femmes dénudées, en sous-vêtements blancs, tout sourires, sans aucune gêne. Reste ensuite à travailler la résonnance de cette initiative. Deux millions d'euros d'investissements plurimédias sont alloués au dispositif en France, comprenant un vaste plan d'affichage (50 % du budget), deux mois de présence dans la presse et la création d'un site dédié relayé par une campagne par des bannières et un e-mailing spécifique. Le tout lancé un 8 mars à l'occasion de la Journée internationale de la femme.

Oser tenir un autre discours

En choisissant de parler aux femmes de leurs ressentis et de leurs complexes, Dove s'est approprié un discours de communication unique et authentique, inspiré d'une réalité. Mais pourquoi cette initiative vient-elle de Dove et non d'une marque leader sur le marché de l'hygiène-beauté ? C'est justement parce que la marque ne tenait pas une position de leadership. Très intelligemment, elle s'est servie de ses faiblesses comme d'une force pour imposer sur le marché une autre forme de discours, à laquelle les autres ont sans doute pensé, mais sans jamais oser le tenir parce qu'elles avaient beaucoup à perdre. Dove, en tant que challenger, avait bien plus à gagner. Le discours de Dove a non seulement été entendu, mais aussi largement applaudi. La marque s'immisce alors dans les colonnes de médias autres que la presse mode. Au total, ce sont 76 articles parus en deux mois, neuf sujets radio et neuf en télévision, pour un équivalent en retombées médias de plus de 1 million d'euros d'achat d'espaces. Selon les chiffres dévoilés par Effie France[2] les résultats de la campagne auprès

2. Voir la campagne Dove sur le site d'Effie France, archive 2005, Effie.fr.

des femmes sont immédiats : outre un agrément extrêmement fort (86 % des femmes de 18 à 34 ans), elles sont 89 % à penser que « Dove aide les femmes à se sentir belles ». Un succès qui se vérifie également sur le plan des ventes puisque, au terme de la campagne, 63 % d'intentions d'achat sont mesurées. De quoi expliquer les ventes record des trois produits lancés suite à la campagne. La réussite de Dove fait des émules sur le marché publicitaire, *a priori* peu enclin à encourager les démarches « démagogues ». Récompensée au Festival international de la publicité à Cannes (Lion d'or), la marque l'est également lors du grand prix de l'affichage, aux Euro Effie Awards, au Top Com, ainsi que par les anti pubs, qui décernent à l'agence un prix dans « l'art de la récupération ».

> « Aujourd'hui, tout le monde a oublié que Dove n'était jadis qu'un savon avec adoucissant intégré. Tout le monde pense maintenant à Dove comme une marque mondiale qui a apporté des choses extraordinaires aux femmes. »
>
> Xavier Charpentier, directeur général associé et fondateur de FreeThinking.

Un succès durable

La démarche de Dove est doublement remarquable. Elle l'est par sa simplicité, avec une attente des consommatrices (*insight*) évidente, massive, centrale, mondiale, compréhensible par tout le monde et que toutes les femmes peuvent s'approprier. Ensuite, elle l'est par sa durabilité : la première campagne sur la « vraie beauté » date de 2004 et plus de dix ans plus tard, elle est toujours utilisée dans diverses actions. Avec cette nouvelle approche de la beauté, Dove n'est plus seulement perçue comme un acteur favorable à cette naturalité, mais comme contestataire d'un système qui triche, ment, maquille et trompe les clientes. Ce sont les fameuses campagnes télévisuelles et surtout virales au service de la naturalité, s'opposant aux retouches systématiques des mannequins avec Photoshop, à une déformation de la réalité. Par ce biais, la marque n'est plus seulement dans une stratégie de communication de ses produits par un principe d'opposition entre la femme naturelle et le mannequin, entre la vraie beauté et la beauté sublimée, mais plutôt entre la beauté vérité et la beauté trafiquée.

Une telle démarche ne peut que profiter à la marque, sur la perception par les consommatrices de sa volonté de mieux servir les femmes. Tous ces succès d'estime seraient à remettre en perspective s'il n'y avait pas de corrélation entre le discours et les ventes. Dove a enregistré une croissance de ventes globale d'environ 60 % depuis 2004, pour passer de 2,5 milliards de dollars de ventes l'année du lancement de la campagne à près de 4 milliards dix ans plus tard.

À retenir

1 *Dove est l'exemple d'un repositionnement réussi par un engagement global, qui oblige la marque à miser durablement sur cette révolution.*

2 *Les fondements sur lesquels la démarche de Dove est structurée — l'idée qu'il faille casser avec les codes traditionnels de la beauté, contester les artifices — ne sont pas nouveaux. Elle ne demandait qu'à exister puisqu'elle permettait de se positionner autrement — ce qui est d'une grande difficulté dans un domaine aussi encombré que celui des produits cosmétiques.*

4 *En incarnant la marque d'aujourd'hui, qui comprend l'envie des femmes de bénéficier d'une relation de confiance, qui élimine les artifices traditionnels du secteur, Dove quitte obligatoirement la sphère du glamour et le discours technique des produits. C'est une logique qu'il faut prendre en considération, en optant pour une culture nouvelle de l'innovation, plus utile pour la cliente que pour la seule dynamique commerciale de la marque.*

5 *Durabilité, authenticité et proximité sont les trois facteurs clés de succès des campagnes Dove. En se faisant le défenseur de l'estime personnelle des femmes, la marque a gagné leur empathie et leurs promesses d'achat.*

Retrouvez toutes les ressources iconographiques, bibliographiques, etc., de cette campagne sur
ionisbrandculture.com
Cas n° 13

Évian, « Le ballet »

Raviver le mythe de la fontaine de jouvence

Dans les années 1990, les consommateurs sont perdus entre eaux minérales et eaux de source : laquelle choisir ? Faut-il opter pour la bouteille la moins chère ? Il est nécessaire pour Évian de réaffirmer son positionnement afin de justifier son écart de prix. Avec « Le ballet », un modèle de clairvoyance, de courage et d'engagement créatif, la marque d'eau minérale va renforcer son identité et sa valeur. Ce spot est aujourd'hui toujours considéré comme l'un des préférés des Français.

Au cours des années 1990, le marché des eaux en bouteille voit se développer une nouvelle catégorie de boissons, celle des eaux de source, bien moins chères pour les consommateurs. Cristalline en est un exemple. Chaque année, ses parts de marché bondissent, taillant des croupières aux références installées depuis longtemps comme Vittel, Volvic et Évian. L'eau minérale de Danone doit donc faire face à un nouvel enjeu, celui de justifier son écart de prix avec les nouveaux entrants. La marque doit de réaffirmer le positionnement « santé » qui fait son succès, mais qui ne suffit plus à séduire les consommateurs en période de concurrence accrue. Numéro 2 mondial en volume des eaux en bouteille, vendue à l'origine en pharmacie, Évian devient un produit haut de gamme dans plusieurs pays du monde grâce à sa politique marketing et capitalise avec succès depuis des années autour de deux grandes valeurs ajoutées : son équilibre et sa spécificité « d'eau pour les bébés ». Elle est l'archétype de l'eau minérale et s'appuie sur un mythe fondateur fort et chargé de symboles : les Alpes. Sa réputation d'eau bénéfique pour la santé date du début de sa commercialisation, en 1790, son identité est clairement définie et sa raison d'être largement installée dans l'esprit du public. Mais dans ces années de prise de conscience par les consommateurs de la valeur des achats et surtout de la différence de prix entre les produits, les axes de communication de la marque ne permettent plus de fidéliser assez solidement la clientèle.

Reconsidérer une stratégie fermement établie

Évian rencontre un problème courant dans le marketing, sans doute l'un des plus complexes à solutionner : la difficulté de se réinventer de manière forte lorsqu'on est solide sur ses éléments de communication, une situation comparable à celle de la campagne américaine « Got milk ? ». C'est cette problématique que l'agence BETC va résoudre, opérant un décalage stratégique en passant de « l'eau équilibre » à « l'eau de la préservation » puis à la fameuse source de jouvence. Évian va amorcer un léger virage en 1998 pour devenir une « eau de jeunesse » qui permet de préserver sa santé, de se sentir jeune le plus longtemps possible. Il n'y a rien d'outrancier, de faux ni de provocant : juste une commutation dans la pensée et la finalité de la marque. Le défi de l'agence est alors de trouver la manière la plus forte, la plus évidente, mais surtout la plus en phase avec la marque, pour faire passer cette idée sans renier ses points d'ancrage. Tout résidera dans une phrase d'accroche : l'eau Évian est « déclarée source de jeunesse par votre corps ». C'est le mythe de la fontaine de jouvence mise en bouteille : avec Évian, on se donne plus de chances de rester jeune toute sa vie. En optant pour ce pilier stratégique de communication, Évian fait écho à un état de fait : nous sommes jeunes de plus en plus longtemps et les êtres humains vieillissent sans se sentir vieillir. Évian s'adresse à tous ces éternels non vieux. Évian fait passer ce message en exploitant le lien solide qu'elle entretient avec le monde des bébés. Dans le film publicitaire intitulé « Le ballet », la marque met en scène des bébés nageurs. L'image qu'elle renvoie de la jeunesse se retranscrit à travers un état d'esprit empli d'enthousiasme, d'envie de vivre et d'émerveillement. Selon Évian, un bébé sommeille en chacun de nous. Les bébés jouent un rôle symbolique essentiel, ils représentent le lien entre l'eau et la jeunesse. Mettre en scène des nouveau-nés vise également à transmettre un message de pureté et de santé. La prouesse du film est d'avoir exploité le passé pour proposer une vision plus actuelle.

> « Évian rend service aux gens en leur disant que, quel que soit leur âge, s'ils prennent soin d'eux, boivent cette eau et continuent à faire plein de choses, nul ne pourra leur dire qu'ils sont vieux seulement parce qu'ils sont âgés. »
>
> Mercedes Erra, présidente exécutive d'Havas Worldwide et fondatrice de BETC.

Cibler les jeunes adultes

« Le ballet » d'Évian est considéré, en France, comme l'une des publicités les plus appréciées de tous les temps. Dès sa diffusion, le film a suscité une réelle émotion populaire, renforçant la relation entre la marque et ses consommateurs : retombées presse en grand nombre, appels enthousiastes et lettres de félicitations de la part des consommateurs. Rares sont les marques de produits de grande consommation à bénéficier d'une telle aura médiatique. Un mois après la campagne, Évian gagne 1,1 point de part de marché et son taux de pénétration progresse d'un point entre 1998 et 1999. Des augmentations significatives dans ce secteur ultra-concurrentiel. La marque renforce sa fidélisation et fait la démonstration qu'il n'y a pas de fatalité dans la perte de parts de marché face à des outsiders *low cost*, la solution passe souvent par une remise en question. Selon Ipsos, les scores de reconnaissance et d'agrément atteignent des niveaux de 91 % à 94 % et l'incitation à l'achat s'élève à 70 %. Toujours selon Ipsos, en 1999, 93 % des sondés sont convaincus que l'eau d'Évian agit sur l'organisme et 81 % estiment qu'elle entretient la jeunesse. Le film est lauréat du Grand Prix Stratégies en 1999, remporte l'Epica Awards et un prix au Festival international de la publicité à Cannes. Plus de quinze ans après sa diffusion, le spot est encore une grande référence. Cette campagne a permis à Évian, marque riche de plus de deux cents ans d'histoire, de renforcer nettement et durablement son leadership sur toutes ses cibles prioritaires : les consommateurs, les clients fidèles, les distributeurs, les leaders d'opinion, mais également les jeunes adultes.

Un nouvel axe créatif

En 2000, Évian remplace les bébés par des seniors, l'eau minérale de Danone devient alors un élixir de jeunesse. En 2003, elle remet en scène ses fameux bébés chantant l'air de *We Will Rock You* de Queen : c'est la campagne « Forever young ». En 2009, Évian frappe toujours plus fort en mettant en scène une bande de nouveau-nés faisant du break dance sur des patins à roulettes : ce sont les « Évian roller babies », qui remporteront à leur tour le grand prix Effie 2010. L'année suivante, la campagne « Baby inside » d'Évian joue la carte du stop motion et lance en complément des tee-shirts, vendus partout dans le monde, où un corps de bébé imprimé sur le textile vient compléter le visage de celui qui le porte. En 2013, Évian lance « Baby & Me », une publicité mettant en scènes des bébés dansants. En 2015, Évian lance la campagne « Little big baby », sous forme d'un affichage diptyque bébé/adulte.
Une première affiche laisse percevoir les jambes d'un adulte avec une bouteille d'Évian tandis que l'affiche d'à côté, comme dans le prolongement de l'image, propose le haut du corps et la tête d'un bébé.
Évian a retrouvé une source de jeunesse très inspirante qui lui permet de résister mieux que d'autres à la concurrence grâce à sa campagne « fondatrice ». Ce ballet des bébés démontre qu'il est possible de sortir des éléments de communication traditionnels d'une marque, exprimés avec

Retrouvez toutes les ressources iconographiques, bibliographiques, etc., de cette campagne sur
ionisbrandculture.com
Cas n° 24

élégance et habitude, mais qui n'ont plus réellement d'effets sur les publics. Autant de raisons qui pousseront l'embouteilleur d'eau minérale à structurer sa stratégie créative autour de cette campagne jusqu'à aujourd'hui. Ce qui tombe sous le sens lorsqu'on additionne l'impact de cette stratégie sur ses parts de marché, sur son image de marque et sur les avantages concurrentiels. Les effets médiatiques qu'apportent ces campagnes, leur créativité et audace, leur capacité à se situer dans la vie des gens sont un gain en actualité, en présence et en modernité pour une marque qui ne semble pas prête de vieillir.

À retenir

1 *La marque a eu le courage de casser ses habitudes. Elle était solidement installée en haut de son marché, dominant très bien ses concurrents, mais ne pouvant accepter de se cantonner à un leadership sur des parts de marché en baisse.*

2 *Les acquis d'une marque sont des avantages qui ne doivent pas bloquer sa modernité, sa compétitivité, son attractivité. Les répéter reste utile, mais ne suffit pas toujours face à des concurrences plus dures et aux mutations des marchés.*

3 *Dans certains cas, des territoires de communication forment d'excellents acquis, mais risquent, avec le temps, de bloquer la marque, de la figer. On est fort sur son expérience, sur le travail accompli, au point qu'on n'ose plus changer.*

4 *La jeunesse est un état d'esprit pour la marque, son image est sympathique, vive, proche de ses consommateurs. La marque prône une façon de voir la vie et de regarder le monde avec des yeux d'enfants. Plus qu'un slogan, la jeunesse est devenue l'ADN et la mission d'Évian.*

Intermarché, « Les fruits et les légumes moches »

Sublimer la difformité et changer les règles

En 2014, des étalages de fruits et légumes « moches » sont installés dans l'Intermarché de Provins en Seine-et-Marne. Ils ne correspondent pas exactement aux normes habituelles d'aspect de ces produits. Pour compenser leur disgrâce d'allure, Intermarché les vend 30 % moins cher que les autres. L'objectif est d'éviter le gaspillage, car 40 % des fruits et légumes produits ne rentrent pas dans les standards de formes imposés par les centrales d'achat. Une campagne à effets multiples, essentielle pour une marque en quête de modernité.

En 2013, quand Intermarché fait appel à l'agence Marcel (du nom du fondateur du groupe Publicis, Marcel Bleustein Blanchet), c'est parce que l'enseigne sait qu'elle a besoin de se placer, à tous les niveaux, sur le terrain de l'innovation, car elle vogue depuis plusieurs décennies dans un océan concurrentiel en constante évolution.
Intermarché, coopérative regroupant des adhérents, est une enseigne française de grande distribution du groupement Les Mousquetaires.
Elle a été fondée en 1969 sous l'enseigne EX Offices de Distribution (EX) par Jean-Pierre Le Roch, suite à la scission entre Édouard Leclerc et 92 adhérents de ses centres. Par la suite, les EX deviendront, en 1972, Intermarché.

Le groupement prend ses décisions de manière collective et démocratique et multiplie les ouvertures. L'enseigne s'internationalise à partir de 1988 avec l'ouverture de points de vente en Espagne, en Belgique, au Portugal puis en Pologne. Pour fêter son 40e anniversaire en 2009, le groupe inaugure son premier drive et développe le concept du « Discount utile ». Le groupement Les Mousquetaires annonce l'extension du nom Intermarché à toutes leurs filiales alimentaires, hormis Netto. Outre son développement sur le secteur de l'e-commerce, l'enseigne se décline en Intermarché Hyper, Intermarché Super, Intermarché Contact, Intermarché Express, service de location de véhicules utilitaires et de tourisme. La marque sait innover et n'est pas réfractaire au changement. Néanmoins, l'enseigne sait aussi qu'elle compte un grand nombre de points de vente en Europe et en France qui ont besoin d'un souffle de modernité, au moment où le drive et la livraison à domicile chamboulent le modèle de la distribution.

Quoi ma gueule ?

Il est donc nécessaire pour l'enseigne de grande distribution de trouver de nouveaux services, de nouvelles offres, pour redonner aux consommateurs l'envie de venir dans ses magasins. C'est ainsi qu'en 2014, année européenne contre le gaspillage alimentaire, Intermarché et l'agence Marcel mènent une réflexion d'envergure sur les responsables du gaspillage. On en dénombre trois principaux : les industriels qui se débarrassent d'une partie de leur fabrication ; les consommateurs qui jettent des produits qu'ils n'ont même pas consommés ; les distributeurs qui font office d'intermédiaire. Intermarché décide alors d'utiliser le sujet du gaspillage pour créer une nouvelle offre qui ne sera pas seulement un thème de communication, mais aussi une démarche qui fera changer durablement les comportements. L'idée viendra d'une analyse des commentaires des clients d'Intermarché postés sur les réseaux sociaux de l'enseigne : en pleine année de lutte contre le gaspillage alimentaire, ces clients ne comprennent pas que certains légumes ne soient pas mis en vente. La partie de la production qui ne répond pas aux critères de taille, de forme et d'aspect pour être placée dans les étalages des distributeurs est écoulée de manière parallèle, c'est-à-dire qu'une petite partie est bradée à des industriels et que l'autre est jetée. D'après l'Organisation des Nations unies pour l'alimentation et l'agriculture (FAO), de 10 à 30 % de fruits et légumes, selon les variétés, seraient perdus chaque année à cause du calibrage. Eurêka, l'idée est trouvée !

Retrouvez toutes les ressources iconographiques, bibliographiques, etc., de cette campagne sur **ionisbrandculture.com**
Cas n° 61

La beauté intérieure

Intermarché s'engage et prend parti en intégrant les fruits et légumes non calibrés dans ses rayons. En parallèle, l'enseigne souhaite mettre en lumière une vérité : les consommateurs se sentent concernés par le gâchis alimentaire, mais ne le prouvent généralement pas par leurs actes.

L'enseigne permet ainsi aux consommateurs de vivre l'expérience, en magasin, en testant ces fruits et légumes hors calibre, qui ne sont pas cachés dans les fonds des cagettes, derrière leurs homologues au calibrage parfait, mais sont à l'inverse bien exposés dans des étalages à part. Ils ont même droit à une labellisation spécifique sur le ticket de caisse. Leur difformité est pleinement assumée, tout en rappelant qu'une fois cuisinés les légumes « beaux » ou « moches » ont le même aspect : « L'orange moche, ça fait du très bon jus » ; « La pomme de terre moche, élue miss purée 2013 » ; « L'aubergine moche, à ce prix-là, elle pourrait être encore plus moche », peut-on lire sur les affichages et étiquettes. Une accroche dédiée par fruit et légume moche les personnifie et interpelle directement les clients.

> « Le plus important, c'est l'intérêt des clients pour ces nouveaux produits qui changent radicalement la manière de vendre des fruits et légumes. »
>
> Pascal Nessim, président de l'agence Marcel.

Succès total

L'initiative est testée pendant trois jours dans l'hypermarché de Provins : 1 200 kilos de carottes, pommes et oranges sont proposés aux clients, ainsi que des jus d'orange et des soupes de carottes. En parallèle, des fruits et légumes accompagnés de visuels sont envoyés à des journalistes et des blogueurs pour donner un peu plus de retentissement à la démarche. Le succès est immédiat : la quasi-totalité du stock s'écoule en 48 heures. L'article du magazine *LSA*[1], spécialisé dans la grande distribution, qui relate l'événement est devenu le plus lu de l'histoire du site. L'opération a été relayée par trois émissions télé (*La nouvelle édition, Télématin, 100 % mag*), deux radios (RTL et Europe 1), vingt articles de presse et cent quarante articles web. Au total, en un mois, la campagne des « fruits et légumes moches » d'Intermarché a touché 13 millions de personnes et a engendré 24 % de trafic supplémentaire en magasin. Tout cela pour un investissement dérisoire : quelques milliers d'euros d'achat d'espaces. En s'appuyant sur un argument écologique, l'initiative touche la clientèle qui repense sa manière d'acheter et de consommer des fruits et légumes.

1. Lire l'article « Fruits et légumes moches, un simple coup de foudre », juin 2014, sur Lsa-conso.fr.

Intermarché a réussi à se positionner comme un défenseur de grandes causes. Depuis octobre 2015, les « fruits et légumes moches » sont vendus chez Intermarché dans tout l'Hexagone. Dans la foulée, les concurrents de l'enseigne ont annoncé le lancement d'une offre semblable dans leurs points de vente : Auchan et Monoprix se sont par exemple associés à l'association Les Gueules cassées afin de proposer des produits moins chers et non calibrés.

À retenir

1 *Il était nécessaire de redonner envie aux consommateurs de se rendre en grande surface pour faire leurs courses, et la « guerre des prix » est indispensable pour les enseignes, mais elle ne suffit pas à créer du sens, du désir et de la relation.*

2 *Il vaut mieux s'insérer dans une conversation plutôt que la créer, afin de toucher directement les centres d'intérêt des individus. Avec la démarche des « fruits et légumes moches », Intermarché a répondu à un problème déjà existant dans l'esprit des gens.*

3 *Les consommateurs attendent des marques qu'elles embrassent un rôle sociétal. En orientant sa réflexion sur le sujet de l'année européenne contre le gaspillage alimentaire, Intermarché a fait coup double.*

4 *Il est possible de changer l'image d'une enseigne à partir d'un seul point de vente, grâce à une démarche de prototype. Il n'est pas toujours nécessaire de faire des lancements à grande échelle.*

Total, « Vous ne viendrez plus chez nous par hasard »

Imposer une révolution culturelle pour s'émanciper de son marché

Le cas de Total est exemplaire dans la capacité qu'a une entreprise à s'imposer une révolution culturelle pour sortir de l'étau de son marché. Pour renforcer la valeur de marque institutionnelle, mais également financière, Total a compris qu'elle devait constituer un réseau de stations-service — le second terme est essentiel — plutôt que se cantonner à des points de vente d'un produit banal, invisible, dont on ne comprend pas toujours la spécificité et que l'on jugera avant tout sur le prix de vente. C'est la transition réussie d'un produit de commodité à une marque moderne qui prend en compte le client et le met au centre de son offre.

Lorsque Serge Tchuruk arrive à la tête de Total au début des années 1990, l'un de ses objectifs est de mettre en place un nouveau plan stratégique pour l'entreprise qui passe par une meilleure rentabilisation de ses nombreux points de vente sur les autoroutes, où Total est leader, et sur le reste du territoire. L'une des pistes étudiées est celle d'améliorer la qualité et le nombre de services proposés dans les stations.

Une réflexion stratégique

Toute réflexion stratégique débute par l'observation des clients, par la compréhension de leurs attitudes et de leurs comportements. C'est ce que fit Total épaulée par l'agence CLM/BBDO, en 1991, puis par Harrison & Wolf à partir de 1998. Et le constat est toujours identique : on s'arrête dans une station en fonction des besoins d'essence, plutôt par hasard ou pour le prix, que pour des choix motivés. Pour les clients, l'essence est un produit identique, quel qu'en soit le distributeur. Total comprend alors que l'enjeu n'est pas de se focaliser sur l'essence, d'autant que les grandes surfaces commencent à devenir une concurrence de plus en plus menaçante. L'intelligence de la campagne est d'avoir mis l'accent sur la deuxième facette de ce qui fait les stations-service, c'est-à-dire les services. Or à l'époque, ils ne sont pas encore aussi développés qu'aujourd'hui.
Total a saisi qu'il était temps de rapprocher le système de distribution en France de ce qui se faisait dans d'autres pays. L'entreprise a décidé qu'il fallait désormais assumer d'être une station-service et pas seulement une station vendant de l'essence. La société a imposé une révolution en créant de la fidélisation avec des cadeaux.
L'entreprise pétrolière a mis en œuvre un plan de campagne reposant, en premier lieu, sur des investissements massifs dans la nouvelle identité des points de vente, sur un soutien publicitaire important, mais surtout sur des éléments clés du service qui vont permettre d'appuyer le discours en matière de communication. Par ce travail sur le service, avec cette signature qui engage le personnel qui est garant du service — en mettant en scène celui dont tout dépend, le pompiste — Total va réussir à se démarquer, à gagner le combat de la modernité d'enseigne, à la fois actuelle et plus orientée vers le client.

Entrer dans le concert de la mondialisation

La campagne, lancée en 1991, est célébrée au cours de la décennie comme l'une des plus remarquables. Elle est maintes fois primée, devenant un cas de référence pour illustrer les capacités de transformation des entreprises. Elle fonde sa réputation sur des résultats tangibles : le réseau Total s'impose comme leader du marché de distribution de produits pétroliers, créant et fidélisant une clientèle qui n'avait pas l'habitude de faire un choix spécifique, notamment avec la mise en place la carte de fidélité, qui va prolonger ce processus de reconnaissance et de valorisation de la clientèle.

Retrouvez toutes les ressources iconographiques, bibliographiques, etc., de cette campagne sur
ionisbrandculture.com
Cas n° 32

La réputation de ce cas vient aussi du contexte de récession mondiale du début des années 1990, causée par la guerre du Koweït, la « seconde guerre du Golfe », et l'effondrement des pays de l'Est. La campagne publicitaire de Total met l'accent sur des dimensions qui prennent plus d'importance que la consommation : la différenciation des lieux et du contexte (valorisation, design), la volonté de mettre le client au centre des processus, le service comme valeur essentielle du produit fourni, les processus de fidélisation.
Au début de cette décennie, c'est aussi le plein essor du marketing personnalisé, individualisé (*one-to-one* marketing) par opposition au marketing de masse.
Dans les années 2000, face aux enjeux politiques, aux crises et critiques multiples (l'Erika, AZF, superprofits, Birmanie, etc.), la communication institutionnelle de Total, comme celle de BP et d'autres, a porté sur la démonstration de l'utilité de l'entreprise à travers son implication dans la préservation de l'environnement et sur les techniques d'exploitation « propres ».

Total est une entreprise trop puissante, trop visible, opérant sur un secteur trop stratégique, pour ne pas être sous les feux des projecteurs. La communication de sa marque est donc fortement dépendante de l'état de l'opinion à un moment donné et du niveau de mobilisation des médias, les deux pouvant s'enflammer au moindre buzz ou oublier et passer à un autre sujet tout aussi vite.
Après vingt-cinq ans de bons et loyaux services, la devise « Vous ne viendrez plus chez nous par hasard », fonctionne toujours bien en France. Mais comme elle n'est pas compréhensible à l'étranger, elle est donc abandonnée. Le marketing de Total fait peau neuve et met en scène sa nouvelle signature mondiale « Énergisons la vie chaque jour », à travers des spots télé conçus par l'agence BETC. Pour Total, il s'agit désormais de mener une stratégie marketing à l'international, de se tailler une place à l'échelle mondiale, en particulier en Asie et en Amérique du Sud, là où émergent de nouvelles classes moyennes.

« Une campagne qui transforme l'entreprise et mobilise l'interne. »

Nicolas Bordas, vice-président de TBWA\Europe et président de BEING Worldwide.

À retenir

1 La réussite de la « révolution » mise en œuvre par Total en 1991 démontre une excellente connaissance et une écoute des aspirations et des attitudes des consommateurs, mais également des publics internes, en particulier ceux en charge des stations essence.

2 La réussite est le fruit d'une grande cohérence opérationnelle, de terrain, mais aussi au niveau de la formation et de la motivation du personnel. Se différencier par le service n'est pas viable si l'on se cantonne à une promesse. La réalité observable dans la pratique quotidienne de la station-service (mise à disposition de chiffons et du fameux chauffe-biberon, propreté des toilettes) et l'humeur du personnel sont autant de preuves qui confirment ou infirment la différence voulue et déclarée.

3 Une filiale, en l'occurrence les stations-service, est dépendante des évolutions et des incidents de parcours de sa marque mère, surtout quand elle porte le même nom. Aujourd'hui, même si les combats contre Total, les boycotts, les pétitions ou les détournements publicitaires n'ont pas atteint profondément la marque, elle a subi une perte de la cote d'amour qu'elle avait su si bien construire au cours des années 1990.

Le calendrier Pirelli

Un objet communiquant d'exception

Avec son calendrier, Pirelli a réalisé une vraie leçon de marketing. L'histoire d'un calendrier de pin-up publié depuis 1964 par la filiale britannique du groupe Pirelli, qui devait n'être qu'un objet promotionnel annuel, mais s'est transformé en rareté, créant la pénurie et attirant le buzz médiatique au point de bouleverser l'image de la marque italienne. Avec son calendrier, Pirelli fabrique son ADN.

« Pirelli n'a pas créé un message ou une campagne : la marque a créé un objet communiquant. »
Monique Wahlen, cofondatrice de l'agence Le Cabinet.

Le calendrier Pirelli, surnommé « The Cal », est sans doute le calendrier le plus prestigieux au monde. Cet objet publicitaire à tirage limité (quelques milliers d'exemplaires) n'est pas mis en vente, mais offert à quelques clients importants et à des célébrités. Il met en scène des top models — qui considèrent comme un honneur d'y figurer — photographiés par les plus grands artistes. Comment un simple cadeau publicitaire s'est-il hissé au rang d'objet culte ?

Une porte d'entrée vers le monde du luxe

Le plus étonnant, c'est qu'une marque de pneus en soit à l'origine. La société, créée en 1872 à Milan, est le cinquième producteur de pneumatiques au monde et l'un des principaux fabricants positionné sur le haut et très haut de gamme. Présente dans plus de 160 pays, la société compte 25 sites de production et emploie plus de 37 000 personnes. La marque est présente dans la compétition automobile depuis 1907 et est fournisseur exclusif du championnat du monde de Formule 1 et de GP2 depuis 2011.

En 1964, désireuse d'insuffler du glamour dans l'univers de la marque, la filiale britannique de Pirelli recrute Derek Forsyth pour élaborer le premier calendrier Pirelli. Il fait appel à Robert Freeman, le photographe préféré des Beatles, pour donner naissance au premier The Cal. Rapidement, ce simple cadeau publicitaire devient un objet culte, avec ses photographies consacrées à la beauté féminine, qui vont du glamour jusqu'au nu artistique, parfois osé. Sa publication a été suspendue de 1975 à 1983, par mesure d'économie suite à la récession mondiale provoquée par le premier choc pétrolier. Il ressuscite en 1984 et n'a plus cessé de paraître depuis.

Figurer dans ce calendrier est perçu comme une marque de reconnaissance par les mannequins, comme pour les photographes. Selma Blair, Naomi Campbell, Cindy Crawford, Milla Jovovich, Heidi Klum, Kate Moss, Penelope Cruz, Eva Herzigova, Rosie Huntington-Whiteley ou encore Laetitia Casta y ont figuré. En grande partie parce qu'il fait appel à des photographes mondialement réputés qui sentent les évolutions, il n'a jamais dérapé. La disproportion entre les rares critiques et la reconnaissance du travail artistique est un atout considérable.

Les acteurs du calendrier sont les supports de sa réputation, tout en étant d'exceptionnels accélérateurs de médiatisation. La marque Pirelli — à l'origine peu légitime dans l'univers du luxe, car produisant un bien de grande consommation — est devenue une incarnation de la rareté, d'une certaine élégance et, tous les ans, le lancement du calendrier est un des rendez-vous très attendus par les passionnés et les collectionneurs. Journalistes, clients fortunés, partenaires de la marque et invités de prestige se pressent pour célébrer la sortie de ce qui est devenu une véritable icône.

Un levier de diffusion de l'image de marque

On peut imaginer que la marque ne recherchait pas nécessairement cet effet en éditant son premier calendrier en 1964. En effet, il s'inscrivait dans la logique traditionnelle du cadeau de fin d'année. Cependant, avec le temps, l'intention de départ de « beau cadeau » aux fournisseurs et clients privilégiés s'est transformée.

Retrouvez toutes les ressources iconographiques, bibliographiques, etc., de cette campagne sur
ionisbrandculture.com
Cas n° 66

Comprenant rapidement qu'elle avait une carte à jouer, la marque a su faire ce qu'il fallait pour donner de nouvelles ambitions à son calendrier. Pirelli a su investir à la mesure de l'enjeu et, contrairement à nombre de marques dont les prétentions « haut de gamme » se heurtent à des moyens qui ne sont pas à la hauteur, la marque italienne n'a jamais sacrifié la qualité de son calendrier dont les coûts annuels de création et de fabrication sont estimés entre 1,2 et 1,6 million d'euros. Ensuite, la gestion de la rareté, en amont comme en aval, donne une tout autre dimension à l'objet. C'est d'ailleurs fondamental dans la démarche de Pirelli. Au départ, la marque en imprimait environ 40 000 ; aujourd'hui, elle n'en produit plus que 20 000 dont moins de 400 sont distribués en France. Les photos sont présentées au compte-gouttes dans les médias, ce qui attise la curiosité et pousse les chaînes de télé, magazines et publications à y consacrer chaque année des sujets entiers. Autant de raisons qui font du calendrier l'étendard de la marque sur le plan international : en l'associant à un marketing à 360 degrés, il est devenu le point de départ d'une démarche et non la finalité. C'est un outil en soi, mais surtout un levier de diffusion de l'image de la marque. Il forme un tout, une vraie démonstration de *storytelling* dans la durée et dans la constance, ce qui est suffisamment rare pour être remarqué.

Un investissement payant

Le Cal rapporterait près de 45 millions d'euros de retombées commerciales à Pirelli. La marque dispose maintenant d'une image et d'une réputation excellentes. Aujourd'hui perçue par l'opinion publique comme étant une marque de luxe, Pirelli peut renforcer son positionnement et donc le différentiel de prix de ses produits, sur un marché très sensible à cet argument. À l'exception du leader, Michelin, qui peut s'appuyer sur sa mascotte Bibendum pour unifier les communications, symboliser la marque et signifier sa proximité au consommateur, Pirelli jouit d'un statut de marque à part. L'objet qu'elle édite est aujourd'hui une référence et une institution.

À retenir

1 *L'avantage concurrentiel du haut de gamme est connu, mais il n'est jamais garanti. Dans le cas de Pirelli, la marque continue avec constance, adaptabilité, impact et capacité à faire parler de son produit.*

2 *L'obsession qualitative à tous les niveaux est une réalité chez Pirelli. Quelle que soit l'année, quel que soit le thème ou le photographe, il s'agit toujours de concevoir, d'imprimer, de distribuer avec parcimonie un objet rare, désirable, valorisant.*

3 *La gestion stratégique de la rareté s'est amplifiée au cours du temps. Il peut paraître surprenant, à l'ère de la démultiplication des réseaux, des influenceurs et des médias en tous genres, que Pirelli restreigne le nombre de ses calendriers. Cette gestion habile de la pénurie permet d'éviter la banalisation par l'inflation. La marque se veut rare, comme la qualité de ses produits, comme la diffusion de son icône.*

4 *La communication institutionnelle ou publicitaire reproduit des codes et des récits développés depuis des décennies. Les gros investissements dans le sponsoring sportif (F1, rallyes, MotoGP) apportent une notoriété forte, mais pas toujours une avance en désirabilité. Le calendrier Pirelli, qui n'arrive en réalité qu'auprès de quelques milliers de récipiendaires, crée un halo d'image de marque très favorable pour imposer une différence.*

5 *Les phénomènes d'imitation valorisent le créateur initial. Depuis vingt ans, la multiplication des calendriers (magazines, marques, enseignes, clubs sportifs, vedettes plus ou moins célèbres et dénudées) profite à Pirelli. La marque développe une distance qui la valorise, la distingue, lui donne encore plus de hauteur.*

American Express, « Membership rewards »

La fidélisation exemplaire

Les attentes des clients ne se limitent pas à la satisfaction de la consommation, mais aux expériences qui permettent d'ouvrir des horizons, de proposer de nouveaux usages et de vivre autrement le rapport au produit. L'implication du consommateur, encore davantage aujourd'hui avec les nouveaux outils de communication et surtout de réciprocité qui ont changé profondément la donne, doit être accentuée. Le cas du programme de fidélité d'American Express en est l'un des meilleurs exemples.

En l'espace d'une décennie, la relation entre les marques et leurs clients a été chamboulée, créant de nouveaux équilibres plus favorables à ces derniers. C'est le nouveau principe de la « marque partagée » (*co-branding*), à savoir l'idée que la marque appartient, d'une manière bien plus symbolique que réelle, aussi à ses clients. Le corollaire de cette transformation — dont toutes les études conviennent — est la mutation d'une relation fondée sur des promesses et de multiples formes de valorisation à une relation fondée davantage sur des preuves, consacrée par un activisme réciproque. Les entreprises ou les marques quittent la seule prise de parole pour aller vers des propositions d'expérience. Et dans un marché ultra-concurrentiel, la fidélité est quelque chose de précieux qui doit être appréhendé comme tel par les marques. La naissance du programme Membership rewards d'American Express, l'entreprise financière américaine, découle directement de ce dernier point.

La carte de paiement devient carte de fidélité

American Express (Amex) est une entreprise financière américaine spécialisée dans les moyens de paiement et acteur de premier plan dans l'organisation de voyages d'affaires. Elle est estimée à près de 19 milliards de dollars et compte plus de 58 000 collaborateurs à travers le monde, dont près de 3 000 en France.
Son histoire remonte à plus d'un siècle. En 1841, dans l'État de New York, Henry Wells crée une entreprise de transport de fonds, puis il s'associe avec William Fargo et John Warren Butterfield pour fonder American Express en 1850.
En 1852, Henry Wells et William Fargo créeront la Wells Fargo & Company, présente tant dans le secteur bancaire que dans les transports terrestres, pour étendre leurs actions en Californie. En 1866, Wells Fargo, Holladay et Overland Mail, trois entreprises de transport fusionnent sous le nom de Wells Fargo. Leur entreprise, American Express, lance en 1891 ses chèques de voyage, les fameux *travelers cheques*. Puis, American Express invente la carte de crédit Diners Club (sous forme de petit carnet), en 1950, et face à son succès grandissant, l'entreprise lance sa première carte de paiement en plastique aux États-Unis en 1958. Au cours des années 1980, Amex cherche à intensifier l'utilisation de ses cartes, car la concurrence fait rage avec le développement des technologies facilitant les paiements par cartes (optimisation des terminaux et de la sécurité), l'accroissement de la consommation, de l'industrie du tourisme, et la démultiplication des transports aériens pour les cadres.
American Express jouit néanmoins d'une longueur d'avance sur le marché du co-marquage (*co-branding*), alliance de deux sociétés sur un produit ou un service grâce à des partenariats mis en place très tôt avec des marques prestigieuses. La stratégie d'American Express consiste donc à mettre en place un cercle vertueux entre les clients qui utilisent sa carte et les commerçants qui l'acceptent, avec pour objectif la fidélisation de tous grâce à des points échangeables en cadeaux.
C'est ainsi que le programme Membership rewards est né. En une vingtaine d'années, le programme s'internationalise et s'intensifie grâce à une grande diversité d'offres, avec des compagnies aériennes, des loueurs d'automobiles, des chaînes hôtelières, et prend de la valeur avec des partenariats à fort potentiel (Montblanc, Apple, Air France). Forte de 90 millions de membres dans le monde, l'entreprise dispose, avec son programme, d'un outil structurant et durable, un levier pour gagner des batailles de court et de moyen, long terme, comme le souligne Frederick Reichheld[1] : « À court terme : sur des marchés de plus en plus saturés où la situation concurrentielle se durcit, les coûts de prospection de nouveaux clients sont supérieurs aux coûts de conservation des clients. Dans cette hypothèse, un opérateur rationnel préfère investir pour conserver les clients qu'il a, plutôt que de tenter de conquérir les clients servis par d'autres fournisseurs. Lesquels en général ne se laisseront pas faire et feront tout pour conserver leurs clients et en particulier les meilleurs. [...] À moyen, long terme :

1. Frederick F. Reichheld, *L'Effet loyauté : Réussir en fidélisant ses clients, ses salariés et ses actionnaires*, Dunod, 1996.

les études montrent qu'il existe — sur une longue période — une corrélation entre capacité d'une organisation à fidéliser ses clients et ses résultats concrets, exprimés en part de marché, en rentabilité et en croissance. Les entreprises qui sont en mesure de conserver leur base clientèle et en particulier leurs "bons clients" sont celles qui non seulement résistent le mieux aux dépressions conjoncturelles, mais aussi sont les plus capables de financer leurs projets de développement. »

Une marque dévouée à rendre plus simple le quotidien de ses usagers

L'entreprise doit en permanence parfaire son programme Membership rewards. Qu'elle soit professionnelle ou personnelle, verte ou gold, l'essentiel est de stimuler l'utilisation de la carte par un système de récompenses et que les clients échangent régulièrement leurs points en cadeaux. Il faut que, quotidiennement, l'usager ressente qu'il a des avantages à être chez American Express et à y rester. L'un des éléments essentiels de cette stratégie repose sur l'importance accordée au parrainage de nouveaux clients. En proposant des cadeaux, des réductions, des points supplémentaires, American Express transforme ses clients en très bons recruteurs, d'autant qu'ils sont eux-mêmes une preuve des avantages du procédé. Aujourd'hui, American Express est classée 24e marque internationale et 1ère marque financière par Interbrand, filiale du groupe Omnicom, qui utilise une méthodologie certifiée pour son rapport annuel Best Global Brands, une étude pour le classement des 100 marques mondiales les plus valorisées. Un succès auquel n'est pas étranger le Membership rewards qui a permis à l'entreprise de constamment gagner des clients au fil des années.

En 2015, l'entreprise a lancé la campagne de publicité « The Journey Never Stops » qui met en lumière le parcours vers la réussite de certains de ses clients, afin de positionner la marque et ses services comme des outils nécessaires à la réalisation de rêves. En concentrant ses efforts autour de la communication de ses utilisateurs et de ce qu'ils tirent de l'utilisation de ses cartes Amex, l'entreprise se positionne comme une société dont le dévouement pour la simplification du quotidien de ses usagers et la qualité de son service client ne sont plus à démontrer.

> « Plus nous vivons dans un monde qui se désincarne, qui se dématérialise, plus nous avons besoin de recréer avec la marque un rapport charnel qui repose sur une expérience multisensorielle, physique et très émotionnelle. »
>
> Pascal Beucler, senior vice-président et chief strategy officer de MSLGROUP.

À retenir

1 *American Express — tout comme de nombreuses marques telles que Disney, Barbie et son club, Starbucks ou Doritos — a compris que le rôle de la communication n'est pas de se limiter à faire passer des messages séduisants et convaincants par des canaux classiques qui ne permettent pas de réciprocité.*

2 *Un programme « rewards » doit servir avant tout à la fidélisation. Il ne s'agit pas d'un outil de communication pour faire de l'événementiel et favoriser la médiatisation de la marque ; le système est connu des commerçants comme des clients. On ne peut s'engager à la légère, car ce qui est en jeu est l'essentiel : la relation et donc la confiance.*

3 *Le programme de fidélisation doit être accessible pour l'ensemble des clients de la société. Il est essentiel que les adhérents, commerçants et entreprises, sentent l'engagement de la marque, qu'ils comprennent le système de récompense proposé (ce qui n'est pas toujours simple) et qu'ils bénéficient de modalités simples de communication avec le programme favorisant l'échange de points/cadeaux. C'est ce qu'a réussi à mettre en place Amex en proposant différentes cartes à ses différents publics, dans un souci d'adaptabilité aux besoins de chacun, tout en investissant pour que le programme soit le plus transparent possible.*

4 *Le programme s'adresse à une diversité de clients, de cultures, de pays et de styles de vie et doit refléter des offres valorisantes pour chacun.*

5 *Les programmes de fidélisation doivent prendre en considération la dimension temporelle sous trois aspects : la capacité à échanger les points contre des cadeaux, sans limites de temps (ou à un très long terme) ; l'obligation de stimuler régulièrement les porteurs de points pour favoriser les échanges et donc diminuer les stocks ; l'arrivée de nouveaux partenaires pour prolonger et faire vivre le programme au cours des années. C'est par ce biais que le programme trouvera sa force et son attractivité.*

6 *Le parrainage est essentiel pour donner une dynamique au programme, pour impliquer davantage les clients et aller jusqu'au bout de la logique de la fidélisation. C'est à travers le parrainage que le client fidèle devient partie prenante de la marque, se mue en recruteur de terrain et est dignement récompensé pour cela.*

Retrouvez toutes les ressources iconographiques, bibliographiques, etc., de cette campagne sur
ionisbrandculture.com
Cas n° 28

Brand
Success

« L’objectif de notre métier, c’est de modifier un comportement. La créativité doit être stratégique ; les grands créatifs sont de grands stratèges. C’est le fond qui modifie les choses, il faut être compréhensif de l’âme humaine et empathique. La pensée marketing, c’est délicat, sophistiqué, c’est pour cela qu’il y a un vrai besoin aujourd’hui. »

Mercedes Erra,
présidente exécutive d’Havas Worldwide
et fondatrice de BETC.

Axe

S'opposer aux codes du marché pour triompher

Depuis sa création, Axe (Lynx, dans les pays anglophones) ne cesse d'innover dans ses créations pour séduire et fidéliser sa cible. Axe vend des déodorants, shampoings, produits coiffants — alors qu'au départ il s'agissait seulement d'un déodorant —, avec un humour et un second degré à toute épreuve. L'« effet Axe » — attirer les filles en grand nombre — est ancré dans son ADN de marque, avec une image en forte croissance auprès des jeunes, ses clients prioritaires.

Inspirée du déodorant féminin Impulse, Axe, marque du groupe Unilever, a été lancée en 1983 et s'est longtemps limitée aux stéréotypes publicitaires du secteur. Le produit était au cœur du message, délivrant bien-être, fraîcheur, vitalité et l'habituelle masculinité. Mais ce sont des discours qui définissent plus le secteur que les marques, car, *in fine*, la différence ne s'établit pas suffisamment et peut conduire à une confusion entre elles.

Recentrer pour mieux toucher

Il a donc été décidé de mettre en avant le fameux « effet Axe ». Ce recentrage va entraîner une redéfinition de la cible choisie en priorité : les jeunes hommes entre 15 et 25 ans, qui souhaitent séduire. La marque doit donc créer une relation forte avec ces jeunes et libérer sa communication des déjà vu, des références éculées. Comment mettre en avant un bénéfice parfaitement compris par tous, la capacité de séduire, auprès de jeunes qui ne se retrouvent pas dans les stéréotypes masculins classiques, traditionnellement « virils ». Axe, plus que toute autre marque, cherche donc à s'apparenter à une génération qui marie parfaitement l'humour, le décalage, le fun et le cool, qui a un rapport de séduction décontracté. L'humour et le second degré vont s'ancrer dans son ADN, lui permettant de gagner largement en image de modernité auprès des jeunes hommes. Face au modèle masculin, dont la référence est toujours Mennen (homme plus mature, le « beau » traditionnel de la publicité), la stratégie développée par Axe crée un fort intérêt chez les jeunes femmes qui comprennent bien le décalage construit par la communication, la marque joue sur l'attirance sexuelle et non plus sur une séduction éthérée ou classique. C'est l'« effet Axe », que les produits de la marque ont sur les femmes, sans que le consommateur ne puisse toujours bien comprendre les raisons de son sex-appeal. Il n'en est ni victime, car il comprend rapidement les avantages de cet « effet », ni clairement conscient, ce qui évite de le cataloguer comme un dragueur ringard. Les produits ne permettent pas seulement d'apparaître plus beau, de favoriser le jeu de séduction, ils donnent également à l'adolescent ou au jeune homme de se voir sous des aspects plus dynamiques, plus attractifs. En modernisant la marque — ce qui a un effet de vieillissement sur l'image des concurrents — Axe se différencie totalement, à partir d'une mécanique universelle, le principe de l'attirance non contrôlable, ce qui explique que de nombreux pays adoptent la même stratégie de communication.

La marque a compris que « l'effet pulsionnel décuplé » d'Axe n'avait d'impact que si les hommes mis en avant ressemblaient davantage à des hommes du quotidien, comme des geeks ou des timides plutôt qu'à des gravures de mode.

Retrouvez toutes les ressources iconographiques, bibliographiques, etc., de cette campagne sur **ionisbrandculture.com** **Cas n° 31**

Attirer la sympathie du public féminin

Axe est devenue l'une des marques vedettes, au niveau mondial. La stratégie courageuse, quand on analyse les références assez traditionnelles du secteur, permet d'accroître la désirabilité et, donc, favorise nettement son référencement au sein de la grande distribution. Plus globalement, la marque Axe a, en quelques années, pris une forte avance en termes d'image et même de réputation. La campagne « Axe fait tomber les anges » de 2011, a été récompensée notamment par un Lion à Cannes et par le grand prix Creative Effectiveness attribué aux campagnes qui savent réunir grande créativité et forte efficacité. L'« effet Axe » présente deux autres qualités, que le marketing de la marque et ses actions de communication savent déployer avec talent : d'une part, la forte diversification des moyens de communication permet de positionner la marque là où on ne l'attend pas ; d'autre part, la masculinité d'Axe est très bien évaluée, permettant d'augmenter régulièrement la sympathie du public féminin. Même si, dans les campagnes, les hommes ne sont pas des

canons de beauté, souvent d'une beauté contestable, rarement dragueur invétéré, mais, au contraire, homme un peu perdu, leur incroyable séduction mise en scène par la marque trouve un écho chez la jeune femme moderne qui ne veut plus correspondre au modèle de la femme séduite, amoureuse passive, transie, que l'on retrouve souvent dans les campagnes des marques concurrentes comme Mennen.
La diversité des expressions télévisuelles de la marque n'est que la partie visible d'un activisme publicitaire qui s'exerce dans de nombreux domaines, notamment sur le Net, et qui reflète les comportements des cibles et leur type de consommation de médias, à l'image du projet Axe Boat. Pour y participer, il suffit de s'inscrire à des concours sur la fan page Facebook de la marque ou bien de se faire recruter sur les plages. À bord du bateau, chaque participant détient un badge avec un numéro qu'il est possible de « flasher » pour signifier à quelqu'un qu'il ou elle lui plaît. Durant la soirée, un classement est affiché et l'on peut voir les personnes ayant reçu le plus de sollicitations. À la fin de la soirée, un roi et une reine sont élus et leur photo est affichée sur les réseaux sociaux.
La marque sait se renouveler et jouer sur l'actualité. Par exemple, en 2012, quelques mois avant la sortie de la comédie pour adolescents, *Project X*, l'entreprise lance la soirée Projet Axe Anarchy Party pour promouvoir sa nouvelle gamme de déodorants, avec une vidéo virale. La même année, suite au succès du film déjanté *Ted*, Axe se sert de l'ours en peluche pour promouvoir ses produits, avec un spot au caractère très sexuel qui correspond parfaitement à sa cible. Et le 21 décembre 2012, date de la fin du monde selon le calendrier maya, Axe invite ses consommateurs à profiter une dernière fois de l'effet de son déodorant avec une campagne baptisée « Joyeuse fin du monde » mettant en scène une arche de Noé destinée aux femmes attirées par l'odeur d'Axe. En 2015, Axe entame une stratégie de communication plus sobre, avec sa campagne « Less is more » qui se prolonge en 2016 par le lancement de « Find your magic ». La communication abandonne l'humour pour adolescent mal dans sa peau et se centre sur le refus des stéréotypes, la célébration de l'individualité de chaque homme. La marque se positionne comme celle qui aide les hommes à mieux s'accepter avec l'objectif de séduire.

> « Cette campagne est remarquable, car elle évolue année après année tout en gardant sa modernité. »
>
> Philippe Lentschener, fondateur de Beauworld Advisory, ex-PDG de Saatchi & Saatchi Paris et de McCann Worldgroup France.

À retenir

1 *La communication d'Axe a eu le courage de s'opposer aux codes du marché, aux conventions (une séduction classique, un homme beau et viril, une femme sensible, attirée par la séduction sportive ou masculine, parfois le recours à des héros sportifs ou à des* people*). Le héros d'Axe est une personne lambda, ni belle ni moche, qui attire quand même les filles grâce à son déodorant. Ainsi, l'identification à la marque se fait sur le partage du registre, de l'humour, d'un décalage dans l'air du temps.*

2 *Il est d'ailleurs très rare qu'Axe parle clairement de la sueur, hormis pour le déodorant Axe Dry. Les spots font constamment référence à la séduction, à l'attirance. Parce que la marque a compris que sa cible, les jeunes de 15 à 25 ans, est beaucoup plus sensible à l'humour, au second degré, à l'autodérision, mais également à la séduction, qu'au discours technique. Cette cible connaît la majorité des ficelles de la publicité et veut surtout un échange, une expérience originale, un moment qui change le quotidien. Axe, c'est un concept fort et cohérent : toutes les actions de la marque, médias ou hors médias, se complètent, sont dans le même esprit, celui de la séduction.*

3 *Il ne s'agit que d'une autre manière d'aborder la question de la séduction, un grand classique du secteur. Mais, la force de la marque est d'oser exploiter un registre inhabituel pour ses produits et qui démontre une excellente connaissance et compréhension des cibles, de leurs cultures et de leurs centres d'intérêt, de leurs comportements et attitudes, de leurs échelles de valeurs. Un must du marketing, efficace, à retenir dans toutes les situations.*

De Beers, « A diamond is forever »

Quand une campagne produit une révolution culturelle

Considérée comme l'une des plus grandes prouesses du marketing, la communication du conglomérat diamantaire sud-africain De Beers débute en 1948 et se poursuit sur plusieurs décennies. Pendant des siècles, pour de nombreuses civilisations, le diamant était symbole de valeur, de possession et de richesse. De Beers réussit à lui donner un caractère quasi obligatoire, symbole de l'union et de l'engagement. En renforçant la valeur objective, pour devenir aussi le plus beau symbole de la valeur émotionnelle, l'entreprise accomplit une vraie révolution culturelle.

Au sortir de la Seconde Guerre mondiale, De Beers, le conglomérat sud-africain, est parvenu à monopoliser la fourniture de diamants bruts à tous les diamantaires dans le monde, maîtrisant ainsi le marché et évitant la fluctuation des prix en les maintenant à un haut niveau. Mais depuis 1945, le leader mondial du négoce de diamants ne peut opérer directement aux États-Unis. En effet, le gouvernement américain reproche à l'entreprise d'avoir refusé de fournir les diamants industriels nécessaires à l'effort de guerre, et la justice américaine a poursuivi le diamantaire pour violations des règles antitrust en 1945 (puis en 1957 et 1974). De Beers est donc contraint de passer par des intermédiaires pour vendre ses diamants aux États-Unis qui absorbent 55 % du marché des diamants bruts. Pour accroître ses bénéfices, l'entreprise doit augmenter la demande de diamants, tout en maintenant un prix élevé. Elle cherche comment enraciner l'idée de rareté et convaincre les femmes que les diamants sont le symbole de la romance. Elle doit aussi décourager la revente directe des diamants d'occasion. L'entreprise demande donc à l'agence Ayer de résoudre l'équation suivante : « Étant donné que ce sont les jeunes hommes qui achètent plus de 90 % des bagues de fiançailles, il est essentiel de leur inculquer l'idée que les diamants sont un cadeau d'amour. Plus grand et beau est le diamant, plus l'expression d'amour est grande. De même, les jeunes femmes devraient être encouragées à voir les diamants comme faisant partie d'un environnement romantique[1]. »

Une campagne comportementale avant l'heure

Pour cela, l'agence va mettre en place un véritable plan de bataille. D'abord une campagne dans la presse : des articles vont insister sur la taille des diamants reçus par les célébrités, accompagnés de photos bien choisies. La famille royale britannique est un vecteur de choix, car « le couple royal pourrait être d'une aide considérable pour cette industrie en portant des diamants plutôt que d'autres bijoux. [...] Lors d'un voyage très médiatisé dans plusieurs mines de diamants en Afrique du Sud, la reine Elizabeth a reçu un diamant des mains d'Oppenheimer[2] », famille actionnaire depuis la création de l'entreprise, et qui a vendu ses parts (40 %) à Anglo American en 2011. Ensuite, De Beers exerce un important lobbying afin que les créateurs de mode s'emparent de la « tendance diamant ».

C'est l'agence J. Walter Thompson qui apportera la touche finale à ce plan marketing comportemental, qui vise à modifier la démarche des consommateurs, en aidant De Beers à institutionnaliser la bague de fiançailles en diamants aux États-Unis, dans un pays qui connaît, au lendemain de la guerre, une vague importante de mariages. La réussite de ce plan va dépasser les frontières américaines. Pendant plusieurs décennies, partout dans le monde, le diamant va être promu comme un must qui s'impose, le symbole de l'amour, de l'union, de promesses et d'engagements. Les différentes campagnes vont permettre de jeter les ponts entre les médias et les points de vente, entre l'entreprise elle-même et ses distributeurs, pour donner naissance à un langage marketing commun, une iconographie similaire, unifiant les discours et les représentations.

Pour favoriser l'achat du produit par la classe moyenne la communication va imposer le symbole du diamant comme seule véritable preuve d'engagement et d'amour, à instituer son offrande comme une tradition, par l'intermédiaire d'histoires qui magnifient les efforts des plus modestes pour offrir la « bague de leurs rêves » à leurs fiancées. De Beers est même allé plus loin, en « envoyant des représentants dans des classes du secondaire pour enseigner aux jeunes filles la valeur des diamants et les nourrir de rêves romantiques. Le diamant est passé du statut de symbole à celui d'un amour émotionnel mesuré en carats[3]. »

1. Edward Jay Epstein, *The Rise and Fall of Diamonds: The Shattering of a Brilliant Illusion*, Simon & Schuster, 1982.
2. *Ibid.*
3. *Ibid.*

Au-delà de sa valeur objective incontestable, avec les campagnes des années 1950 et 1960, le diamant va désormais acquérir une valeur émotionnelle soigneusement inventée par le marketing. Cette réussite a pu avoir lieu, car les campagnes étaient en phase avec la vision américaine du « capitalisme pour tous » (*if you want, you can*). Avec une économie en plein essor au lendemain de la guerre, toute la classe moyenne peut s'offrir un diamant. Mais encore fallait-il ne pas « tuer le rêve ». D'un côté, le monde du luxe, avec les plus beaux diamants, les pierres rares qui brillent lors des événements mondains ou au cou des grandes actrices. De l'autre, la démocratisation, qui permet de vendre plus et des pierres d'une qualité plus commune. Mais plus qu'une démocratisation, c'est surtout le résultat d'un audacieux marketing qui consiste à élargir le nombre des consommateurs tout en demeurant un produit hors pair. Les campagnes sont pertinentes et efficaces, car elles permettent de maintenir le rêve tout en augmentant la notoriété ; les codes du luxe sont présents pour apporter la réassurance et amplifier le désir. Cette démarche marketing, ainsi que les campagnes qui assurent le lancement, puis l'enracinement de la stratégie, sont parmi les rares à avoir su conjuguer l'impossible : l'émotion et la raison, l'instant et l'éternité, la promesse et la preuve, la générosité et l'intérêt.

> « On peut toujours faire évoluer le statut symbolique d'un produit si on lui trouve un nouvel usage. »
>
> Nathalie Rastoin, directrice générale du Groupe Ogilvy & Mather France.

Au doigt, mais pas à l'œil

En moins de deux décennies, des générations d'Américains, puis d'autres nationalités vont modifier leurs croyances et leurs comportements en investissant dans le diamant, devenu symbole de la romance, de l'amour qui n'a pas de prix. « C'est une réussite qui s'est bâtie dans le temps, elle vient de plusieurs dizaines d'années » explique Nathalie Rastoin. « Si De Beers avait communiqué durant seulement deux ou trois ans, cela aurait sans doute un peu marché, mais là on assiste à une très belle projection dans le temps. Cela permet de rappeler que beaucoup de réussites s'inscrivent dans des temps longs. Une des forces [de la campagne] est qu'ensemble, l'annonceur et l'agence, ont compris qu'ils devaient continuer à "taper sur le même clou" et bâtir cette valeur de symbole, en renouvelant parfois un peu l'exécution, mais en

Retrouvez toutes les ressources iconographiques, bibliographiques, etc., de cette campagne sur
ionisbrandculture.com
Cas n° 20

restant dans le même sillon. Aujourd'hui, on nous pose de plus en plus de questions de comportement : on nous demande de faire des campagnes pour que les gens mangent mieux et achètent moins de médicaments. Au fond, cette campagne est l'ancêtre de toutes les campagnes de comportement. "Diamond is forever" est en quelque sorte le parent de "Les antibiotiques, c'est pas automatique". C'est une démarche d'une grande modernité. Face à la baisse d'un marché, comprendre l'attente d'un marché et de consommateurs (*insight*) pour trouver la possibilité de reprogrammer un usage reste toujours un tour de force. »

À retenir

1 *La campagne De Beers est considérée, à juste titre, comme l'une de plus grandes réussites du marketing.*

2 *Elle va transformer la « matière première » de De Beers, totalement tournée vers la production, en un symbole orienté vers le client, l'incarnation d'une émotion, d'une valeur incitative (fiançailles, mariages, célébrations). Mais, il faut noter que cette démarche a bénéficié d'investissements importants en communication, de temps, et naturellement d'une faible contradiction des concurrents, l'avantage de tout oligopole.*

3 *Les dangers en matière d'image liés à l'extraction des diamants et à ce que l'on nommera dans les années* 2000 *les* War Diamonds (et les Blood Diamonds) *peuvent porter des risques significatifs sur une image institutionnelle si bien construite, mais la critique portera davantage sur les fabricants que sur l'usage et la nouvelle « tradition ».*

Éram

Une folie pas si folle

Entreprise familiale guidée par le souci constant de proposer des produits mode de qualité et au meilleur prix, Éram compte aujourd'hui plus de 350 points de vente en France et à l'étranger. Pour arriver à ce résultat, la marque a dû jouer des coudes et redoubler d'inventivité pour se démarquer de la concurrence.

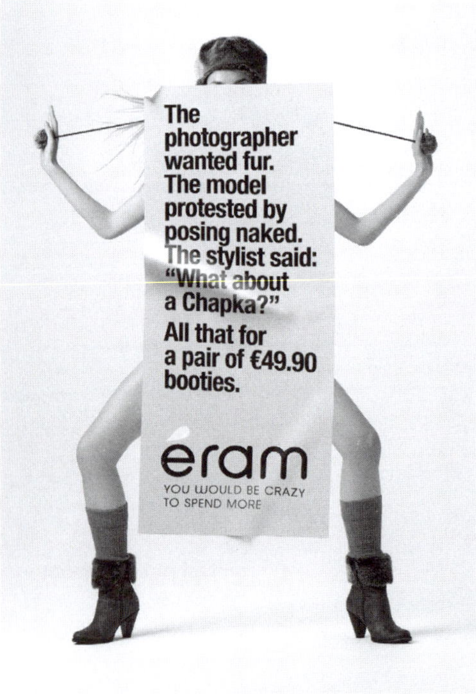

Depuis plus de trente ans, Éram propose une double continuité remarquable qui fait d'elle une exception dans l'univers de la mode. D'une part, la philosophie de la marque demeure identique au fil des années : proposer des produits de qualité à des prix bas parce qu'« il faudrait être fou pour dépenser plus ». Parce que la mode ne mérite pas de sacrifices, parce qu'il y a plus important dans la vie, le tout affirmé avec humour et distance. D'autre part, la communication de la marque symbolise un anticonformisme. Éram a compris depuis bien longtemps que la recherche de neutralité ne fait qu'appauvrir le capital d'une marque. La marque Éram est créée en 1932 par Albert-René Biotteau et son épouse, Marie-Josèphe (l'anagramme formée à partir de leurs prénoms est à l'origine du nom de la société). Une première boutique à Paris est achetée en 1942. En 1954, l'entreprise invente un procédé de fabrication de semelles en plastique le « Plastifor » et s'attaque à l'exportation. En 1969, Éram se lance

dans la formule de la franchise et les magasins de la marque vont se multiplier. L'entreprise devient un groupe, et le premier producteur français de chaussures. À l'aube des années 1980, l'impératif de la mode s'impose de plus en plus auprès des consommateurs et de nombreuses nouvelles marques de chaussures apparaissent. La concurrence s'accroît avec la grande distribution et le développement intensifs des centres commerciaux.
Comment la marque Éram peut-elle encore se différencier et tirer son épingle du jeu ? Comment ne pas rentrer dans la guerre des prix qui tirent les marques vers le bas ? Comment se distinguer d'une concurrence qui investit de plus en plus en communication ? Les produits d'Éram sont bien faits, bien finis, d'un prix abordable et vendus dans un cadre agréable, mais comment tourner ces avantages en réelle attractivité ? En 1979, l'enseigne investit massivement dans la publicité et c'est le début de la saga Éram, une communication provocante, pleine d'autodérision, et sur laquelle la marque s'appuiera pendant plus de trente ans.

C'est mode de ne pas être fashion victim

Dans les années 1980, style rime avec cherté. Éram s'applique à briser cet *a priori*, choque avec son franc-parler et par la transgression qui nourrit sa vision du monde : celle d'une mode qui s'accorde avec des prix raisonnables, car « il faudrait être fou pour dépenser plus ». Ce slogan, répété inlassablement par la marque jusqu'à aujourd'hui, incarne l'esprit d'Éram et symbolise ce tournant stratégique opéré sous l'impulsion de Philippe Michel, alors président de l'agence CLM. Cette signature marketing représente aussi la « folie » d'Éram, la puissance de la tension entre la morale clamée, être raisonnable dans ses achats, et son expression parfaitement déraisonnable. Les publicités de la marque surprennent et font sourire. Sur l'une d'elles, on peut voir un homme nu, en talons aiguilles, posant à côté de la mention « aucun corps de femme n'a été exploité dans cette publicité ». Une autre, plus récente, montre la photo d'un top model, recouverte par une large affiche jaune qui masque la majeure partie de son corps, et sur laquelle il est écrit : « Le photographe a demandé une fortune. La mannequin est sous antidépresseurs. Le styliste fait semblant d'être gay. Tout ça pour des bottes à 49,90 euros. »
Le message est clair : Éram fabrique et vend des chaussures au style actuel, mais ne souscrit pas à la mascarade du monde de la mode. La marque véhicule un message clair : acheter Éram, c'est acheter un style équivalent à de grandes marques — répondant ainsi au besoin d'appartenance que peuvent éprouver les consommateurs —, mais pour un budget abordable.
Ce qui donne une forte personnalité à Éram, perçue par les publics, c'est qu'elle n'est pas une marque *low cost* qui fait tout pour que cela ne se voie pas.

> « La campagne "Il faudrait être fou pour dépenser plus" d'Éram est la première campagne *low cost* à valeur ajoutée.
> C'est la campagne qui fait d'Éram la marque des gens malins, et non celle des gens moins fortunés. »
>
> Nicolas Bordas, vice-président de TBWA Europe, président de BEING Worldwide.

Éram a une puissante revendication : faire de bonnes chaussures à un prix bas. On est sur une « ligne dure », sur une volonté de se démarquer en choisissant un combat et en ne lâchant rien, alors que les concurrents se contentent de belles photos dans la presse magazine. Tout ça avec un supplément d'âme qui réside dans la personnalité de la marque. À chaque campagne, Éram met en scène de manière impertinente et décalée des récits et des personnages se moquant des dérives de la mode et des *fashion victims*. Avec « Il faudrait être fou pour dépenser plus », elle joue de la « non-mode » tout en s'adressant aux initiés. Les références sociologiques et culturelles, l'importance de se connecter à la société, complètent la position de la marque. Sexe, machisme, homosexualité, religion, politique, Éram aborde des sujets avant les autres enseignes et parfois même avant de grands médias. La démultiplication de ces références donne à Éram une modernité, une immersion dans l'actualité et un regard critique sur la société. C'est une manière de démontrer la dynamique de la marque, sa valeur culturelle. La communication d'Éram pousse très loin dans l'autodérision et le second degré ; la marque s'accorde une liberté de ton et fait passer l'humour et la « provoc » avant tout. Et dans un secteur souvent guindé, ça fonctionne. Quand bien même les grands films publicitaires de la marque ont plus d'une trentaine d'années, ils demeurent d'une incroyable modernité.

Retrouvez toutes les ressources iconographiques, bibliographiques, etc., de cette campagne sur
ionisbrandculture.com
Cas n° 48

Dire l'essentiel autrement

Les campagnes Éram vont permettre à la marque de s'installer comme l'un des fabricants les plus connus et reconnus pour son rapport qualité-prix. En 1991, l'entreprise lance une enseigne à bas prix, Gémo, nom dérivé de l'anagramme des prénoms de Gérard Biotteau (fils du fondateur Albert-René Biotteau-Guéry) et de son épouse Simone Biotteau.
Les magasins Gémo sont implantés en périphérie des villes, à la différence des boutiques Éram qui font généralement partie du paysage des centres-ville. L'année suivante, en 1992, Éram, qui désormais compte plusieurs marques, devient officiellement un groupe. Tout au long des années 1980 et 1990, les campagnes Éram seront parmi les plus récompensées en France, même si elles auront du mal à briller dans les grandes compétitions internationales qui priment rarement des créations aussi spécifiques. Par exemple, en 2001, la campagne « Aucun corps de femme n'a été exploité dans cette publicité » a été honorée au grand prix de l'Affichage et au club des DA.

Les campagnes Éram peuvent être autant appréciées que critiquées, peu importe. La notoriété de la marque est assurée et chaque nouvelle création est susceptible d'être relayée dans les médias en raison de son caractère toujours osé, mais presque toujours pertinent : Éram, c'est avant tout le courage de dire l'essentiel autrement.

À retenir

1 *Éram est une enseigne impertinente, avec un positionnement de prix d'entrée de gamme. C'est ce qui en fait une marque populaire, familiale et accessible. Afin de se démarquer de toute concurrence, elle transmet à l'acheteur, avec de la distance et de l'humour, l'idée qu'il n'est pas logique de payer des prix exorbitants alors qu'il y a plus important dans la vie.*

2 *Quand les concurrents se concentrent sur des relations « mécaniques » avec les publics (la mode, le prix, la qualité), Éram se positionne sur une revendication étonnante, juste, appréciée à divers niveaux.*

3 *Éram joue avec les codes de la publicité classique, afin de surprendre le public : la communication de la marque pousse très loin dans l'autodérision et le second degré, ce qui crée le plus souvent des amplifications de campagne par le biais des médias.*

4 *La campagne est rarement une fin en soi, mais un levier pour faire parler. Ce qui explique que la marque n'hésite pas à susciter la polémique avec des campagnes qui reflètent la société actuelle, mais qui peuvent très largement choquer.*

5 *Éram, c'est un professionnalisme exceptionnel : la continuité dans le temps et le bon renouvellement des campagnes, une intelligence des sujets et une qualité des films, qui n'ont rien à envier au cinéma traditionnel.*

« Pepsi Challenge »

L'avènement du terrain

Nike vs Adidas, Apple vs Microsoft, Avis vs Hertz... L'histoire du marketing et de la communication ne compte plus les guerres que se livrent sur certains marchés le leader historique et l'outsider reconnu. Mais aucune autre conflagration ne peut se comparer au combat des colas. Depuis l'ouverture des hostilités au milieu des années 1970, la bataille entre Coca-Cola et Pepsi fait rage. L'un des temps forts de cette guerre publicitaire est « Pepsi Challenge », une campagne de grande envergure qui opposait les deux boissons dans un duel de goût. Un tournant dans une industrie mondiale du soda estimée à 28 milliards de dollars.

Les marques Coca-Cola et Pepsi, toutes deux nées à la fin du XIXe siècle (respectivement en 1886 et 1898), se battent depuis des lustres sur le marché des boissons gazeuses. Avec une nette hégémonie de Coca-Cola au cours des années 1960 et 1970 dans cette Amérique qui voit, année après année, croître les niveaux de consommation de cette boisson sucrée. Pendant de longues années, Coca-Cola conserve sa domination. Quelles que soient les attaques de Pepsi, le géant d'Atlanta récupère bien vite les parts de marché perdues. Au sortir de la Seconde Guerre mondiale, la marque dispose d'une part de marché de plus de 60 % sur le secteur des boissons gazeuses, notamment parce que l'administration F. D. Roosevelt accorda à la firme le statut de « fournisseur de guerre », ce qui lui permit d'échapper à la restriction sur le sucre aux États-Unis. Mais en 1985, la part de marché de The Coca-Cola Company dépasse à peine les 25 %. Une chute que l'on peut expliquer en partie par le développement de nombreux produits concurrents, par une transformation des modes de vie et par la montée des nouvelles préoccupations que sont le bien-être et la santé. Mais pas seulement. « Pepsi Challenge » y est pour beaucoup.

Un long travail de sape

Avant d'aborder « Pepsi Challenge » qui, à partir de 1975, va véritablement déstabiliser le leader par une politique marketing plus agressive et plus moderne, il est nécessaire de conserver en mémoire la première offensive de Pepsi, qui avait laissé des traces : « The Pepsi Generation. »
En 1963, quand le marketing normé et traditionnel s'impose partout avec la mise en avant du plus-produit et la standardisation des consommateurs, Pepsi ose jouer la carte de la différence, en incarnant la nouvelle génération, celle qui écoute les Beatles : « You've got a lot to live and Pepsi's got a lot to give » (tu as beaucoup à vivre et Pepsi à beaucoup à donner) entend-on dans le spot télé « The Pepsi Generation », sur un air de rock rappelant le groupe de Liverpool. Pepsi quitte le terrain de la bataille du prix et des promotions, abandonne l'idée de faire une concurrence frontale à Coca-Cola et met en place une stratégie novatrice, qui n'est plus une recherche de supériorité, mais une quête de différence. « Il y a le vieux monde et Coca-Cola, il y a le nouveau monde et Pepsi Cola », message qui met en valeur la jeunesse et la diversité. Une stratégie remarquable qui va porter immédiatement ses fruits sur le plan commercial.

> « "Pepsi Challenge", c'est l'avènement du terrain, de la proximité. »
>
> **Benoît Héry, fondateur associé de l'agence Le Cabinet.**

Si Cola-Cola reflétait très bien une vision très traditionnelle des États-Unis — y compris sur le plan racial —, Pepsi était l'une des premières grandes marques à ouvrir aux populations afro-américaines ses postes de cadres supérieurs. On ne peut comprendre l'offensive — avec des budgets de centaines de millions de dollars par an — que représentera le Pepsi Challenge, si l'on n'a pas à l'esprit le travail de sape mené par la marque durant les années qui précèdent avec « The Pepsi Generation ». Tout en laissant à son principal concurrent la culture de masse et les pouvoirs établis, Pespi cherche à s'approprier les contre-cultures, la jeunesse, les sportifs, le fun, la musique et les nouvelles tendances. En 1965, Pepsi est le premier produit américain à franchir le rideau de fer et à pénétrer sur le territoire soviétique.

Une campagne de terrain

« Pepsi Challenge » naît en 1974 à Dallas, au Texas. Coca-Cola domine le marché de cette gigantesque agglomération, suivi de près par Dr. Pepper. Pepsi n'est que troisième, assez loin de ses deux concurrents, et décide alors d'organiser un test gustatif à l'aveugle, dont les résultats montrent que les gens préfèrent son soda à celui de Coca-Cola. Rapidement, les ventes de Pepsi explosent à Dallas et la marque applique le procédé au niveau national. En 1975, Pepsi lance « Pepsi Challenge », une campagne de publicité comparative sur la préférence du goût. Avec un travail très important sur le terrain et dans les points de vente, Pepsi multiplie les occasions de faire goûter son produit et d'affirmer que les consommateurs préfèrent largement le goût du Pepsi à celui du Coca-Cola.

La stratégie de Pepsi, simple d'apparence, est bien plus complexe qu'il n'y paraît. Sans recours aux réseaux sociaux ou aux technologies actuelles, la marque a dû créer de toutes pièces le pont entre l'expérience locale et la médiatisation nationale en démultipliant les actions sur le terrain, puis en faisant des investissements publicitaires colossaux pour faire connaître ses résultats. Bien que de nombreuses études aient par la suite démontré l'ambiguïté des tests, car l'ordre pouvait influencer les résultats et soulever de nombreux biais du procédé, l'effet de la campagne est indéniable : le grand public est sensible à « Pepsi Challenge » et une déstabilisation du leader est à l'œuvre au cours de ces années.

Un tournant pour Pepsi, mais quid de Coca-Cola ?

En quelques années, Pepsi enregistre des gains remarquables, à la fois en parts de marché et en termes d'image. Face à une attaque de cette ampleur, sur le fond (la remise en cause du goût du produit Coca-Cola), sur la forme (un outsider moderne qui attaque une institution vieillissante), sur le ton (une continuation de l'impertinence de « The Pepsi Generation »), Coca-Cola est pris de court réagit de manière trop défensive. Entre 1975 et 1980, le leader multiplie les tentatives de baisses de prix, lance une contestation des tests effectués par Pepsi, se positionnant comme un « mauvais perdant ». En 1976, Pepsi dépasse pour la première fois les ventes de Coca-Cola sur le segment des ventes en supermarchés. « Pepsi Challenge » montre que le marketing expérimental ne date pas d'hier. Pour Pepsi, l'offensive se situe sur le terrain, dans les magasins, les allées des centres commerciaux. D'énormes poids lourds qui circulent aux couleurs de « Pepsi Challenge » prennent place sur les parkings des centres commerciaux américains et transforment un banal test gustatif en événement local, parfois annoncé par les médias, ce qui devient un redoutable outil de marketing. Les actions sont démultipliées, fortement médiatisées et filmées pour créer un véritable effet de masse. Sur le plan purement commercial, les années qui suivent le « Pepsi Challenge » sont clairement favorables à Pepsi.
Sur le plan de l'image et de la réputation, les études entreprises concluent toutes à une amélioration de l'attractivité de l'attaquant, Pepsi, et à un affaiblissement de l'attaqué, Coca-Cola, dont le système de défense a été perçu comme lourd et conventionnel. Et ce duel entre ces deux marques majeures a affaibli toutes les autres marques de soda, les vrais outsiders. Coca-Cola a-t-il vraiment perdu cette bataille ? Peut-être quelques parts de marché ici ou là, mais il en a gagné d'autres, notamment à l'export.

Retrouvez toutes les ressources iconographiques, bibliographiques, etc., de cette campagne sur **ionisbrandculture.com** **Cas n° 69**

Le succès de « Pepsi Challenge » se conjugue au final avec le maintien de la vitalité de Coca-Cola et de son leadership grâce aux investissements industriels accomplis par la marque d'Atlanta, à sa manière de tenir la distribution et à sa dynamique internationale. Une autre explication vient de la relation entre un consommateur et une marque, qui ne tient pas seulement à la qualité objective du goût, mais à d'autres dimensions. Pour les clients de Coca-Cola comme pour beaucoup d'autres marques mondiales, la consommation ne se limite pas à un goût, mais vient de l'adhésion à une globalité d'images, de représentations ancrées dans les habitudes et le quotidien. Un simple test gustatif lancé par Pepsi peut déstabiliser une marque comme Coca-Cola, mais ne peut pas balayer autant d'acquis.

À retenir

1 *La dynamique disruptive d'un outsider est vitale. Il ne peut miser sur les erreurs des actions entreprises par le leader. Comme Apple, Hertz ou d'autres à leur époque, les outsiders ne pouvaient réussir qu'en bousculant, en déstabilisant et en s'attaquant de manière forte et inattendue au leadership de l'acteur historique du marché.*

2 *« Pepsi Challenge », dans un premier temps, était une offensive lancée uniquement sur le marché nord-américain. Elle symbolise un véritable tournant pour Pepsi, mais au bout du compte, elle n'a pas affaibli Coca-Cola qui a gagné des parts de marché à l'international.*

3 *Depuis quatre décennies, Pepsi décline ses deux stratégies de communication « The Pepsi Generation » et « Pepsi Challenge ». La marque les modernise, les diversifie et les transforme selon les contextes. Il ne faut jamais changer « pour changer » ou estimer à tort que le public se lassera d'un message, même ancien. Garder une ligne directrice et des points de référence, tout en en adaptant la forme, face aux exigences de modernité, est synonyme de stabilité.*

« My Starbucks Idea »

La réinvention de la boîte à idées

Vous aimeriez que le Starbucks de votre quartier vous propose du café guatémaltèque ? Un gobelet XXXL pour vos réveils difficiles ? Mais vous ne savez pas à qui soumettre vos suggestions. Howard Schultz, PDG de la chaîne de cafés américaine Starbucks, a lancé la plateforme de **crowdsourcing** ***« My Starbucks Idea » visant à mobiliser l'entreprise autour des désirs de ses clients. Il a surtout cherché de l'aide auprès de ses consommateurs pour sortir de la crise financière qui frappait le monde occidental, et a réussi à créer une vraie relation privilégiée — à la limite du*** **co-branding** ***— avec ses consommateurs et ses employés.***

Avec un chiffre d'affaires estimé à plus de 21 milliards de dollars, près de 23 000 enseignes à travers le monde et une part de marché qui dépasse les 42 % aux États-Unis, Starbucks est aujourd'hui la plus grande chaîne multinationale de café. Le premier magasin Heloise Starbucks est ouvert à Seattle en 1971 par trois passionnés de café Jerry Baldwin, un professeur d'anglais, Zev Siegel, un professeur d'histoire et l'écrivain Gordon Bowker. Howard Schultz rejoint la société en 1982 comme directeur marketing puis fonde sa propre entreprise, Il Giornale, dont Starbucks devient l'un des actionnaires principaux. En 1986, les trois fondateurs de Starbucks vendent leurs actifs. Schultz réussit à trouver les 3,8 millions de dollars nécessaires à l'acquisition, notamment grâce au soutien financier du père de Bill Gates.

Starbucks Corporation naît en 1987 de la fusion des deux entreprises. Schultz enclenche dès lors son développement mondial. Mais avec la crise de l'année 2008, les résultats de Starbucks piquent du nez. Starbucks annonce avoir perdu 6,7 millions de dollars et la tendance ne semble pas vouloir s'inverser : 900 magasins ferment leurs portes et la société licencie des centaines de personnes. Starbucks doit impérativement trouver de nouvelles idées pour stimuler la fréquentation de ses enseignes et relancer son économie.

Donner aux clients le sentiment d'être écoutés

Pour ce faire, la société se tourne vers ses consommateurs. Starbucks lance « My Starbucks Idea », une plateforme de production participative (*crowdsourcing*), procédé qui permet d'utiliser la créativité, l'intelligence et le savoir-faire d'un grand nombre de personnes. Pionnière dans le domaine, c'est la première fois qu'une entreprise de cette taille mise autant sur l'engagement des médias sociaux. « My Starbucks Idea » encourage les clients à soumettre des idées afin d'améliorer les produits de la marque et leur expérience des Starbucks. En outre, les utilisateurs peuvent discuter des idées soumises par la communauté et voter en faveur de celles qu'ils préfèrent. Véritable support de co-création au service de la marque, la plateforme crée une solide communauté de marque tout en servant d'études de marché. Durant sa première année, « My Starbucks Idea » a enregistré plus de 70 000 idées proposées par les clients de la marque. Huit ans plus tard et avec 190 000 idées soumises, la multinationale a mis en œuvre 300 des propositions des internautes, soit moins de 0,2 % des propositions. Certains peuvent y voir un faible taux de conversion et ainsi remettre en question le succès de cette opération, mais ce serait omettre les nombreux bénéfices que Starbucks a tirés de son opération de *crowdsourcing*. Avec « My Starbucks Idea », Starbucks a reçu des dizaines de milliers d'idées... gratuitement. La société s'est affranchie de services coûteux dans une période de crise où elle cherchait à réduire ses dépenses. Mieux encore : en s'adressant directement à ses consommateurs, la chaîne a évité toute prise de risque en mettant en application les idées les plus plébiscitées. En outre, elle a fidélisé ses clients en mêlant *crowdsourcing* et *co-branding*, c'est-à-dire que les clients, en partageant leurs idées, sentent qu'ils font partie intégrante de la marque. Ils ont le sentiment d'être écoutés là où ils vont prendre leur café quasi quotidiennement. Mais la plateforme de Starbucks est ouverte au grand public, c'est-à-dire que tout le monde peut jeter un œil aux idées proposées, même la concurrence. Ce pourquoi avec « My Starbucks Idea », l'objectif premier de la société n'est pas tant de mettre le doigt sur l'idée qui révolutionnerait l'expérience client de ses boutiques, mais plutôt de faire en sorte que ses clients se sentent privilégiés.

Retrouvez toutes les ressources iconographiques, bibliographiques, etc., de cette campagne sur **ionisbrandculture.com**
Cas n° 28

Qui dit employés radieux, dit clients satisfaits

Involontairement, la plateforme de Starbucks a été encore plus loin dans la production collaborative. Son succès établit de véritables liens entre les consommateurs de la marque qui commentent, analysent et jugent les idées, mais il a également permis à l'expérience de passer au cran supérieur lorsque les employés de la marque ont rejoint la discussion. Du barista à l'employé de bureau de Starbucks, tous se mêlent à la réflexion et échangent sur les futures améliorations de la multinationale. Les clients et les employés sont ses premiers atouts d'une entreprise, et aujourd'hui Starbucks bénéficie d'un retour d'expérience des deux côtés de l'équation, retombée majeure et inattendue de « My Starbucks Idea » quand on considère l'importance de la notion d'engagement et de loyauté pour une marque comme Starbucks.
En créant une vraie communauté à travers cette démarche, Starbucks va à l'encontre de cette image froide dont beaucoup de grandes entreprises cherchent à se débarrasser. En étant également à l'écoute de ses baristas et des changements qu'ils estiment pertinents, Starbucks contribue à rendre les employés de la marque plus épanouis dans leur travail. Et en boutique, qui dit employés plus radieux, dit clients plus satisfaits.

Une idée qui perdure

Tout cela part d'une simple concertation à grande échelle qui, avec le recul, paraît tellement logique. L'une des premières idées mises en application par Starbucks est basée sur la suggestion d'un client qui souhaitait pouvoir payer avec son smartphone en faisant ses achats au drive de la marque. Une fois que cette idée — pas forcément sortie de nulle part — est postée sur le « My Starbucks Idea », que les internautes la plébiscitent, la commentent et l'encouragent, la société n'a plus aucune raison logique de ne pas se lancer et peut réaliser les investissements technologiques nécessaires pour la mettre en place, car avant même d'être proposée par l'entreprise, l'innovation est validée par ses clients.
« My Starbucks Idea » a grandement contribué à remettre Starbucks sur les rails de la croissance pour lui permettre d'être la multinationale que l'on connaît aujourd'hui. Mais l'entreprise n'a pas juste eu de la chance en prenant la bonne initiative au bon moment. La chaîne a su faire ce qui était

nécessaire pour que son opération ne lui échappe pas et réussisse. Il y a évidemment, pour toute société qui souhaite se lancer dans une campagne de *crowdsourcing*, des éléments à prendre en considération. Il faut être capable d'isoler les idées ayant le plus de valeur et de penser à la pertinence de leur application en termes de logique d'entreprise. Pour Starbucks, cette tâche demandait un vrai travail de fond qu'elle a su gérer avec brio, en mesurant tout l'enjeu de son opération de *crowdsourcing* et tout son impact au niveau opérationnel. C'est ce qui fait que, des années après son lancement, « My Starbucks Idea » reste encore aussi vivant.

À retenir

1 *L'expérience client est l'un des meilleurs vecteurs pour faire progresser le marketing et l'offre produit et service d'une entreprise. Parce qu'elle est facile à mettre en œuvre dans le cadre d'un projet similaire à Starbucks, elle risque de n'être qu'un gadget, un levier de relations presse ou publiques. Or, les clients pardonnent de moins en moins ces manipulations, surtout si elles ne débouchent sur rien.*

2 *En conséquence, un tel projet est avant tout une expression publique de l'engagement de l'entreprise à œuvrer en partenariat avec ses clients, pour améliorer ses offres, ses services, son cadre général.*

3 *Le changement au cœur de cette initiative doit donc être la preuve de l'implication de l'entreprise : avec « My Starbucks Idea », la marque voulait avant tout davantage d'interaction avec ses clients — outre la volonté stratégique de trouver une parade à la crise de 2008.*

4 *En changeant sa relation avec ses clients, la marque a créé un environnement collaboratif, c'est-à-dire un lien durable, un rapport de confiance et un canal d'échange sur lesquels bâtir son avenir.*

« Intel Inside »

Savoir se rendre indispensable

Comme Teflon, Gore-Tex ou NutraSweet, Intel a rencontré au cours de sa croissance la question stratégique vitale de la « mise sur orbite » de la marque, de sa valorisation comme « autre chose qu'un ingrédient masqué ». Ce qu'il faut surtout retenir ici, c'est la capacité à transformer un élément technique, anonyme et sans personnalité, en une véritable marque qui compte et qui stimulera les développements d'Intel.

En 1968, Gordon Moore, Robert Noyce et Andrew Grove, issus du monde de l'électronique numérique, décident de fonder la société Intel Corporation à Santa Clara, au cœur d'une zone qui deviendra mondialement connue sous la dénomination « The Valley », la fameuse Silicon Valley. En 1971, Intel invente le premier microprocesseur x86 (Intel 4004, 4 bits et 2 300 transistors) pour son premier client japonais important, un fabricant de calculatrices. Les produits de l'entreprise commencent à intéresser les constructeurs, notamment de mini-ordinateurs, qui cherchent comment fabriquer des machines moins coûteuses et moins encombrantes pour concurrencer les ordinateurs centraux (*mainframes*) d'IBM. Pendant les années 1980, Intel n'était que le dixième plus grand fabricant de circuits intégrés, loin derrière le leader japonais, NEC Semiconductors. C'est dans les années 1990 qu'Intel devient le plus gros fabricant de microprocesseurs et de circuits intégrés avec l'avènement du marché des micro-ordinateurs compatibles PC et de la gamme des Pentium, consolidant ses positions sur les marchés mondiaux.

Intel mène une politique constante d'innovations et va connaître une croissance spectaculaire. Ses produits vont fortement contribuer au développement des sociétés de technologie de la seconde partie des années 1990. Mais si la marque propose des composants reconnus et réputés auprès des industriels du monde entier, elle est totalement inconnue des non-spécialistes de l'informatique. À partir de 1991, avec la campagne « Intel Inside », l'entreprise réussira, en quelques années, à donner à sa marque une légitimité incontestable auprès du grand public, une valeur de référence, notamment avec le lancement de son processeur Pentium.
Aujourd'hui, l'entreprise est le premier fabricant mondial de semi-conducteurs en termes de chiffre d'affaires. Elle fabrique notamment des microprocesseurs, des cartes mères, des mémoires vives, des mémoires flash et des processeurs graphiques.

L'ingredient branding[1]

Le marketing d'Intel devait résoudre un problème dont les données étaient claires : comment devenir un produit à forte valeur ajoutée, une marque distinctive et non plus un produit caché pour le client final ? La démarche mise en œuvre par le patron du marketing de l'entreprise, Dennis Carter, est d'affirmer clairement que le micro-ordinateur a une valeur ajoutée. Que c'est un avantage pour le consommateur (particulier ou professionnel) de bénéficier d'un microprocesseur de la marque Intel dans son ordinateur PC, quelle que soit la marque et la technologie de celui-ci. Toute la notion du « Intel Inside » est née de ce postulat qu'il fallait d'affirmer avant d'étayer. Pour cela, le choix est de s'appuyer sur les constructeurs d'ordinateurs qui utilisent les produits Intel pour convaincre les acheteurs finaux, plutôt que par une communication parlant de soi. Car, même si Intel, au cours des années 1990, a pu avoir des campagnes individuelles, la grande majorité des dépenses publicitaires aura dès lors pour objectif de financer les campagnes de ses entreprises clientes et les fabricants de micro-ordinateurs. Il s'agit pour Intel de soutenir le business de ces derniers, pour bénéficier de leur activité et d'une emprise plus forte, en valorisant le microprocesseur comme un atout pour le consommateur du produit final. Intel n'affirmait pas sa valeur de manière autonome, mais s'immisçait dans les campagnes publicitaires de ses clients, qu'il finançait en partie, pour que sa propre marque valorise le produit vendu par ses clients, dont Intel est un ingrédient.
La démarche du cofinancement est tout aussi intelligente. Intel ne se limite pas aux leaders du secteur des ordinateurs PC, mais est présent dans les spots publicitaires, les annonces presse, les opérations de marketing direct, les actions événementielles. Le nom enregistre une exceptionnelle progression de sa notoriété, rentrant, année après année, un peu plus dans l'esprit du public, comme étant un composant qui apporte une réelle valeur ajoutée au micro-ordinateur.

1. En marketing, l'*ingredient branding* est la création d'une marque à partir d'un ingrédient ou d'un composant d'un produit, afin de mettre en avant sa qualité ou sa performance.

Cette conduite est d'autant plus importante que les années 1990 voient se multiplier les grandes surfaces de matériel informatique, les « foires » et les détaillants de composants. De plus en plus de connaisseurs de l'informatique préfèrent assembler eux-mêmes leurs ordinateurs personnels en choisissant les composants. Il devient donc nécessaire pour les fabricants et assembleurs de PC de justifier et valoriser leur offre d'un produit fini. Et pour Intel, sa communication est gagnante sur les deux tableaux : pour les fabricants de PC et pour les « bidouilleurs » qui achètent les processeurs Intel pour les intégrer eux-mêmes dans leur ordinateur.
Enfin, il ne faut pas négliger l'amplification de la campagne apportée par une signature sonore, qui prouve, une fois de plus, l'importance que peut avoir une mémorisation auditive.
La musique Intel fut introduite en 1994 et demeure, encore aujourd'hui, l'un de ses atouts principaux.
L'intelligence de la communication « Intel Inside » repose donc sur une idée brillante, même si elle peut paraître évidente : communiquer par l'intermédiaire des clients primaires (les entreprises), convaincre les fabricants d'ordinateurs qu'ils valoriseraient bien mieux leurs produits s'ils donnaient de la visibilité, et donc de la notoriété, aux microprocesseurs Intel utilisés dans leurs PC, en finançant une partie de leurs dépenses plutôt que de mettre en œuvre une campagne institutionnelle internationale onéreuse. « Simple » entreprise de puces électroniques, Intel s'est muée en un producteur renommé et reconnu pour ses performances. En misant sur l'*ingredient branding*, Intel accomplit un grand pas en avant tout en donnant aux fabricants un moyen de se différencier et de valoriser leur offre.
Le fabricant de microprocesseurs a fait ce que NutraSweet, l'aspartame commercialisé par Monsanto, a réussi de son côté.

Retrouvez toutes les ressources iconographiques, bibliographiques, etc., de cette campagne sur
ionisbrandculture.com
Cas n° 57

La réussite est totale

En 1992, les ventes d'Intel ont augmenté de 63 %. En termes de notoriété, les résultats parlent d'eux-mêmes : en 1991, 24 % des acheteurs européens de PC connaissaient le logo Intel. Quatre ans plus tard, ils sont 94 %. En 2001, la société est considérée comme la sixième marque la plus appréciée au monde, et au tournant des années 2010 elle détenait plus de 70 % de parts de marché des microprocesseurs. La campagne « Intel Inside » a permis à l'entreprise d'accéder à un leadership fondé sur son image, sa réputation. Cependant, Intel est désormais confrontée à la chute du marché du PC depuis 2011 et à l'arrivée massive des tablettes et des smartphones. Mais la stratégie marketing demeure inchangée sur le terrain et auprès des fabricants et la campagne continue sous forme d'une multiplicité de partenariats et de co-actions avec les fabricants de PC, de mobiles, de jeux vidéo. En 2013, Intel a dépensé 10,1 milliards de dollars en recherche et développement, soit environ 19 % de son chiffre d'affaires, et, en 2014, l'entreprise a annoncé un investissement de 1,6 milliard de dollars sur quinze ans pour se positionner sur le marché du mobile et de l'informatique portable. Mais en 2016, Intel doit faire face à l'échec de sa gamme de produits à destination des smartphones et doit lancer un plan de restructuration visant à diversifier son activité.

À retenir

*La réussite de la démarche marketing d'Intel repose sur cinq facteurs clés, qui sont autant d'obligations dans des situations de construction d'une marque à partir du schéma d'*ingredient branding.

1 *L'entreprise doit avoir construit une sérieuse réputation dans son secteur, une forte légitimité qui lui est reconnue. Certes, elle n'incarne pas une marque, mais une technologie forte en innovation, en qualité de relations client, en services. C'était parfaitement le cas d'Intel.*

2 *La relation client forte préexiste, source de la confiance qui prévaut dans la stratégie de co-advertising (publicité conjointe, généralement entre des détaillants et des fabricants) sur laquelle la démarche d'Intel repose. Un inconnu ne peut avoir de telles prétentions... Mais cela signifie que la démarche partenariale est sincère, qu'elle est une volonté claire de l'entreprise et que celle-ci en assume les raisons.*

3 *Une bonne image préalable de la part des entreprises qui participent. Or Intel disposait d'une excellente image et d'une bonne réputation dans ses relations avec ses partenaires industriels. Une telle stratégie ne peut s'improviser et l'entreprise avait la capacité de miser sur le passé et de projeter les avantages de sa stratégie sur l'avenir.*

4 *Une telle stratégie d'envergure internationale nécessite des budgets conséquents et surtout planifiés sur la durée, car la transformation de la relation, qui fait qu'un ingrédient devient une marque (caution, garantie, valeur ajoutée...), n'est pas réalisable en un an.*

5 *Enfin, au-delà des relations étroites avec les fabricants, une stratégie de conquête aussi ambitieuse n'a de chances de réussir que si une alliance forte unit l'entreprise au leader du marché ou à l'une des locomotives. Ce fut le cas entre Intel et IBM (les outsiders entraînent moins les leaders que l'inverse).*

Louis Vuitton

L'art du voyage

À l'origine malletier, Louis Vuitton a accompagné les plus grands explorateurs, hommes d'État et pionniers dans leurs déplacements. La marque rompt définitivement avec les codes classiques du luxe pour centrer sa communication sur l'élément primordial de son histoire : le voyage. Il n'est plus un simple déplacement, mais une expérience personnelle ; une rencontre avec les autres et avec soi-même, durant laquelle bagages et autres produits de la marque deviennent des compagnons de route et des complices.

Une histoire de famille

Maison française de maroquinerie de luxe et de prêt-à-porter, la marque est créée en 1854 par Louis Vuitton. Issu d'un milieu très modeste dans le Jura, il apprend très jeune à manier les outils auprès de son père meunier et menuisier. À l'âge de 14 ans, il part tenter sa chance à Paris et parcourt à pied les 400 km qui le séparent de la capitale. Il entre en 1837 comme apprenti chez un malletier et réalise des coffres de voyage. Il s'occupe en particulier, à partir de 1852, des toilettes de l'impératrice Eugénie qui vantera ses mérites et à qui il devra en grande partie sa notoriété rapide. En 1854, il crée donc sa marque et ouvre la première boutique rue Neuve-des-Capucines (future rue des Capucines) dans le Ier arrondissement de Paris. L'expansion des chemins de fer et les bateaux à vapeur révolutionnent le transport et le tourisme se développe pour les classes aisées. Louis Vuitton comprend rapidement qu'il faut créer des bagages novateurs et de grande qualité. Il invente une malle plate, solide et plus facilement pliable que les modèles de l'époque. Fort de son succès à Paris et en France, il ouvre sa première boutique à l'étranger, à Londres sur Oxford Street, en 1885, puis à New York et à Philadelphie. À sa mort, son fils Georges reprend l'affaire familiale et crée en 1896 le célèbre monogramme LV, connu dans le monde entier et symbole emblématique de la marque. Ce signe distinctif est aussi une réponse aux premières contrefaçons apparues quelques années auparavant et une manière de se distinguer de la concurrence montante. Il crée également, dans les années 1900, une serrure à gorges, permettant d'ouvrir tous les bagages d'un même client avec une seule et unique clé. C'est un système de verrou inédit comprenant deux boucles à ressort. Ce verrou est toujours utilisé sur les modèles actuels de la marque. Les bagages Vuitton accompagnent depuis l'origine de l'entreprise de nombreux explorateurs et, au début des années 1920, Louis Vuitton s'associe à la fameuse Croisière noire en équipant la totalité des automobiles Citroën puis à la Croisière jaune dans les années 1930. L'entreprise devient une multinationale à partir de 1977, sous l'impulsion d'Odile Vuitton, petite-fille du fondateur, et de son mari Henri Racamier. La holding Louis Vuitton SA entre en Bourse en 1987, et fusionne avec Moët Hennessy pour former LVMH-Moët Hennessy Louis Vuitton.

Retrouvez toutes les ressources iconographiques, bibliographiques, etc., de cette campagne sur
ionisbrandculture.com
Cas n° 63

En 1989, l'homme d'affaires Bernard Arnault prend le contrôle du groupe LVMH en devenant actionnaire majoritaire et le développe pour en faire le plus important groupe de luxe du monde. Le groupe Louis Vuitton investit dans de nombreux mécénats et projets, notamment le yachting international avec la Coupe Louis-Vuitton (prologue de l'America's Cup de 1983 à 2007) ou la Fondation Louis Vuitton pour la création et l'art contemporain. Aujourd'hui, le chiffre d'affaires de Louis Vuitton et de l'ordre de 7 milliards d'euros.

Le voyage, au cœur de l'image de marque

Le voyage a toujours été présent dans l'identité de la marque qui en a fait sa stratégie. La réussite de Vuitton a été de rencontrer « son marché ». En effet, au milieu du XIXe siècle, la grande bourgeoisie se met à voyager, d'où le succès immédiat et énorme de la malle plate, unique en son genre. Cette tradition va être entretenue avec une montée en gamme. Dès le départ, Vuitton a su jouer sur l'imaginaire, comme à l'époque du mythique Orient Express, mais à la fin des années 1980, la marque se banalise. La démarche marketing va être de renouer avec les racines de Vuitton : le voyage, notamment en s'appuyant sur le photographe Jean Larivière qui, en 1978, avait réaliser le catalogue Vuitton. Ces photographies marqueront le début d'une longue collaboration qui durera vingt ans, pendant laquelle le photographe aura la liberté de choisir la destination pour réaliser ses prises de vues, afin de recréer un imaginaire fort autour du voyage.

Ce sont les premières campagnes institutionnelles intitulées « L'âme du voyage » qui vont imposer internationalement l'image de qualité et de rêve de Vuitton. La marque redevient un symbole du luxe, en ayant su regagner sa légitimité. À partir de 2007, et jusqu'en 2012, la marque lance la campagne « Core Values », qui contient douze visuels réalisés par la portraitiste Anne Leibovitz : des personnalités (Michael Phelps, Bono, Andre Agassi et Steffi Graf, Mikhaïl Barychnikov, Buzz Aldrin, Sean Connery, Diego Maradona, Angelina Jolie, Keith Richards, Mikhaïl Gorbatchev, etc.) sont photographiées et la marque n'est visible que par la présence d'un cabas, d'un sac ou d'une malle monogrammés. Chacun des visuels comporte un slogan, propre à la personnalité photographiée. La marque se diversifie, tout en restant exclusive et axée autour du voyage, avec notamment des guides imprimés. Sur son site, Vuitton va proposer gratuitement des fichiers audio consacrés à certaines séances photo, comme celles d'Andre Agassi et de Steffi Graf à New York, de Catherine Deneuve à la gare d'Austerlitz à Paris ou encore de Mikhaïl Gorbatchev, sous forme de bandes-son de 4 à 6 minutes comprenant des bruits d'ambiance et des compositions musicales de Mathieu Baillot.
L'exploitation d'Internet pour les vidéos est également une nouveauté, très bénéfique, qui va marquer le milieu de la communication. Antoine Arnault, directeur de la communication de Louis Vuitton à l'époque, expliquait dans la presse avoir la conviction qu'Internet était l'un des éléments clés de cette campagne.
Forte de ses cent cinquante ans d'histoire, la marque pouvait se permettre de laisser de côté les aspects purement commerciaux pour nourrir le consommateur avec tout le savoir-faire et l'histoire de Vuitton. En 2012, la marque lance la campagne « L'invitation au voyage » avec un film réalisé par le célèbre duo de photographes Inez & Vinoodh qui se déroule dans les Tuileries puis au Louvre. L'année suivante, c'est le réalisateur Romain Gavras qui met en scène le mannequin Arizona Muse et David Bowie à Venise pour le spot de la campagne. La marque opte pour une stratégie multicanal alliant télévision, print et Web. Un teaser est d'abord publié sur YouTube afin de créer le buzz. L'extrait est repris sur de très nombreux sites. Le spot complet est diffusé pour la première fois avant le 20 heures de TF1. En parallèle, la marque lance l'application mobile LV Pass qui permet notamment d'avoir accès à des photos backstage, des portraits des acteurs, etc. En 2014, la campagne Vuitton explore l'Afrique du Sud avec une nouvelle série de visuels. En 2016, la marque innove en proposant cette fois un voyage au cœur de l'univers des jeux vidéo, en utilisant une égérie virtuelle, élaborée par Tetsuya Nomura, l'artiste-développeur japonais créateur de plusieurs épisodes de la série *Final Fantasy*.
Louis Vuitton se distingue par la créativité de sa communication, de ses défilés, mais réussit presque toujours à résoudre l'équation essentielle qui fait les grandes marques : la cohérence (le fil conducteur), l'essence de la

> « Une marque qui a toujours su surfer sur les différents mythes du voyage en fonction de l'époque. »
>
> Gilles Masson, président-fondateur de M&C Saatchi Gad.

marque et l'actualité (l'impact, le temporel). La marque communique de deux manières complémentaires : l'une, commerciale et saisonnière, selon ses collections, et l'autre, institutionnelle sur ses valeurs et son ADN.

Un retour aux sources payant

Les campagnes de Vuitton génèrent toujours des retombées presse très importantes et les films donnent lieu à de nombreux rédactionnels dans le monde entier.
Le positionnement axé sur le voyage est renforcé par de nombreuses actions de mécénat pour la culture et l'art.
La marque dispose notamment d'un outil puissant, la Fondation d'entreprise Louis Vuitton, lancée en octobre 2006. Elle a pour objectif de promouvoir l'art et la culture et de pérenniser les actions de mécénat engagées par le groupe. Situé au Jardin d'acclimatation dans le bois de Boulogne à Paris, le bâtiment a été conçu par l'architecte Frank Gehry.
En 2011, la marque a aussi lancé les Journeys Awards, un concours international de courts-métrages destiné à révéler de jeunes cinéastes de talent.

À retenir

1 Le storytelling, *l'action de raconter une histoire, un conte, est très courant pour les marques du secteur du luxe. Les consommateurs sont rassurés par des entreprises pérennes et chargées d'histoire ou de tradition. Le récit permet de créer de l'émotion, de capter l'attention pour mieux stimuler le désir et enfin emporter la conviction.*

2 *À travers ses campagnes sur l'âme du voyage,* Louis Vuitton *rappelle au grand public les valeurs qui lui sont essentielles. Cette stratégie démontre son engagement en faveur de la culture, de l'art et du voyage, valeur essentielle de la marque, portant son* ADN *et sans lequel* Louis Vuitton *n'aurait pas de raison d'exister.*

3 *La gestion intelligente d'une marque dépend toujours de l'articulation entre une dimension stable et permanente, son positionnement, sa raison d'être et un ensemble de leviers variables et adaptés à l'époque, aux valeurs montantes, aux modes et aux tendances : style de la communication, politique événementielle.*

Monoprix, « Non au quotidien quotidien »

Créer de la valeur grâce au marketing

Menacé sur la compétitivité de ses prix, Monoprix a su trouver une solution atypique, urbaine, qualitative et rentable. La marque joue sur la proximité, la connivence, les petites attentions portées aux clients. Les leviers traditionnels de la communication sont mis au placard et laissent la place à la réinvention de l'achat quotidien, avec une dimension rare de surprise et de plaisir, née de la forte identité construite autour de la prédominance du design.

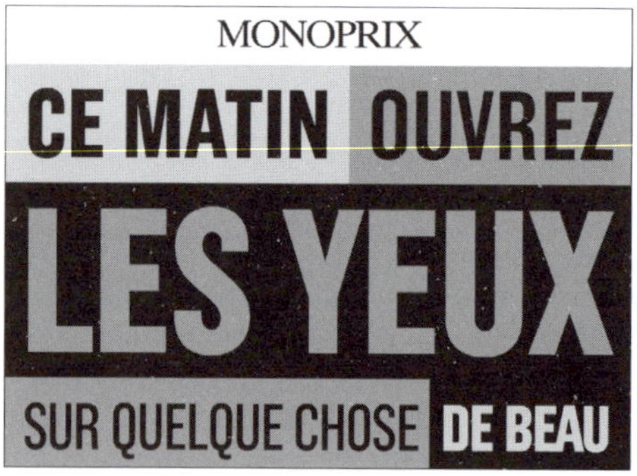

En 2010, l'agence Havas City signe la campagne Monoprix « Non au quotidien quotidien ». Pour l'enseigne, dont le succès repose sur une fréquentation quotidienne, il s'agit de se distinguer dans les centres-ville des concurrents qui proposent des produits du quotidien à des prix attractifs.

Dans un contexte où le pouvoir d'achat est au cœur des préoccupations, les supermarchés tendent à orienter leurs efforts de communication et de promotion sur le prix. Jamais autant de campagnes comparatives n'ont été aussi présentes pour démontrer qu'une enseigne donnée propose les produits au meilleur prix, à l'instar de E. Leclerc qui communique exclusivement sur cet axe. Monoprix a, depuis longtemps, un sérieux handicap dans ce domaine et l'enseigne ne doit pas affronter la concurrence sur le seul critère du prix, au risque de perdre d'avance. La grande distribution *low cost* investit beaucoup dans la communication. Malgré des innovations reconnues, elle est habituée à des codes, des réflexes conditionnés, des traditions. On ne change pas si facilement les us et les coutumes d'un secteur. Et en période de crise économique, ce n'est pas en appuyant sur ce qui est douloureux — le pouvoir d'achat ou la bataille des prix — que l'on encourage le consommateur, mais c'est en apportant une certaine dose d'optimisme et de vision positive du monde. La publicité excelle dans ce domaine, mais ne l'assume pas toujours.

Transformer une corvée en plaisir quotidien

Depuis sa campagne de 1989, « On pense à vous tous les jours », Monoprix a su se positionner autrement grâce à des innovations. C'est par exemple l'un des premiers à proposer la livraison gratuite à domicile. Aujourd'hui, l'entreprise propose une diversité de services largement compétitifs pour ses clients urbains : gamme et qualité de produits frais, gamme variée de portions individuelles, horaires d'ouverture des magasins adaptés, développement du rayon traiteur qui concurrence les restaurants pour le déjeuner des actifs, etc. L'offre actuelle est cohérente, performante, prouvant qu'une grande surface peut être attractive sur d'autres critères que le prix des produits. Les emplacements en centre-ville sont déjà des éléments de différenciation et Monoprix tend à toucher une clientèle plus aisée.

L'intelligence de Monoprix est de valoriser l'achat quotidien : « Non au quotidien quotidien. » Autrement dit, il peut y avoir du plaisir, de l'envie, de la découverte, de la nouveauté, du bien-être dans l'accomplissement des courses. Le brio de la démarche est parti d'une idée simple et lumineuse : influencer le client là où il vit l'expérience et avec ce qui forme cette expérience, le magasin, les PLV, le packaging des produits. La stratégie Monoprix est certainement l'une des premières en France qui donne autant la priorité au design, au point de concentrer la diffusion de la campagne par l'intermédiaire des produits. Le levier pour atteindre l'objectif passe par deux audaces rares dans ce secteur.

La première consiste à transformer en outil de communication le packaging des produits, qui repose généralement sur de l'information et de l'attrait pour le consommateur (*consumer appeal*), par exemple une belle photo qui donne envie. En l'occurrence, l'emballage des produits Monoprix devient le média de la campagne. La seconde audace consiste à utiliser cet emballage comme un vecteur de relation, comme un moyen de « dialogue » induit avec le client, par l'usage de l'humour. Le client a le sentiment que son enseigne sort des habitudes en matière de communication, qu'elle sait se mettre en valeur par une campagne intelligente, et que de manière transitive, il est valorisant d'être client d'une telle enseigne. Il faut souligner cette double réussite, d'autant que la campagne a largement rempli ses objectifs.

> « Une campagne remarquable et riche d'enseignements, construite autour d'un *insight* qui parle aux gens : le quotidien ne doit pas être forcément ennuyeux. »
>
> Nicolas Riou, CEO de Brain Value.

Casser astucieusement les codes

Monoprix casse les codes de l'emballage, supprime les visuels, les remplace par des lettres capitales alignées sur de larges bandes de couleurs et le produit devient un outil de communication. L'enseigne rend hommage à l'univers pop art d'Andy Warhol, au minimalisme, à l'art contemporain : le consommateur n'a pas besoin de voir le produit en photo pour l'acheter. Les produits ne se montrent pas, ils parlent aux consommateurs. Les descriptions deviennent farfelues, humoristiques, parfois absurdes. Elles vont faire le bonheur des internautes. Ces produits du quotidien doivent le rendre plus beau, plus impertinent. L'enseigne met un peu de piment dans la routine des courses, aucune journée ne doit se ressembler et les événements du magasin (les publicités sur le point de vente, les catalogues, les promotions, les rayons, les produits) doivent susciter l'envie. Les emballages des produits de marque distributeur sont habituellement peu harmonieux, de mauvaise qualité, et mettent en avant un visuel basique du produit, alors que Monoprix recrée du désir et de la visibilité. C'est une petite révolution du quotidien à partir de ce qu'il y a de plus simple et de plus commun : les produits et leur emballage, la vie quotidienne du magasin, les outils de communication dans son enceinte. En 2010, Monoprix, soutenu par cette campagne, franchit le seuil historique des 4 milliards d'euros de chiffre d'affaires et enregistre près de 218 millions de tickets de caisse sur l'année. L'enseigne frôle la rupture de stock sur les produits du quotidien. Et malgré des actions publicitaires menées sur le Web et sur les réseaux sociaux, les investissements de lancement, qui consistent principalement en de l'affichage, sont largement en dessous des budgets des campagnes télévision des grands acteurs du secteur.

La campagne est primée aux Epica Awards 2010, catégorie packaging.

En 2011, elle est la lauréate du grand prix de la Communication extérieure — une reconnaissance de la puissante modernité de la démarche — qui fera dire à Mercedes Erra, la présidente du jury : « Cette campagne est dans la lignée des créations Apple, où l'idée créative de la campagne repose avant tout sur l'innovation produit. » Non au quotidien quotiden » décrochera, la même année, un Gold Award aux Lions de Cannes. Quelques années après, Monoprix continue cette bataille de la proximité relationnelle.

Retrouvez toutes les ressources iconographiques, bibliographiques, etc., de cette campagne sur
ionisbrandculture.com
Cas n° 40

En 2013, Monoprix continue son avancée dans la relation client. La marque change de signature, de tenue pour ses collaborateurs, qui disposent d'une garde-robe de 17 pièces différentes. Les collaborateurs sont incités à mesurer la qualité dans leur magasin, avec l'objectif de gagner la bataille de la proximité relationnelle. Le fameux M inscrit dans un carré qui accompagnait la marque depuis quatre-vingts ans laisse la place à un nouveau logo, une forme d'apostrophe tout en rondeurs, et le slogan devient « Vivement aujourd'hui ». Un film publicitaire, qui met en scène des enfants s'ennuyant terriblement dans un réfectoire jusqu'à ce que de bombes à eau les mettent en joie, est diffusé à la télévision, au cinéma et sur le Web. La marque met encore plus en avant son manifeste : « Parce que le quotidien revient tous les jours, nous le réinventons chaque jour. Pour le rendre plus pétillant, plus surprenant, plus beau, plus savoureux. Pour donner chaque jour plus de goût à la vie. »

À retenir

1 *Savoir rester cohérent avec ce que l'on est et avec sa stratégie est essentiel. Monoprix a su le faire. Le travail de positionnement ne suit pas les logiques du marché, mais mise sur les potentialités acquises par l'expérience de marque depuis des décennies. Il a été payant.*

2 *L'esprit décalé de la campagne, ironique et absurde parfois, a renforcé la relation entre la marque et ses clients, qui se sentent valorisés. On s'adresse à leur intelligence et on renforce la connivence.*

3 *Autre enseignement, moins fréquent et donc moins connu : l'importance pour les clients des éléments qui font l'environnement de leur quotidien. On sait qu'ils remarquent vite les moindres changements d'emballage, de rayon. Cette connaissance et cette proximité ont été des atouts que Monoprix a su parfaitement identifier et exploiter.*

4 *Monoprix fait simple, appelant le produit par son nom, tout en faisant un clin d'œil à l'univers pop art. Ce n'est donc pas seulement l'utilisation du design comme « levier central de la communication » qu'il faut retenir, mais cette véritable ode à la simplicité, qui rime souvent avec efficacité.*

Mr. Propre

La marque incarnée

Depuis 1958, Mr. Propre personnifie une marque mondialement connue qui a dépassé le cadre du marketing et de la communication au point de faire partie de la culture populaire. Son cas est emblématique de l'impact que peut avoir une marque quand elle est incarnée par une icône. Dans ce domaine ultra-concurrentiel des produits de nettoyage ménagers, Mr. Propre a su, en plus de soixante ans, s'imposer parmi les leaders.

L'histoire de Mr. Clean débute aux États-Unis en 1958. Initialement, il devait porter un complet et tenir une brosse à récurer. « La marque devait incarner la puissance magique du bon génie qui a une influence bénéfique immédiate », explique Michèle Gilbert-Rotman, vice-présidente exécutive en charge de l'ensemble du budget P&G chez Leo Burnett Worlwide[1]. Avant même que la formule du produit ne soit conçue, Procter & Gamble avait chargé l'agence Tatham-Laird & Kudner de proposer une « image de Mr. Clean, soit un homme avec : la boule à zéro, une boucle d'oreille à son oreille gauche, un tee-shirt blanc immaculé et les bras croisés sur la bouteille pour faire ressortir ses muscles. » Avant 1970, Mr. Propre portait une barbe blonde. La légende veut que le personnage soit inspiré d'un soldat de la marine de Pensacola (Floride). Quant à son nom — qui a le mérite d'être on ne peut plus clair quant à la finalité du produit — il est tiré d'expressions très en vogue aux États-Unis dans les années 1950 qui consistaient à ajouter le préfixe « Mr. » devant une qualité généralement athlétique, comme Mr. Muscle ou Mr. Baseball.

1. Voir l'article d'Alexandre Debouté, « Mr. Propre, le bon génie dépoussiéré », *Le Figaro*, 14 août 2012.

Mr. Propre contre « La tornade blanche »

Outre l'illustration adroitement pensée (des muscles pour l'efficacité, le crâne rasé pour la netteté et le tee-shirt blanc immaculé pour la propreté, la boucle d'oreille et les bras croisés, référence au célèbre conte *Aladin ou la Lampe merveilleuse* qu'il fallait frotter, ce qui fera le succès rapide de Mr. Propre est d'avoir utilisé une icône masculine pour un produit à destination d'une clientèle exclusivement féminine à l'époque. Dans les années 1960, les surfaces carrelées sont de plus en plus présentes dans les maisons et les ménagères veulent un produit efficace qui leur fera gagner du temps. En six mois, Mr. Clean va devenir leader sur le marché américain. La marque fonctionne si bien qu'elle est rapidement exportée : Monsieur Net au Québec, Monsieur Proper en Wallonie, Meister Proper en Allemagne, Don Limpio en Espagne, Maestro Limpio au Mexique, ou Mastro Lindo en Italie. Au Royaume-Uni et en Irlande, le nom Mr. Clean existait déjà, le produit est alors appelé Flash. En France, la marque est lancée est 1966. Elle est un outsider d'Ajax (du groupe Colgate-Palmolive) qui domine outrageusement le marché des nettoyants ménagers avec sa « tornade blanche ». La formule de départ du produit à base d'ammoniaque, rebute les ménagères, car il dégageait une mauvaise et forte odeur. P&G va chercher à faire disparaître ce défaut et la solution va devenir un formidable atout : cinq ans plus tard, Mr. Propre devient le premier nettoyant parfumé au monde. La nouvelle formule « fraîcheur citron » est lancée mondialement en 1972, à partir de la France, pays considéré par la marque et par les Américains comme la patrie du raffinement. Le slogan français de la marque devient « Mr. Propre rend tout si propre que l'on peut se voir dedans », inspiré du « Clean & Shine » américain. À la fin des années 1970, Mr. Propre maigrit et son visage est adouci. P&G s'est rendu compte que Mr. Clean devenait une icône et qu'il fallait gérer sa notoriété. L'agence Grey, qui accompagnera la marque dans l'Hexagone depuis son lancement jusqu'en 1999, va décliner la trilogie puissance, brillance et génie dans les films publicitaires et la presse magazine féminine. Pendant des années, le marketing de la marque insiste sur sa facilité d'utilisation. Elle le fait d'autant plus que Mr. Propre est perçu par certaines consommatrices comme trop macho. Le succès des spots télé repose aussi sur les quelques notes de musique qui en ponctuent la fin, et qui sont encore utilisées aujourd'hui. En 1980, les ventes de Mr. Propre dépassent celles d'Ajax et le produit devient le nettoyant généraliste le plus vendu en France avec 34 % de parts de marché. Il sera numéro 1 du secteur durant dix-huit ans avant qu'Ajax ne repasse devant. Ce qui lui permettra de s'imposer sur le marché sont les différentes innovations développées par la marque : un gel à la javel — la première formule deux en un : dégraisser et désinfecter —, la déclinaison d'une variété de senteurs, les premières lingettes nettoyantes jetables, une version en poudre, des dosettes Mr. Propre.

Retrouvez toutes les ressources iconographiques, bibliographiques, etc., de cette campagne sur
ionisbrandculture.com
Cas n° 38

Sortir du placard

En 1998, à l'occasion de la Coupe du monde de football, Procter & Gamble lance une campagne d'affichage au ton décalé avec ces deux accroches : « Qui est le plus brillant technicien des surfaces ? » et « Sur le terrain, les meilleurs joueurs étaient chauves. » Dans les années qui suivent la marque, multiplie les interventions humoristiques qui rebondissent tout au long de l'année sur l'actualité ou des événements marquants (Saint-Valentin, Festival de Cannes, Roland Garros, journée de la femme, JO, etc.) et font sortir Mr. Propre du placard en transformant l'icône domestique en icône tendance. Mais, au début des années 2010, la marque doit trouver une solution pour contrer un déclin annuel de près de 5 % en volume et en ventes, d'autant que ses prix ne sont pas les plus compétitifs du marché et que de plus en plus de consommateurs se tournent vers les produits les moins chers. Pour susciter à nouveau l'engouement, P&G va remettre en scène son icône.

> « Chauve le plus célèbre de la planète après Yul Brynner, Mr. Propre est avec Bibendum et La vache qui rit, une des icônes incontournables de la société de consommation. »
>
> Jean Watin-Augouard, rédacteur en chef de *La revue des Marques*.

Pour cela, Mr. Propre est mis en avant sur les réseaux sociaux, avec une communication plus centrée sur le personnage que sur les produits. Les publications se font désormais en son nom, pas en tant que mascotte de marque, mais comme un « ami » qui raconte ce qui se passe dans sa « vie », commente l'actualité et rappelle constamment sa passion pour la propreté. Les résultats ne se font pas attendre : la page Facebook de la marque compte rapidement 500 000 fans, pour atteindre plus de 1 million aujourd'hui, et l'engagement des internautes manifesté à travers des commentaires, des *Like*, des partages de son actualité, est sans précédent. Des médias à forte portée virale tels que Mashable.com, Buzzfeed.com ou le *Wall Street Journal* commencent à parler de la présence sociale de Mr. Propre.

Pour maximiser un peu plus ce capital sympathie, la marque lance la campagne « Legendary ». Elle s'appuie sur un spot qui retrace l'histoire de Mr. Propre, en mettant en avant les origines du mythe : « Personne ne peut dire avec certitude d'où il vient, mais tout le monde est certain qu'il est né pour nettoyer. »

Le film est diffusé au cinéma, sur le Web et à la télévision. Le lancement est accompagné de nombreuses publicités dans les magazines et par de l'affichage, toutes avec Mr. Propre au centre, au premier plan. Il est présent, même jusque dans les halls des cinémas, sur de gigantesques posters qui se confondent avec les affiches des blockbusters hollywoodiens. La campagne fonctionne très bien en Amérique du Nord et est ensuite déployée en Europe.

En misant sur cette nouvelle approche stratégique, la marque dépasse tous ses objectifs commerciaux.

Neuf mois après le début de la campagne, sa part de marché aux États-Unis atteint un niveau historique avec un gain de près de dix points par rapport à l'année précédente. Sur l'ensemble de la durée de la campagne, les statistiques d'engagement social sont également impressionnantes avec 6,5 millions de vues YouTube, une augmentation de 52 % de fans sur Facebook, avec un nombre total d'internautes ayant été exposé à la campagne (*reach*) de près de 230 millions.

À retenir

1 *Quand la marque dispose d'une capacité à s'incarner ou à incarner, dès lors qu'elle peut sortir de la seule relation marchande, de l'équation « marque = offres produit », pour proposer une valeur ajoutée perceptible, positive et appréciée, elle se distingue de la concurrence.*

2 *Il est en effet rare qu'une marque puisse prétendre à un leadership durable si elle n'est pas performante dans sa catégorie. Ce que l'exemple Mr. Propre prouve, en tentant d'innover constamment. Mais il est rare que cette supériorité se réduise à la seule performance du produit, d'où le recours à l'icône. Mr. Propre est l'une des marques les plus connues au monde.*

3 *L'incarnation, l'imaginaire, la capacité à faire vivre des expériences, à créer une relation plus passionnante et plus enrichissante, sont autant de voies pour faire d'une marque une entité, qui justifie sa différence par sa raison d'être.*

4 *Parfois le temps et la mauvaise gestion des marques provoquent un vieillissement, un oubli, un moindre intérêt. Mais les grandes marques savent se relever, en retrouvant le chemin des valeurs initiales et en les réintégrant dans la modernité, comme le prouve Mr. Propre.*

Silk Cut

S'affranchir des contraintes

Cette campagne est incontournable lorsqu'on évoque la créativité au service de l'efficacité et de la restriction de la communication, en l'occurrence, celle du tabac. En se privant des ressorts traditionnels (scènes de vie, dialogues, témoignages, personnalités), la marque recourt à une expression très surréaliste qui unit la surprise et l'impact, à la valorisation et à la différenciation. Cette campagne, qui a duré plus de dix ans, est remarquable à tous points de vue, démontrant à quel point la créativité peut s'exprimer dans un cadre contraignant.

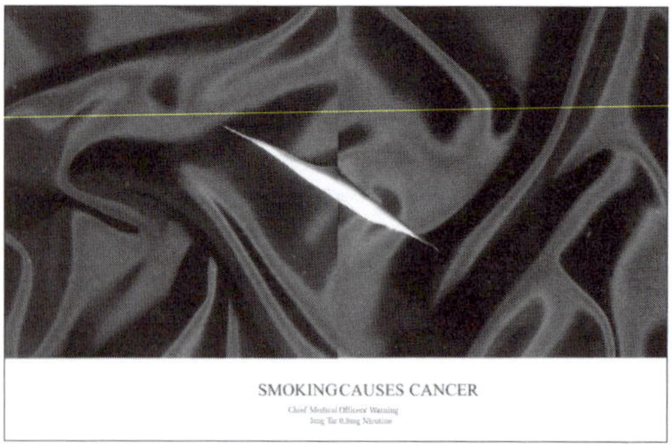

Comment faire un tabac

Silk Cut est une marque de cigarettes produites par le groupe Gallaher, une filiale de Japan Tobacco. Dans le passé, les cigarettes contenaient environ 75 % de tabac et le reste était composé de Cytrel, un substitut de tabac à base de cellulose. De nos jours, l'ajout de Cytrel a été supprimé. Mais la marque a gagné en popularité partout dans le monde tout au long des années 1970 et 1980, lorsque les dangers du tabac commençaient à être connus, parce qu'elle offrait à l'époque un taux de teneur en goudron inférieur à 5 mg, soit pratiquement la moitié moins des marques leader, comme Benson & Hedges ou Marlboro. La marque est donc considérée comme moins nocive selon les études du moment, et suscite l'engouement des consommateurs. Mais au cours des années 1980, la publicité pour le tabac devient encadrée et est obligée de se plier à une série d'interdits qui réduisent son impact : limitations du nombre des médias utilisables, du type d'arguments pouvant être mis en avant, etc.

Les outils du publicitaire semblent donc de plus en plus restreints. « Les créatifs travaillant sur ces budgets se devaient de trouver des idées très originales afin de contourner toutes les régulations qui frappaient ce secteur. Paradoxalement, les lois contraignantes ont permis de faire naître des campagnes inattendues, car les publicitaires étaient obligés de réfléchir plus que pour tout autre client » explique Bruce Crouch[1], l'un des directeurs créatifs de Bartle Bogle Hegarty. La difficulté est double : faire la différence dans ce contexte et créer des marques à forte personnalité, alors qu'il est interdit de montrer le produit dans la vie courante, de se référer à des groupes particuliers, d'associer la publicité au luxe, au sport, à la masculinité ou à la féminité. En 1987, Silk Cut va alors proposer une campagne imprévisible, qui va attirer l'attention du lecteur et l'inciter à se lier à la marque, selon un principe de notoriété, de reconnaissance, de perception et d'image. Le producteur de tabac développe un extraordinaire imaginaire de marque, alors qu'il n'y a plus de visuel de cigarettes, de volutes, de paquet, de gens qui fument, de marque et de logo. Tous ces éléments identitaires sont induits par un imaginaire puissant qui préexistait dans le produit :

— La soie : qui signifie qualité, force douce, distinction, sensualité, féminité.

— La couleur pourpre : qui marque l'élégance, la richesse, la splendeur, la noblesse, le recul.

— Le « cut » : qui exprime la force, la virilité, la violence, l'efficacité, la menace, l'intrigue, quelquefois la pureté et la froideur.

« Ce qui est remarquable avec cette campagne, c'est sa durée », explique Olivier Altmann. « Chaque créatif qui a travaillé sur le sujet a pu s'emparer de ce territoire visuel et le décliner à sa façon. Les premiers l'ont sans doute illustré de façon littérale, puis une équipe a fait évoluer la campagne. Quelque part, on se fiche de savoir qui a travaillé derrière : on voit une campagne qui tient dans la durée et qui pendant plusieurs années a constitué une référence telle une campagne de mode. »

Comme ce fut le cas pour la campagne de Saatchi pour Benson & Hedges qui fut unanimement reconnue pour sa créativité : mêmes obligations nouvelles, mêmes contraintes et mêmes retours aux sources de la marque, à ses éléments d'identité magnifiés, sublimés, décalés. Finalement, ces limitations transforment le travail du communicant et obligent l'annonceur à se rassembler autour de ce qui fait son essence. Elles imposent de revenir aux fondamentaux des marques, et nécessitent de renforcer les codes et les éléments d'identification, à revenir aux éléments constituants les plus discriminants, les plus personnels de la marque. Le génie de la stratégie Silk Cut est de faire de ses fondamentaux des éléments constitutifs, les héros d'une communication poussée à l'extrême

« Avec une contrainte très forte, où l'on n'a rien le droit de montrer, rien le droit de dire, c'est sans doute la campagne qui a fait le plus pour construire un imaginaire. »

Olivier Altmann, cofondateur d'Altmann + Pacreau, ancien président de la création de Publicis.

1. *Cf.* l'article « Les créatifs anglais privés de tabac », Stratégies.fr.

dans ces signifiants. Les contraintes empêchent de vendre un argument, une promesse, un plus produit et obligent à créer un imaginaire puissant qui, lui, est très vendeur. La relation à la marque va bien au-delà du rationnel, de la compréhension classique. C'est le caractère novateur de cette campagne qui ne mettra jamais en scène une cigarette. Ces contraintes, qui s'avéreront payantes, bouleversent ainsi la relation nouée entre la marque et le consommateur. Celle-ci devient plus profonde, car on quitte le principe de la dénotation pour la connotation, on ne se contente plus de montrer et d'influencer par l'image, mais de suggérer et donc de laisser au lecteur son indépendance de compréhension, de ressenti. Cela sort du modèle qui considère que la communication doit argumenter pour influencer. La campagne laisse le lecteur avec son intuition. Et même si le marketing des sociostyles — découpages catégoriels correspondant à une technique de segmentation basée sur les styles de vie — se développe fortement au cours des années 1980, la campagne Silk Cut quitte aussi le registre de l'explication ou de la recherche d'identification pour celui de l'interprétation et du droit d'imaginer.

Une campagne inhabituelle et actuelle

Retrouvez toutes les ressources iconographiques, bibliographiques, etc., de cette campagne sur **ionisbrandculture.com** **Cas n° 15**

À défaut de mettre en avant le produit en lui-même, la campagne, qui durera plus de dix ans, a permis à la marque de gagner de manière régulière et importante en notoriété. « On a complètement dépassé le fait que l'on vendait des paquets de cigarettes, pour vendre une marque, note Olivier Altmann. Silk Cut aurait pu faire des extensions de produits grâce à cette campagne. »
Elle est empreinte d'une très grande modernité pour l'époque par cette capacité nouvelle à donner du sens, de la signification dans une relation qui permet à chacun, émetteur et récepteur, de créer sa propre interprétation. Le lecteur est libre de décoder, d'interpréter la marque, lui donnant un contrôle qu'il ne dispose pas dans l'essentiel des autres campagnes. C'est là que réside sa grande modernité, selon Michael Spence : « L'approche sémiotique voit la communication comme une négociation mutuelle de sens, plutôt qu'un transfert linéaire des messages de l'émetteur au récepteur[2]. » Le principal résultat : avec la finalisation de la loi et la disparition de la mise en évidence du paquet, la reconnaissance est restée d'un niveau exceptionnel.

2. Michael Spence, « The Mark as Expression/The Mark as Property », *Oxford Journal*, vol. 58, n° 1, pp. 491-515, 2005.

Pour Olivier Altmann, « Cette campagne est encore actuelle, car elle est très visuelle. Nous sommes dans un monde où les mots ont un peu disparu, avec une culture de l'instant. Ce côté immédiateté, instantanéité de l'image pour communiquer, reste très moderne. Cette campagne nous oblige à ne pas oublier les fondamentaux de notre travail. Quand on a un produit, il faut commencer par regarder le packaging, le nom, et partir du logo. Peut-être que la solution créative est déjà constitutive de l'objet que l'on a devant nous, avant de réfléchir à la cible ou aux avantages spécifiques dont dispose le produit. »

À retenir

1 *La campagne Silk Cut démontre que les capacités créatives peuvent parfois être décuplées, quand la législation ne permet pas l'utilisation de toutes les armes habituelles. En France, au lendemain de la loi Évin, nombre de campagnes pour des alcools ont été rangées aux oubliettes, campagnes souvent proches, utilisant les mêmes registres (lifestyle, symbolique du luxe). Dans plusieurs cas, le couperet a eu un effet bénéfique, ramenant la marque vers ses principales valeurs, son « essentiel ».*

2 *Dans ce cas précis, la privation a conduit à l'abandon des campagnes classiques de valorisation de l'offre, des expressions « styles de vie » qui banalisaient les acteurs du marché, des liens au sport qui amplifiaient les critiques.*

3 *Elle démontre aussi l'importance de cette stratégie du retour aux racines, de la parfaite compréhension de celles-ci et de leur exploitation, dès lors que l'on ne reproduit pas le réel à l'identique, mais que l'on déploie une puissante force imaginative.*

Brand
Success

*« On change une image par des actes, pas seulement par le langage.
La publicité est un accélérateur, mais elle doit s'appuyer sur des preuves. »*

Maurice Lévy,
président du directoire de Publicis Groupe.

Achevé d'imprimer en novembre 2016.
Imprimé en France sur les presses de l'imprimerie Laballery :
l'intérieur sur Amber Graphic 110 g/m² d'Arctic Paper ;
la couverture sur Amber Graphic 300 g/m² d'Arctic Paper.
Dépôt légal : novembre 2016
Numéro d'impression : 610145
ISBN : 978-2-36405-144-7
fypeditions.com